邓稼先

温文尔雅的坚守

才云鹏 ◎ 著

当戈壁风沙在天空狂舞时，蘑菇云吼出了一个时代的骄傲。

风华人物
珍藏版
畅销作品

台海出版社

图书在版编目（CIP）数据

邓稼先：温文尔雅的坚守 ／ 才云鹏著 . —北京：台海出版社，2016.1

ISBN 978 - 7 - 5168 - 0848 - 1

Ⅰ . ①邓… Ⅱ . ①才… Ⅲ . ①邓稼先（1924～1986） —传记 Ⅳ . ①K826.16

中国版本图书馆 CIP 数据核字（2016）第 025607 号

邓稼先：温文尔雅的坚守

著　　者：才云鹏

责任编辑：刘文卉

装帧设计：张子墨　　　　　　版式设计：红　英

责任校对：陈　烨　　　　　　责任印制：蔡　旭

出版发行：台海出版社

地　　址：北京市朝阳区劲松南路 1 号　　　邮政编码：100021

电　　话：010 - 64041652（发行，邮购）

传　　真：010 - 84045799（总编室）

网　　址：http://www.taimeng.org.cn/thcbs/default.htm

E - mail：thcbs@126.com

经　　销：全国各地新华书店

印　　刷：河北信德印刷有限公司

本书如有破损、缺页、装订错误，请与本社联系调换

开　　本：710 mm×1000 mm　1/16

字　　数：206 千字　　　　　　印　　张：18.75

版　　次：2016 年 3 月第 1 版　　　印　　次：2024 年 1 月第 3 次印刷

书　　号：ISBN 978 - 7 - 5168 - 0848 - 1

定　　价：58.00 元

序

1986 年的秋天，我正读高中，一位名叫邓稼先的科学家在"终生无悔"的壮美心声中离世。

对我来说，"邓稼先"是一个陌生的名字，但那张刊有讣告的报纸还是让我非常震惊：

他仅仅活了 62 岁！

此前，我经常被人提问未来的志向，我的回答貌似坚定——每一次我都说，我要做一名科学家！

对科学的向往和对邓稼先之死的"恐惧"，让我开始搜集他的故事。

一条逐渐清晰的人生轨迹，像鞭子一样击中我的心脏！

5 岁，他就能大段背诵《四书》和《五经》；

13 岁，他斗胆冒犯日本宪兵，之后离开父母远走他乡读书；

22 岁，他已是北大助教，且极有可能成为政治新星，前程如锦绣般铺开，他却于两年后出国深造；

26 岁，他完全可以留在国外，但他毅然归国；

他本可以在实验室里，做他心爱的理论物理学研究，但面对组织重托，他没有丝毫犹豫，一脚踏入危机丛生的"雷区"；

身为领导，本可以避开不"属于"自己的风险，他却一次次深入现场，多次与核辐射"拥抱"；

他本可以定期体检、住院治疗，但他将更多的时间全部投入到这项艰苦的事业中！

他的一生，和原子武器紧紧捆绑在一起：原子弹，氢弹，第二代核武器，核武器小型化，直到临终之前，他耗尽残存的心血奉献出《未来十年中国核武器发展规划建议书》，他一干到底，鞠躬尽瘁！

在日见增多的纪念他的文章中，智慧、勇气和豁达几乎已成为他卓尔不群的固定主题。我还在搜集他的故事，我还在思考他的一生，我终于发觉他身上这些骄人的标签，依然显得如此单薄……

他真正的品质，在于纯粹！他就是这样一个纯粹的人：抱纯粹之理念，行纯粹之征途，结纯粹之硕果！

非此，不足以成旷世之功！

放不下对他空谷足音的追寻，我终于迟疑着拿起笔。多年来，在这条路上我不停地奔波，期冀能追赶上伟人的足迹，但我知道我只能远远地凝望着他的背影！我更清楚，他平和温暖的笑容，正如窗外淡淡的阳光，普照大地，绝无哀伤！

才云鹏

目　录

1 此情无计可消除

　　他的一生，几乎都是在静候核武器的爆炸声中度过，没有人比他更懂得，什么叫"零时"。1985 年 8 月 19 日，他光辉的一生进入"零时"之前的倒数秒。在生命的最后时刻，最让他担心的，不是自己的身体，而是他的一笔笔欠账。他是一个最知道感恩的人，小小的关怀就能让他铭记终生，欠账的惶恐让他心绪难平。然而，人生不如意事十之八九，很多亏欠，他今生已注定无法偿还。但是，这一个"欠账"非比寻常，他必须"偿还"，否则，他将死不瞑目。

邓稼先：温文尔雅的坚守

北京 301 医院，南楼 5 层的 16 号病床上，虚弱不堪的邓稼先坐在斜射进来的夕阳中微笑着。

这是典型的北方的夕阳，北京盛夏里的夕阳，足够炎热，足够明亮，如同邓稼先多年以来一以贯之的心情。哪怕是现在，他身处放射科治疗特护室。

日历表被撕得整整齐齐地挂在墙上，对邓稼先来说，现在光有手表还不够用，最重要的还需要日期，他已经开始了和死神的赛跑，尽管此刻他身上布满了各种管子。

这是 1985 年 8 月 20 日，距离他生命中的第一次大手术刚刚过去 10 天，主刀大夫曾给著名的独臂上将余秋里担任过主治医师，这让妻子许鹿希略感安心。手术非常成功，病灶一次性全部切除。

医生很谨慎地向时任国务委员张爱萍上将汇报，下一步要进行化疗才能判定病人能否康复，具体时间有待进一步研定。张爱萍握着医生的手，又一次叮嘱说："一定要设法减轻他的痛苦，千方百计予以治疗。有什么困难和情况要及时报告我们。为了他的康复，我们不惜一切代价。"

他算得上高大英俊，甚至这是无疑的，即使现在已过了花甲之年，也依稀可见当年壮硕的风采。但他从来没这么认为过。有人曾经赞他"儒雅节制"，他不好反对，倒多少能够承认一些，但一定也是谦卑的，笑笑摆摆手，不"惊恐"而已。他当然够得上这个赞语，几十年来他手不释卷，具备颇深的古典文化涵养，尽管他的专业跟文科毫无关系。但跟他的专业无关的又何止是这些，他还会打球、滑冰，会制作各种稀奇古怪的小玩意儿，他拉得一手好提琴，还唱得一口正宗京剧！

而如果寻根溯源，他的雅不是没"来由"的。他的父亲邓以蛰，儒家学者气质中透着西洋风度，清华园任教时期的密友金岳霖曾说，"叔存是朋友中最雅的。"叔存是邓以蛰的字，身材修长的他，浑身散发着魏晋风度中的"雅人深致"，既传承了中国文人的优良传统，又发扬了西方绅士的翩翩风度，中西结合，既是生于晚清那一代知识分子的精神底色，更是美学宗师邓以蛰的鲜明特质。

邓稼先不能坐得太久。很快，他无力地靠在枕头上。

许鹿希含泪看着他。这么多年来，许鹿希不知不觉、无师自通地练就了一项神奇的本事：她明明在流泪，但她能让邓稼先看不到她在流泪！

她知道他累了，不完全是因为五个小时的清扫肿瘤手术，这让他本不多的元气再次大受损伤，实在是因为邓稼先现在每天的精力就只有那么微不足道的一点点储备，正在他体内肆意横行的放射性钚，越来越显示出摧毁一切的狰狞本性，如果说之前是蚕食，现在则是狼吞虎咽，不，是鲸吞着他所剩无几的能量。

是的，绝不是这么一次手术就能把稼先击倒——在许鹿希的全部回忆中，二十多年来，邓稼先都在不停歇地思考和计算，从1958年8月那一个惆怅横生的夜晚开始。他思考和计算的时间，太久太久了，没人比他在这方面进行得更长久、更疲惫。

他从没有停止过的就是思考。

病榻上的邓稼先，严格来说是待死的邓稼先，正在陷入一场新的沉思。

1985年的盛夏时节，中国在政治和经济各个领域，都正呈现出更开放的姿态，准备迎接新时代的到来。在邓稼先的身体里，放射性钚的衰变也变本加厉地大面积扩散开来。在这一次手术做完之后，邓稼先预感到自己的生命不久了。

"人之将死，其言也善"，何况一个一生都谨言慎行的卓越科学家？但是，邓稼先此时最先想到的，并非是他人后来所揣度、所热衷谈起的那件所谓"生命中最后一件重要的事"，甚至，也不是他的妻儿。

他闭着眼。累得眼皮都已经无力抬起。他想让自己睡一觉，但又疼得睡不着。他想强迫自己数数，但脑海里却出现一幅象棋的画面，这让他忽然又精神起来。一副国际象棋，设有电脑程序，这在当时是非常先进的稀罕玩意儿，自两年前杨振宁来访时送给他，他还从来没有玩儿过。他没有这个时间，但他想玩儿。

为什么会出现这幅画面呢？他忽然嘴角咧开笑了一下，这是妻子怕他无聊，特意从家里带到医院来的。现在，这象棋正安静地躺在床头旁的柜子上，他伸手就能拿过来，一点儿也不需要费力。

他很感激妻子的细心。但国际象棋的魅力还是让他在脑海里开始尝试着走了几步，他走出了一个相当不错的开局，这让他心情很好。但他忽然停止了脑海中和电脑程序的对弈，他的思绪跳跃性地回到那次杨振宁来访时两人的对话当中。

在邓稼先感到无助的时候，他总是第一个想起这个多年的挚友。这就是友谊的力量和魅力所在。杨振宁是个天才的物理学家，在邓稼先的眼里，更是个天才的演说家，每一次他都是滔滔不绝，为邓稼先展示五花八门的国际最前沿科学的最新动态。他嘴里如水银泻地般迸出的高端物理学的名词术语，让旁听的许鹿希不仅插不上话，甚至听都听不懂，后来她干脆呆坐着，笑眯眯地看着两个老友海阔天空地拉国际家常。

但这一切太让邓稼先痴迷了。这是他最迷恋的物理王国，而毫无疑问，杨振宁是为他打开这个王国的开门人，这绝非仅仅缘于他们之间的一次两次对话，邓稼先的思绪断断续续开始飘回到很久之前的 1941 年。

当时，他还只是西南联大的一名大一新生，一切都是那么新鲜：这么多踔厉风发的教授，这么多侠肝义胆的志士，这么多热血沸腾的青年！全中国最有才华的人，是不是都集中到了这祖国西南一隅？

昆明，你是谁的沃土，你又是谁的福地？

但归根结底，最让邓稼先记忆深刻的，是当时已是大三学生的杨振宁对自己在物理和数学方面的点拨与开解。其实，这种帮助在北平绒线胡同的崇德中学时就已开始了，在高他两届的杨振宁的帮助下，邓稼先的学习成绩突飞猛进，并让他对物理和数学产生了浓厚的兴趣。虽然，在崇德中学，这种指导只有一年，但这太重要了。动手能力不是很强的杨振宁，在理论方面却无人可敌，他独到的见解、简捷的逻辑思维、生动的解说，让邓稼先大开眼界，时时豁然开朗。

在邓稼先的回忆中，杨振宁对他的帮助绝不仅仅是学业上的，促成两人关系飞速发展的，还有杨振宁的路见不平拔刀相助！这让邓稼先的回忆中充满了别样的温暖。跟其他任何中学一样，即使是在校风极其严谨的英国教会所办的崇德中学，也经常有一些纨绔子弟不专注学习，每日里游手好闲欺负弱小。那时的邓稼先性格温和，只知道学习，看起来一副文弱书生的模样，并拥有一个绝不英雄的绰号"邓老憨"，因而成为众多纨绔们戏弄欺侮的首选对象，他们时不时地要邓稼先把作业借给他们抄，邓稼先不肯借，就会挨他们的拳头；借了，就一定会把他的作业本弄得狼藉一片。是借，还是不借？

关键时刻，绰号"杨大头"的杨振宁果断出手了，由于他属于高两级的师兄级人物，那个时候自然显得人高马大，低年级的纨绔们望而生畏，邓稼先的学习从此不再被干扰。

在美国，两个人主攻的专业都是理论核物理，虽然一个已经在芝加哥工作，一个尚在印第安纳州求学，但这丝毫没有妨碍两个人时常聚在一起。对邓稼先来说，留学生涯几乎所有的外出，都是到芝加哥的普林斯顿高等物理研究所，杨振宁那时已是这里的博士后研究员。两人的多次交谈，对邓稼先能够提前并优质完成博士论文帮助良多。

杨振宁能够在西南联大比邓稼先高三个年级，是因为他除了原本在初中时就是邓稼先的上两级学长外，他还是从高二年级跳过高三阶段，直接考入西南联大，结果两人的学阶拉大到三年。

1971年中美关系艰难地、试探性地解冻之后，已是世界上著名的科学家的杨振宁多次回国，他每次回国，和邓稼先的会晤是不可或缺的项目之一。杨振宁将国际科学最前沿的研究方向和研究进度，一股脑儿统统告诉了邓稼先，并且总在关键时候提醒邓稼先：别人在哪个地方已经碰钉子了，你们就不要这么做了。

邓稼先为此感激不尽——科学研究最重要的就是方向。

画外音：

杨振宁对我的帮助又何止这些？他还救了我的命。假如不是他在1971年"文革"最动乱的年份突然出现，我邓稼先也许就在青海

221 基地被打死了，也许，于敏也被打死了，陈能宽也被打死了，还有那么多的科学家，比如胡思得他们，我看也难逃此劫。

再往前推，假如从小就不认识杨振宁，他还会要见我吗？

但是，假如从小不认识杨振宁，大概自己也不会在物理研究中走得这么深远吧？是杨振宁在前面，才有我邓稼先的奋勇直追；是杨振宁的归国探访，才无意中打碎了造反派强加给我身上的桎梏。

至于钱，我本来不想提，但说实话也很重要。在普渡大学的第一年，我的生活过得非常紧张，如果没有杨振宁多次的慷慨解囊，我还真不知道生活是否会狼狈得一塌糊涂。但说实话，杨振宁那时候也并不宽裕，他在高等物理研究所的薪水还没有后来高，而他还要负责跟我同船来美读书的同胞弟弟杨振平的生活和学习费用。这让他的生活简直捉襟见肘！

杨振宁之种种，于我皆有大恩，但我，给过杨振宁什么？

邓稼先的个性不允许他有欠账，尤其是这种人情账。正如当年赫鲁晓夫没有答应毛泽东的请求，甚至在 1960 年 7 月中国经济到了极端困难的时候，悍然撤走全部的 1180 名援华专家，逼得中国不得不自费尽千辛万苦研制原子弹，事后，毛主席却说过这样一句惹人深思的话："赫鲁晓夫不给我们尖端技术，极好，如果给了，这个账是很难还的。"

中国人不欠赫鲁晓夫的账，但邓稼先是实实在在欠了杨振宁的账。如何来报还？都说朋友之交淡如水，斤斤计较的友情是靠不住的，但中国还有一句老话，"来而不往非礼也"，自从杨振宁踏出了衣锦还乡的第一步后，他已先后来看过邓稼先六次，邓稼先却自1950 年回国后再未踏出国门一步，更谈不上去看望一下这位老朋友。

友情在这里显然是不对等的。

杨振宁可以摆摆手说，"这有什么咧！"但邓稼先怎么会一点不想这个问题？

欠账，欠账，此生谁没有过欠账？可是，有谁会像邓稼先此刻的心情一样，如此地痛苦！

因为，他的这些欠账，是注定无法还的了。

对邓稼先有过慷慨的"课外"学术指导的，不仅仅是杨振宁，还有一个同样非常著名的大数学家陈省身。

邓稼先常常想到和陈省身先生的数度缘分，感激之情每一次都溢于言表。1941年，陈省身在西南联大任教时，就教过邓稼先的数学课，当邓稼先到了普渡大学研究生院后，经常去离希拉法叶市不远的芝加哥去找杨振宁，而在著名的"世界物理学中心"芝加哥，还有一所名声赫赫的芝加哥大学，陈省身就在这里教课。

中国自己培养的第一名数学研究生陈省身，是1948年离开祖国赴美当教授的，并于1984年获得数学界的"诺贝尔奖"——沃尔夫奖。在美国的陈省身教授，喜欢请同在美国的中国留学生们吃饭，邓稼先当然不会放弃这个难得的机会，他刨根问底、穷追不舍的讨教，让这位"现代微分几何之父"格外喜欢，并且很自然地陈省身想起了自己在德国汉堡大学获得博士学位之后来到巴黎，跟随法国几何学大师嘉当做研究的那些并不久远的往事。那时，嘉当每两个星期必会约陈省身到自己家里来一趟，每次一小时，这种面对面的指导让陈省身终生受益。

"听君一席话，胜读十年书"，陈省身自然十分懂得"耳提面命"其中的金石所在，并且认为"年轻人做学问，应该去找这方面最好的人"。面对孜孜以求的邓稼先，他的爱才之心尽显，在微分几何、拓扑学等领域，对他进行了热心而细致的点拨指导。

"世有伯乐，然后有千里马"，此话不假，但一匹真正的千里马，必然自己当有极强的主动性，既要胸怀大志成为千里马，更要有深磨四蹄以腾开的苦练之功，作为一匹少年时已露峥嵘的"千里驹"来说，与其说拜赐于无数恩师、挚友的帮助，毋宁说是邓稼先的求知若渴的劲头打动了他身边的每一个人。邓稼先的好学精神无处不在，在崇德中学时如此，在西南联大时如此，在普渡大学时如此，甚至在学成返国的总统号邮轮上，他依然如此。

1946 年 6 月 30 日，以观察员身份参观完美国在太平洋比基尼岛上进行的核试验后，蛰居美国秘密失踪了四年的中国著名核物理学家赵忠尧先生，和邓稼先同船。这是天赐良机，邓稼先当然再次紧紧地抓住了机会，他几乎每天都到这位他当年在西南联大时的老师居住的客舱陪伴，师生二人时而叙旧，时而探讨核物理的奥秘，邓稼先不失时机地向赵先生请教了相当多的学术问题。

陈省身先生大名鼎鼎，获奖无数，还拿了美国数学界最重要的"沃尔夫奖"，堪称实至名归。相比之下，赵忠尧先生就遭遇了绝对不公平的待遇：他是世界上第一个发现反物质的物理学家，也是第一个观测到正负电子湮灭的人，这两大成就无论哪一项按理来说都能轻松获得诺贝尔奖，但历史轻易地忽略了他。

让人无法接受的是，1936 年的诺贝尔奖，终于颁给了"发现正电子"这个二十世纪最重要的发现，但获奖的美国物理学家卡尔·安德逊，他正是在赵忠尧先生成果的基础上，于磁云室中观测到了正电子的径迹。

连安德逊自己后来都承认，当他的同学赵忠尧的实验结果出来的时候，他正在隔壁办公室，当时他就意识到，赵忠尧的实验结果已经表明存在着一种人们尚未知道的新物质，他的研究正是受赵忠尧的启发才做的。

画外音：

弱国不仅无外交，连尊严都被无情地漠视和践踏。我经历得太多了，心虽不平，但也只好长叹一声作罢。我为陈省身先生的辉煌高兴，但更为赵忠尧先生的实力所折服，两位大师对我今后的核物理研究，都起到了相当大的指导作用。

受人滴水之恩，当以涌泉相报。我现在，拿什么来回报你，我敬爱的陈省身先生？我无比敬爱的赵忠尧先生？

平生最不愿欠账的邓稼先，此时陷入了深深的内疚之中，但他没办法，他知道，人生中有些欠账是注定无法还的。

他永远记得，他欠周恩来总理一两粮票。

1962 年 12 月 4 日，一场从西伯利亚呼啸而来的寒流刚刚停歇，阳光透过雾蒙蒙的天空，照射进中南海西花厅。

周总理选择西花厅作为居所有两个原因：一是院中有座昂首兀立的不染亭，那是"洁身自好，一尘不染"的象征和提醒；二是院中开满清纯淡雅的海棠花，深得总理的喜爱，那也正是总理一生所追求和呈现出来的崇高品格及为人之道。总理特别喜爱这个别致典雅的院落，一住便是十几年。

中午刚过，邓稼先等几位科技专家，跟随张爱萍、刘杰、钱三强来到西花厅。总理这次把大家请来，是要讨论审议一个由聂帅委托张爱萍、刘杰，二人经过几个月艰苦调查研究完成的《技术方案》。会议室里，总理不断地提问，专家们在认真地解答，并不时地对一些有歧义的地方发表各自的见解。不知不觉间，夜已经很深了。

在邓稼先感到饥肠辘辘的时候，一位秘书终于来到总理身边耳语了几句。总理点点头，连忙招呼大家去吃夜餐。餐厅在会议室的背后，刚刚能摆上两张大圆桌。每张桌上都是一大盆白菜豆腐肉片汤，四周摆了几碟江苏风味的酱菜。当大家坐好后，每人面前又摆上了一碗玉米面粥，还有一个烧饼。总理亲切地对大家说："吃吧吃吧。"大家一起应声："总理，您也一起吃。"

总理却端起瓷缸子说："我不饿，你们吃。"

谁也不知道，总理的瓷缸子里，盛的是兑了水的稀薄的玉米面粥。这些烧饼和菜，是总理特意为大家安排的！邓稼先饿坏了，虽然有些拘束，但大口大口吃饭的习惯没有改变。

问题来了。散席之后，秘书走过来，让每人交一两粮票。

秘书抱歉地解释说：

"对不起，总理和邓大姐的粮食定量也很低，没有多余的粮票宴请同志们。钱，由总理来付；粮票，只好由就餐的同志自付了，每人一两。"

邓稼先傻眼了——他刚好就这一天没带粮票。既为总理的清廉而感动、又为自己的"失误"而彷徨的邓稼先眼含热泪，说："我欠总理一两！"

然而，虽然邓稼先一直记着这笔欠账，却始终没有合适的机会来偿还。1976 年 1 月 8 日，随着一列西行的火车隆隆作响，邓稼先奔赴罗布泊做核爆炸试验，他忽然听到了最不愿听到的消息：

周总理逝世了！

邓稼先猛地惊呆了，然后立刻大哭起来。边哭，边哆哆嗦嗦地找出一张一两的粮票来，他神情恍惚，颤抖着手，划了十多根火柴才点着粮票，泣不成声地说道：

"我们的好总理啊，我曾经欠过您一两粮票啊！"

画外音：

我还欠谁的？

他的心忽然剧烈疼痛起来。他终于再次想到，他最大的债权人许鹿希和他们的两个孩子：典典，平平。

尤其是许鹿希。

这个正坐在他旁边凝望着他的人，是他最亲的人，也是他几十年来一直装在心里的人。想到这里，他苦笑了一下。

杨振宁的到来，更加催化了邓稼先对妻女的无限愧疚。同是崇德中学的同窗好友，同是 20 世纪 40 年代的西南联大毕业生，同是最优秀的物理天才，杨振宁依旧神采奕奕，甚至比年轻时还要风流倜傥，邓稼先现在却一副老态龙钟的模样，风吹即倒、虚弱无力。杨振宁的子女事业有成，生活优渥，可典典、平平却跟着父亲遭了那么多的罪……

邓稼先心痛得想狠狠敲击自己的脑袋，这颗头颅几十年来已被绞尽了脑汁，但极少用在家里人身上。

但他终于没有力气抬起手来。

许鹿希知道他激动了，但弄不清楚他为何激动。她握住他的手臂，他的手臂清瘦得像一根皮筋。许鹿希的眼泪到底没有止住。

"稼先，苦了你了……"她的眼泪大滴大滴地落下来，浸湿了白色的床单。

"你恰恰说反了，希希……"邓稼先用极微弱的口气缓慢地说。

除了工作，邓稼先的语速都非常缓慢，给人的印象甚至感觉有些木讷，尤其在跟杨振宁聊天时，几乎是"一言堂"的状态：杨振宁口若悬河，而邓稼先像个规规矩矩的小学生，大多数时候含着笑，看着对方一言不发。

许鹿希想狠狠握住他的胳膊，她还想狠狠掐着他的肉，虽然那上面已没有了多少肉可以掐的，她甚至还想狠狠咬他几口，她多么想向他表达自己浓烈的爱意和心痛！

但她不能这么做。邓稼先的痛感此时已到了人体所能承受的极限。她每天都要"话唠"般地嘱咐医生，注射止痛剂，大量地、不停地注射。邓稼先已时日无多，她更清楚这一点。

作为一名医学家，她知道大剂量止痛剂的副作用，但她不想让他在临死之前再遭更多的罪。

他这辈子遭的罪实在是太多太多了！

"你是我这辈子最亏欠的人……"

这是邓稼先心里的话。此刻，他想一遍遍地说这句话，但他很累，动动嘴唇，却说不出来一个字。

2

老牛亦解韶光贵

　　与大多数垂暮之人只剩"哀叹余生"不同，邓稼先做好了人生最后一击的充分准备。将中国核武器带到更高的水平，使之足以与其他核大国分庭抗礼，这是邓稼先最后、也是此生最大的追求。他不是超人，因而能力有限，在他内心里，如果能做好这件事，已对得起寄予自身殷切希望的祖国和人民。至于是否对得起自己和家人，他无暇考虑了。他没有多少时间了。

躺了许久，直到感觉妻子已经睡熟，邓稼先才来了一个艰难的翻身，成功了！居然没用许鹿希帮忙，他很是高兴。看了看表，它正好从 23 日翻到了 24 日。他内心涌起一个小小的得意：瞧，我连翻身都这么踩着节拍儿！

可惜，许鹿希刚刚睡着了，他没法子跟她吹嘘一下。他甚至想孩子气地将她弄醒！

他努力让自己抓紧睡着，好在梦里跟妻子重温往事。好景不长，几分钟后，他感觉到体内又开了锅似的热闹起来。这种感觉一般人体会不到，是那种有如一条蛇在体内啃噬的感觉，而且飞快地蠕动。邓稼先清楚，这是放射物在咬他。

他在与放射物的搏斗中，艰难地捱到了天亮，似乎放射物也需要打个盹儿，他略微感觉舒服了一些。我们知道，这是长久疼痛之后的麻木。

1985 年 8 月 24 日上午，张爱萍上将收到 301 医院呈送的第一期《邓稼先病情报告》，他的目光凝聚在这一排黑体字上面：癌细胞转移，准备化疗。

充满希望的等待，让邓稼先老老实实地接受了医护人员的告诫：暂且把工作先放放，尤其是那种需要费神思考的东西，无论是事务性的工作还是科研课题。

无论如何，这是邓稼先一年疗病期间最愉快的一段时光，仅仅因为希望。

当然，还有自由。时光如果能够停滞在这时候倒也不错，因为回忆突然如流水潺潺般的顺畅，在极痛的身体里，给了人一个歉疚的补偿，他的回忆闸门霍然大开，往事如走马灯般地一件件轮转起来。

画外音：

那时，我在台上口若悬河，你在台下静静地做笔记，多么认真，多么单纯！我大不了你几岁，却成了你的老师，我们的结合居然是师生恋，可这是多么纯粹、多么美好的师生恋啊！希希，你是上天派来帮助我的天使，这当然是无疑的。可我没有给你带来一个稳定而温馨的家，你得到的天伦之乐少得可怜。岂止，我连给你的爱情后来都成了虚无缥缈的神品，像祭坛上的供果一样，只能看着，却不能吃上一口！岂止，受我的牵累，你居然还成了被批斗的对象！岂止，我们的典典刚刚读完初中二年级，就去了遥远的内蒙古那半草原半荒漠的地带插队！更别提我没给你们带来物质上的享受了。虽然，你不在乎这些，可典典还那么小，她什么都吃不到，她还在长身体啊！

许鹿希无比震惊地看到，在"从不哭泣"的邓稼先眼中，一滴清泪摇摇晃晃，蓄势待发。她轻轻地抚摸他的胳膊，然后向上，轻轻地移转，终于摸到了那双疲惫的眼睛，她用手接着，等待着泪水的滴落。

画外音：

在我最盛年的时候，我都无法给你们带来一丝丝帮助，现在，我是可以轻松一些了，我该做的差不多都做完了，我终于有时间可以为你们做点什么了——可是，我现在能做什么？

我只是一个躺着待死的废物了！我就是一个废物！无论我的事业是不是比一千个太阳还辉煌，对你们来说，我就是一个废物。

今生，我如何回报你们？

巨大的愧疚感，让邓稼先忽然从回想中清醒过来。他眨了下眼睛，两滴泪水落在许鹿希已张开好久的手中。

对许鹿希来说，这极为罕见的泪滴，此刻真实地卧在她长满老茧的手心。它呈椭圆状，轻微地晃动，隔着斑驳的树影，缓慢地摇曳在热辣辣的午阳中。

她含着泪，轻轻地嗔道："这是谁做的诗啊？'罗布泊的风沙，让每一滴苦涩的水，都分外可亲。这是一百万，不敢轻易掉泪的，辉煌的铁军！'"

邓稼先刚要说话，门轻轻地响起来，九院的人来了。

"你能行吗？累了就闭眼睡觉！"

邓稼先只是微笑了一下，示意自己完全没问题。他的眼睛忽然明亮起来，好像刚刚的疼痛和无力只是一个梦。

每天这个时候，邓稼先都要在病房接待九院的同事们，主要是几位副院长和一些中层干部。当然，任何一个科技人员有问题都可以随时来访，邓稼先从不显示出倦意，他毫无怨言，每次都是热情接待。事实上，来这里看他的人络绎不绝，如果不是医院后来特意做了硬性规定，估计这里比菜市场还要热闹。作为院长，很多事务大家还是想来找他商榷，待他定夺，这么多年来邓稼先已实实在在地成为了九院的定海神针。

但对邓稼先来说，目前探讨的这件事，他不想参与都不行，兹事体大，确乎关键。

历史最终证明，这是事关中国能否牢固树立核大国地位的关键性的一次战略磋商，虽然是完全集中在核武器研制领域的学术问题，但其结果却跟政治息息相关。大家坐在桌子旁，开始了安静的讨论，连于敏这个一贯大嗓门的氢弹专家都刻意压低了声调。邓稼先则坐在一个酷似轮胎的大橡胶圈上——他是直肠癌，臀部一旦接触硬东西就痛得厉害。虽然，他的臀部现在已是个摆设——在做完直肠癌切割手术后，医生在邓稼先下腹部左侧做了一个人造肛门，一个让他非常不方便因此极度烦恼的"构件"——但即使这样，别人坐在那里很轻松，他也是边写边不停地擦汗，不是热出来的汗，是痛出来的汗。

画外音：

　　是的，还有这些相伴了几十年的同事！这二十多年来，哪一个同事不是默默无闻地低头工作？别的不说，那些被我选上来的"28星宿"，哪一个不是晚恋、晚婚、晚育，晚到了不能再晚？你们跟着我，饭也吃不饱，家也回不了，好衣服穿不上，一个个成天灰头土脸的，还有被很多人最看重的"青春年华"，统统都交付给了苍穹！而广袤的苍穹下，芸芸众生有几个人听说过你们的名号？

　　我知道，你们或许都不是很在意这些，当你们从我兜里肆无忌惮地掏烟卷时，我就知道了！可我在意这些。我更在意，你们千万不要步我今天的后尘。

　　这可敬、恐怖、该死的原子弹，必须要快速有个大结局了！希希，这正是我的最后一个欠账。

　　完不成这个任务，我会揪心地死去，这是你不愿意看到的。28年来，你越来越清楚，我是做什么的了。那么，我相信你，一定会支持我，支持我一直干下去，干到底，就像我在这条路上，已经无法刹住车子一样。

车？他的内心小小地温暖了一下，他想到了国家在他住院之后，特意给他配置了一辆小汽车。他是如此容易就被温暖的一个人，不管自己所获得的是多么的微不足道，所付出的又是多么的巨大惊人。在他的心里，没有关于这种得失的计算公式。他什么都曾计算过，爆轰物理、流体力学、状态方程、中子输运……此生，他独独没有这方面的计算能力。即使曾经遭遇过最不公平的对待，但他从没因此说过一句愤怒的话。

邓稼先的弟弟邓槜先清楚地记得，哥哥曾写过这样一封信给自己：

"治理这么大个国家，我们党没有经验，尽管上层出了一点错，给我们个人带来很大影响，但我们一定要体谅党；我们的党是廉洁的，有希望的，局面会改变，错误也会纠正。"

哥哥还建议说："你到党校教文化课，教工农干部学点文化知识，还是有意义的。"

这是 1959 年邓槜先被错划为"右倾"之后，哥哥邓稼先给他写来的信。自己的亲人（其时，许鹿希也被错划为"右倾"）身心受到如此屈辱，却还在想着要为国家、为人民做一些积极的事！事实上，邓稼先和许鹿希各自的两个家庭，家人都是这样胸襟坦荡，包括每一位长辈、每一个小辈，毫无例外都是这样的人。邓稼先一直觉得很庆幸，自己的家庭没有像很多家庭一样，在历次政治运动中出现兄弟阋墙、父子告讦、夫妻反目的尴尬。那不仅仅会给工作和学习带来无限的烦恼，现在看起来，不，即使当时看起来，也是一种人生的悖论。

配给他的这辆车，现在看起来并不起眼，只是一辆普普通通的吉普车，但在那个年代，出来进去都坐汽车，那绝对是"身份人"的象征，普通老百姓只有望洋兴叹的份儿。但邓稼先只是在汽车第一次开过来的时候，象征性地上去坐了一小圈，以表示对国家照顾的感谢之情。

之后，他再也没坐过这辆国家给他配的专车。他的家人，从来都没上过这辆车。

他对这些没兴趣。1971 年，邓稼先第一次去内蒙古乌特拉前旗，看望在那里插队的女儿时，身为九院的中流砥柱，当时组织上给他配备了警卫员，也有专车，但他都没用，他从乌鲁木齐坐上火车，一连坐了三天两夜，在包头又转乘长途汽车，一路颠簸到达乌特拉县城，再从县城到了女儿驻地，他坐的是一位老农民用来拉粪的平板车！

即使这样，邓稼先不仅乐在其中，还不忘对老农有所"表示"，他将自己正抽着的一盒高级烟送给了老农，老农受宠若惊。

这不是邓稼先装出来的清高。我们可以设想，假如当年邓稼先听从美国同事（其中包括一些华人同事）的劝告留在美国，一辆小汽车是算不了什么的。假如在 1971 年杨振宁来到大陆后，邓稼先听从了这位美国挚友的建议，他在有生之年拥有一辆自己的小汽车又算得了什么呢？杨振宁在得到诺贝尔奖后，普林斯顿高等物理研究所给他开的年薪达到了 50 万美元，那是在全中国人民都节衣缩食的六十年代啊！

但是在 1985 年 7 月 31 日，当邓稼先坐着九院的小汽车驶进 301 医院时，内心还是起了一些微微的波澜。他看到了路上有行人侧目。这非常正常。这一天，首都北京的天气如往年一样，热得让人喘不过气来。当这辆汽车风驰电掣驶入南楼时，很多骑车或步行的路人纷纷扭头观看，在那个年代，能够坐小车来医院的绝非等闲之辈，一定是高级干部才有可能。而路人所侧目的，还不仅仅是一辆汽车，还因为这辆车开进了南楼。

谁也不会想到，车里只是一名科学家。而且，估计任何人都不可能想到，这个人还是一名当时名不见经传的科学家。

没错，这时的邓稼先在九院（正式名称为"中国工程物理研究院"）当然是大名鼎鼎，而且也是高级干部了，但中国老百姓有几个知道邓稼先是干嘛的。

邓稼先的嘴角咧了一下，露出一丝并不暧昧的苦笑。即使现在全国人民都知道了中国已独立研制出原子弹和氢弹，即使这方面的消息已陆陆续续开始在媒体上有所披露，即使自己已经累倒、病倒，结结实实地躺在了病床上，还是"天下无人识稼先"！

邓稼先不知道，从现在开始不足一年的时间里，他的大名将会如雷贯耳，他将成为每一名中国人热捧的新时期英雄，成为神一样的人物！而且，随着时间的推移，邓稼先的大名越来越震响，如同在他麾下，一颗一颗当量值越来越巨大的连绵起爆。

张爱萍上将曾经对这批核专家们说过，"你们是会被封神的！"这句掷地有声的预言，若干年后果然在神州大地应验了！

但我们不得不说，这太晚了，当我们想对一个英雄表达发自内心的敬意时，他却已经听不到了！一生辛勤付出，辉煌却自身后始，让人情何以堪！

在人群熙来攘往的南楼门口，路人所热观的，还不仅仅是因为这辆车开进了南楼，更是因为看到了成群结队出门迎接的主治医师们。

这样的规格，难不成是中南海里的大干部？到底是谁有这么大的派头呢？

邓稼先只记得上级给他的温暖，从来没有不良情绪，比如，这时他原本可以感觉到一丝丝的苦涩。可邓稼先的心里，现在剩下的只有感恩，对老领导的衷心感谢。张爱萍上将的一个电话，让医院立刻对邓稼先的病情高度重视起来，活检报告按常规需要一个星期出来，现在只用了短短的20分钟冰冻切片的结果就出来了。这就是差别。

邓稼先当然不会对此浮想联翩，他不是一个愤青。但从另外一个角度来说，邓稼先无疑却是最高级别的愤青，他当年的愤怒程度，远非今天的网络水军们鼠标一点能轻易等同的。

没错，当年如果没有对帝国主义的满腔愤懑，他不会选定核物理作为自己的研究方向。虽然，这里有他父亲邓以蛰的忠告："孩子，不要像我一样学文，学文对国家没用！你一定要学理！"虽然，"二战"之后的核物理学科是一个最热门的学科，可以说时髦得很，但邓稼先的性格决定了他不是一个喜欢赶时髦的人，精忠报国之心早在他读初中时就牢牢扎根了。

也许，只有经历过十年浩劫的人，才能彻底懂得这个世界上最宝贵的是什么。但这种最宝贵又的确是因人而异的。比如，很多人从此远离政治，销声匿形，过上了"平安是福"的小日子，但远离政治，真的就能确保平安吗？恩格斯说过，真正的政治跟每个公民都关系紧密。这个道理，是不是每个人都明白呢？

对邓稼先来说，"抢时间"已经成为生命中头等重要的事情。十年浩劫无端消耗掉了太多精英们的太多时间，而现在留给他的时间更是少得可怜。一想起这些，他就心悸——他不是怕死之辈，当然没有任何一个人会认为邓稼先是怕死之辈，谁有这样的想法，是无知可笑到了极点。且不说以核物理学家的身份踏入原子弹研制领域，这等于是预判了自己的死刑（这一点，在邓稼先死后，许鹿希曾经探访"两弹一星"元勋以及其他参与原子弹、氢弹研制的科学家，调查结果是令人震惊的：这批在新时期的枪林弹雨——核辐射中穿行的先驱们，大多数死于恶性肿瘤！据许鹿希最初的考察，倒也不是没有特例。1964 年任中国首次核试验办公室主任的李旭阁中将，活到 73 岁时仍然安然无事，包括许鹿希在内的人都以为这是上帝创造的一个"奇迹"或一个疏忽般的"遗漏"，但最终，李旭阁仍未能跑出肿瘤魔咒——2001 年，他被检查出患了肺癌，只说在 1979 年中国发生的第三次核试验事故中，邓稼先制止住众人独自去寻找、验证那颗没按计划爆炸的核弹头，那已是一种"习惯性"地将生死置之度外的超然之举了。

极目天下，有几人能坦然做到如此？

这样的人，怎么会在病床上哀叹时日无多？

但心悸却是真实存在的。这一切，只因为"计算机模拟爆炸"七个字！

邓稼先的一切散漫思绪终于又回到现实世界。面对来谈工作的同事，他为自己刚才短暂的神游天外而抱歉，但同事们都马上进入了正题，他们都清楚巨大疼痛带来的"暂时性失魂"是怎么回事。

作为医学专家的许鹿希，当然知道这是邓稼先一贯为人谦逊的个性。作为当事人的邓稼先又岂能不知？面对这一群时刻都把事业供奉在心头的铁汉子们，邓稼先几乎热泪夺眶。

1985 年的 8 月下旬，是邓稼先一年疗病期的开始，但实际上这一时期很关键——化疗即将开始，有可能成功，也有可能失败，一旦失败，谁都明白意味着什么。

邓稼先是唯物主义者，他对生命充满了渴望，甚至从没有像现在这么渴望过。但他知道，他的生命主控权自此已交付给了头顶上的苍穹。欢欣的等待和不祥的预感交替出现，无论如何，在这人生倒计时里，他越来越真切地听到了催命符般的鼓点，如此密集，如此惊骤。

在他的人生大计划里，这最后的任务已泰山压顶般落在他的肩上。

烈日炎炎，国际列强们的军备竞赛如火如荼。继美国、前苏联之后，英国也"按部就班"地完成了在实验室内用计算机模拟核爆炸试验，现在五个核大国中只剩中、法两个国家，还没有实现这核配套工程的最后一击。邓稼先想起 1967 年 6 月 17 日，当罗布泊的科学家们比毛主席的命令提前一年，比聂荣臻元帅的部署提前半年，完成惊人的氢弹空爆时，戴高乐总统在遥远的法国，面对法国原子能总署的专家时把桌子拍得山响：

"你们这帮草包，怎么中国能这么快制出了氢弹，我们的原子弹都搞完多少年了？你们必须检查原因，尽快完成氢弹爆炸，否则，你们就立马集体辞职！"

这段话是 1985 年"法国快堆之父"万德里耶斯访问中国，同钱三强交流时亲口说的。当然，他绝没有忘记向钱三强询问："你们的氢弹怎么那么快就制造出来了？"

现在，是继续抢在法国前头，成为世界上第四个拥有"核全套"的国家，还是被法国反超，成为国际第五？但邓稼先清楚，现在排名次已经毫无意义。美苏正紧锣密鼓地联合预谋出台《核禁试条约》，一旦获得联合国批准，什么叫功亏一篑邓稼先比任何人都清楚。

也许，那时的被动局面，就叫"千年打柴一担烧！"

这是邓稼先作为制造原子弹和氢弹领导者的非凡眼光。说穿了，这是一个干大事的人才具有或者说必须具有的远见卓识。

邓稼先很清楚，对美苏这两个核大国来说，技术设计水平已然到了瓶颈，即使再有提高和发展，也如百米赛跑的世界纪录一样，即使艰难地打破，也无非是提高了 0.01 秒左右，量的积累再不会发生质的变化了。而计算机模拟技术的成熟，将使这两个国家迅速祭出"禁试"大棒，彻底封杀其他欲在核领域追赶的国家。当前，主要就是针对很不讨美国喜欢的法国和尤其不讨美国喜欢的中国。

此时，邓稼先比谁都清楚，中国目前的核武器小型化水平、核武器威力水平已经赶上或接近美苏的水平了，但在很多方面，比如核武器在实战条件下的对生存、可靠性的认识，以及核武器对人员、装备的杀伤效能的认识上，还存在着相当大的差距。这一切，都是因为我们的起步时间太晚、发展底子太薄而导致核试验做得太少。美国已经做了一千多次核试验，前苏联做了七百多次，中国只做了三十几次，中国在核试验方面取得的数据和经验，相对美苏来说少得可怜。

现在的当务之急就是，在禁试条约出台获准之前，加快完成计划中包括一些计划外必须进行的核武器爆炸试验，获得最丰富、最全面的实践数据，这样才能在接下来的计算机上进行模拟爆炸，也就是从实爆到机爆。这是至关重要的一步！

完成这一步，中国就可以胸有成竹地在禁试条约上潇洒签上自己的大名。从此，中国的核武器试验就将更秘密地在计算机上进行，国外将更加忌惮中国的核威慑能力，从而确保中国能永远屹立在世界民族之林。这样八国联军入侵、南京大屠杀那样的屈辱与悲惨的往事，才会真正一去不复返！

邓稼先为什么能名列"两弹一星"功勋阵容？为什么张爱萍独独为邓稼先题写了"两弹元勋"的题词？邓稼先为什么能年纪轻轻就担当重任，被中国高层领导选中，成为中国核武器理论设计负责人？

这一切，绝非他有什么特殊的背景，有什么超人的资历，邓稼先一次次用自己远超他人的远见卓识证明了，有一种忧虑叫未雨绸缪，有一种智慧叫望穿千年。

"老牛亦解韶光贵，不待扬鞭自奋蹄。"这是诗人臧克家当年在自励诗篇《老黄牛》中的佳句。多年以后，很多老干部的办公室中都悬挂着这幅字画，或为明志，或为激励，但更多最终都成为装饰品。然而，这句诗用在此刻的邓稼先身上，真是太合适不过了。

然后，邓稼先心里突然从未有过地冒出一个热烈的念头。

画外音：

然后，我就好好享受一下退休的生活，我要出去走走，去普渡大学再看一看，也看看那艘"威尔逊总统号"是不是还在服役；看看杨振宁、李政道，我所尊敬的吴健雄博士，看看我的导师德尔哈尔先生。亲爱的希希，我要让你看看，我不是没有朋友，我可是知交满天下啊！我还要在国内多走走，去怀宁老家我的祖屋看看，也去你的老家九江看看庐山。当然，绵阳科学城也是要再看一看的，金银滩草原是必须看看的，至于颐和园，当然得去，从佛香阁到十七孔桥，还有那一条条野路，我们都要再走一走。希希，至于白塔啊、后海啊你说我们能不去吗？那是我们谈恋爱的地方啊，我当然更要去看看。最重要的，每一次出行，我都要带着你，我们再也不分开了。

说真的，我实在太想吃你做的红烧鱼了！

这种念头，渐渐在他的身体内燃烧起来了。他被自己这个突如其来的念头烧得浑身火热，他甚至觉得自己压根儿就是"蓄谋已久"！

3

风雨如磐暗故园

内有经济一穷二白，外有列强环伺骚扰，举步维艰的新中国该如何从史无前例的困境中突围而出？打破列强的核封锁，拥有自己的核武器，成为虚弱不堪的新中国面临的头等大事。没有人会坐视自己的母亲被侮辱和欺凌而漠然不顾，祖国的声声呼唤，在960万平方公里的广袤大地上响起了最深沉的回音。

1985 年 9 月 10 日，距离第一次手术刚好一个月，邓稼先"貌似"出院了。

说"出院"，是因为这是医生的建议，暂时中断治疗，回家休养；说"貌似"，则因为这根本不是病愈，而是他的白血球数目太低，血象太差，化疗不能继续进行下去了。

许鹿希搀扶着邓稼先走出 301 医院的时候，该是一种什么样的心情？住院，无非是两种结局，一种是安然过世，再也走不出这医院；另一种则是欢天喜地凯旋。邓稼先两种都不是。

许鹿希其实明白，现在做不了化疗，将来也一样做不了，靠自身的恢复而将"癌魔＋放射性损伤"压制下去，简直就是白日做梦。手术后的病理诊断像梦魇一样压住了她，她无法轻松起来：肿瘤的病理性质是恶性程度较大的低分化、浸润性腺癌，直肠旁淋巴结 7 个，全部有癌转移……病症属中期偏晚，已有淋巴结及周围组织转移。

许鹿希作为一名医学教授，诊断书上的哪个字，她会不懂呢？这一长串诊断，其实完全可以替换成一个极其简单明了的词：死刑！

1789 年，德国化学家克拉普罗特发现了铀元素；足足 150 年后，1941 年，美国的西博格化学小组在用氘核轰击铀的过程中，意外地发现了钚元素。

当时，谁知道它们具有如此大的威力？谁又能想到，它们最终能够进入邓稼先的体内，成为一个定时炸弹，成为"一对一"的杀手？

日本广岛和长崎的老百姓，在美国原子弹的轰击下一瞬间就死去了，没瞬间死去的人，也都在一周左右时间死去，但邓稼先为了研制原子弹已经被癌魔和放射性损伤折磨了 6 个月，其实更准确地说，已经被折磨了整整 7 年！

1983 年张爱萍上将到绵阳九院视察工作时，下了一道铁律：所有的工作人员每年必须进行一次查体！可以说，等邓稼先 1984 年做完中子弹试验回到绵阳时，九院已经有了正规的、严肃的体检传统。作为院长，邓稼先每次都用张爱萍上将那样严肃的语气命令大家去体检，他用军人的气势去督办这件事，甚至会亲自安排一些烦琐的事宜，但他自己却从没去查过！每一次体检的时候，他不是在制造车间忙，就是在罗布泊试验基地忙，有时从北京到新疆再到上海，偌大的国土上，画满了他直不起腰、喘不过气的身影。

但他从未在意过这些，就好像他就应该时刻忙碌着，一旦歇下来就是极大的"犯罪"！别人一提这事，他就一推再推，在邓稼先的身上，任务总是一个接一个，让他没时间去检查身体。

换做别人，也许抽个空也就去查了，谁还差这点儿时间呢？但对邓稼先来说，如果有个空可"抽"的话，那必须要研究他认为更重要的问题，而这样的问题从来就没有结束的时候！

甚至，尽管他对自己的身体也有过担心，也有过不良的预测，但一工作起来，他总是想当然地认为自己的身体尚可，自欺欺人地认为用不着去检查身体。

"再等等……"他的回答总是这么简单，一点儿都不复杂。

如果邓稼先做完中子弹试验回北京时，能够听从许鹿希的劝告，好好住院治疗一下，后果也许不会这么严重。然而，去医院倒是在许鹿希的强制下去了，可他对检查结果却漫不经心。

他是被他自己给耽误了。但也许，并非是一次两次的耽误，是被几十年来的"漠视"给耽误了。邓稼先最终是因直肠癌而死去的，但当时这种病已经不算是绝症，很多患有同种病的病友，后来都成功治疗出院了，在许鹿希后来的采访中，他们又继续活了二三十年之久。而这个著名医学专家的丈夫却没有这般幸运了，在邓稼先漫不经心地做了检查并离开之后，其骨髓里的放射线越来越强，这分明是邓稼先在研制基地和试验基地和死神进行殊死搏斗，但最终是他输了：他的病已经无法用原本可以见效的化疗诊治了——不做化疗就是死，而一做化疗，白血球和血小板马上跌到零，全身立刻随之开始大出血，嘴里是满满的血，耳朵里是满满的血，背后的出血瘢像一个面盆那么大。死神已胜券在握。

多年之后，北京医科大学（许鹿希所在单位，后与北京大学合并，更名为北京大学医学部）的老校长对许鹿希说："我们刚一听说邓稼先同志患了癌症，就知道不好了。核辐射和癌细胞两面夹攻，不好治疗呀！"

但我们能说恶疾缘起邓稼先的主观漠视吗？当一个人将全部身心都扑到事业上时，这种心境如何可以为外人理解？许鹿希挽留不住邓稼先，她知道中子弹试验后还需要继续进行一系列重要的总结工作，这些都是大部头的工作，而邓稼先是必须作为核心研究员而介入，主导这些工作。而假设没有这次从绵阳到北京来汇报工作，假设张爱萍上将有一点点的疏忽，邓稼先是不肯、也不可能来医院检查乃至住院疗病的。

他对张爱萍的询问是这么回答的：

"其他倒没有什么，只是患痔疮，总流血，怪讨厌的。"

天哪，放射线已从蝌蚪变成了癞蛤蟆，魔鬼已经从瓶子中冒出烟来了，你老邓还轻描淡写地将自己的重症当做痔疮？你是没有常识，还是过于乐观？

然而即使在邓稼先已住进301医院，即使他已知道嘴里、耳朵里、甚至肛门里（他所谓的痔疮）都大排量地出着血，没有任何一个人，看到他曾眉头紧皱。

画外音：

如果没有这些进入体内的钚元素，我可不是你们现在眼中的衰老头，现在，放射物在半衰，而我在全衰。放射物用1/20000的速度在衰减，我比它快得多，我衰减的速度是1/62！

但你们可曾知道，我曾经是一个多么健壮多么灵活的人！我有一个响彻九所的著名绰号——大白熊。是，我现在是睡不着觉，即使不那么疼的时候，也睡不着觉，但年轻的时候，我可是躺下就睡着了！这不是吹牛啊，你们问问"28星宿"里的任意一人，他们都知道，那时的邓稼先才是真正活力四射的我。35岁那年，还是在北京搞理论计算的"初级阶段"的时候，记得有那么一天，我趴桌子上就呼呼睡着了。后来他们说，我"重心一偏，摔到地上，居然没有醒来，反而在地上舒展开四肢，越睡越香。"

如果说这也算不得什么，那我告诉你，我还在黑板前讲着讲着就睡着过！你们信吗？

你们大概只听说过站着睡觉的马吧？

你们有这本事吗，哈哈。说实话，那次我实在是太困了——我四天四夜才断断续续地睡了6个小时。

不努力不行啊，我找不出继续悠哉游哉过日子的借口。国内国外的反差就是在这时候变得越来越明显。与人的强大相比，二十世纪五十年代初的中国，一切都是零啊：工业，农业，科研，商贸……甚至，我们自己造不出一颗精密螺丝来！

"二战"期间，美国能够第一个做出原子弹来，是由于美国的工业技术设施与建设并没有受到战争的直接威胁，在较快时间内他们就掌握了所必需的核武器资源铀235和钚239，同时，又几乎集结了当时全球最优秀的科学技术人员，包括大量从欧洲逃亡或支援来的一流科学家！而建国初的中国在这三个方面，正好是跟美国处于两个极端：没有基础设施，没有铀钚矿，没有原子弹专门人才！

而用毛主席的话来说就更惨，当时偌大的中国居然"造不出一辆汽车，一架飞机，一辆坦克车，一辆拖拉机"！

如此一个泱泱人口大国，拥有如此辽阔的疆土，工业产值在世界的排名让人汗颜——第26位！

而在当时最为紧要的军工生产方面，国内几大兵工厂如沈阳兵工厂、太原兵工厂、重庆兵工厂等，只能生产少量的步枪、机枪等轻武器，连一门迫击炮都造不好，更无法制造机械化装备，弹药的年生产能力只有区区的一万吨。而当时，美国、前苏联、德国等国家，年弹药生产能力都在200万吨以上，相差足足200倍。

在机械化装备上的差距，更是无法相提并论。美国人均三个士兵一辆机动车，苏军人均十个士兵一辆，中国军队则是500名士兵一辆机动车！

而有很多还都是抗日战争和解放战争时期战场上的战利品！

为此，中国人民一度被称为"泥足巨人"！

但是，任何困难在中国人民面前，都能被赋予一种乐观的色彩，甚至很幽默，当时最流行的一句话就是：一张白纸，才好画出最新最美的图画！

除了史无前例的内忧，更有如临深渊的外患。在中国积贫积弱几乎到了极点、偌大的国土上处处需要白手起家的时候，全球，正笼罩着一层新的阴霾：冷战。

携"二战"胜利之威，集合了全世界几乎最优秀的科学家的美国，面对日益咄咄逼人的前苏联红色政权，面对差点儿灭亡的雄狮中国的不屈英姿，不禁动了邪念：卧榻之侧，岂容他人鼾睡。

此时的美国，不可能独霸全球了，它来不及也没能力将前苏联踩在脚下，尤其是当前苏联紧随美国之后相继完成一系列核爆炸后，两强统治世界的大格局已不可避免地形成了。如何孤立前苏联，不让红色政权的集团越来越大最后反超美国，是最令美国高层关注和困扰的难题。而不让中国恢复大汉的雄姿、大唐的神采哪怕是大清中期的富庶，则成为美国当下"重建世界新秩序"的最重要切入点。前苏联则既要拉拢中国同美国抗衡，更要当社会主义集团的老大，意欲摆布中国的年轻政府。

那正是"二战"后冷战新格局开始形成的时代，世界风云正在酝酿着新一轮的成王败寇。自古弱国无外交，刚刚经历了惨痛教训的新中国，难道还要再次被摁住头颅任人欺凌？

何况，此时的台湾，反攻大陆不仅仅是一句口号，更夜以继日地体现在国民党政权的实际行动中！从 1955 年 1 月到 1958 年 7 月，国民党空军飞机进入大陆达 15546 架次，投弹 339 枚，扫射 110 次，大陆沿海军民伤亡 704 人，被毁各型船只 63 艘。1955 年春节前夕的轰炸，更是将福州变成一座鬼城，好端端的一个年，全福州没有听见一声爆竹响起！而那时，从杜鲁门到艾森豪威尔，从肯尼迪到约翰逊，历届美国政府都是奉行支持国民党政权的政策的。

我们完全有理由相信，在那个时刻所有的中国人都在心里呐喊着一句崔健在 1993 年怒吼出来的著名歌词："我们不再是棋子啊，走着别人划的印儿!"

当然，这只是一个憧憬，或者用稍有些气魄的话来说，这只是一个信念，一切都还停留在愿望层面。关键要看新中国的政府如何应对。而打破大国的核封锁，拥有自己的核武器，是新中国面临的头等大事，此事的重要性从极端角度来说，甚至还要超过"让人民吃饱肚子"。事实上，后来的国情深重地验证了这一点。

1947 年留学法国巴黎大学镭学研究所，并师承著名化学家、诺贝尔奖得主约里奥·居里夫人的杨承宗，是邓稼先一直非常佩服的一个人。杨承宗于 1951 年 10 月历经曲折艰难回国后，一直扎根于中国科学院近代物理研究所，后来担任中国科技大学副校长。晚年创办了新中国第一所自费走读大学合肥联合大学。作为世界保卫和平大会主席，约里奥·居里在杨承宗回国时，托其转告毛泽东说，"要保卫世界和平，要反对原子弹，必须自己拥有原子弹"。

约里奥·居里虽然"贵为"保卫世界和平大会的主席，但在当年，也就能为和平做这些了，当然，这是极有价值的建议，对中国高层最终下定决心开始原子弹研制起了重要的作用，后来的历史毫无偏差地证明了这一点。

即使没有居里夫人的这句话，邓稼先知道，以毛泽东的睿智不会想不到全中国人民又一次重新站在险境的边缘!

首先，1950 年 10 月 19 日，中国刚刚踏过鸭绿江进入朝鲜战场，美国总统杜鲁门就对中国进行了核武器威吓。毛主席的反应是：你吓你的，我打我的。

毛泽东的气势最终战胜了杜鲁门的毒念。但到了1953年，美军联军在朝鲜战场一败涂地后，恼羞成怒的时任美国总统艾森豪威尔，正式取得国会授权，准备将他们的第三颗原子弹，投在与日本一水相隔的中国大陆上！

此时前苏联的一句话应该对美国产生了重要影响，"不仅美国有，别人也拥有原子弹和氢弹，并具有相应的运载工具，如果中国遭到核打击，侵略者将立即受到同样的打击！"而毛泽东临危不惧的大无畏气魄，让美国人觉得这种底气绝对不是虚张声势，更加认定了毛泽东和赫鲁晓夫之间已达成了某种秘密协议，最终没敢投弹。但经历了这两次恫吓，毛泽东不可能真的如他对女记者所说的"原子弹也是个纸老虎"那样，继续认为这玩意儿是可有可无的装饰品，事实上，毛泽东口中所谓的"原子弹是纸老虎"，主要是体现在战略层面，而在战术层面，伟人的心中是绝对把原子弹当做"真老虎"的，真真没有小觑。

其次，蒋介石曾经在1946年开始派人去美国学习和制作原子弹，带队的是三位著名教授：数学家华罗庚、物理学家吴大猷、化学家曾昭抡，三位教授各自推荐了两名青年才俊，这六个人后来都成为科学界赫赫有名的人物：李政道、朱光亚、唐敖庆、王瑞骁、孙本旺、徐贤修。虽然，美国并没有、也绝对不可能将费尽千辛万苦弄出来的东西慷慨外传，因此蒋介石派去的专家空手而归，但他因着台湾与美国的同盟关系，在反攻大陆的呼声正积极的非常时刻，毛泽东不可能不开始考虑研制原子弹。

作为敏感的物理学家，邓稼先应该比更多人都知道中国必然要走向研制原子弹之路。这也是他后来留学美国时对一切都留心的主要缘故，在许多稍微看看书考试就能通过的课程上，他尽量节省时间和精力，省出来的时间全部用于钻研物理学发展前沿的新成果。而且，不光是对国际前沿物理进行了深入的学习和思考，他也经常去芝加哥与已在普林斯顿高等物理研究所供职的杨振宁沟通，谈论国际政治，谈论物理学的奥妙，谈论中国将向何处发展，在潜意识里，他正期待着这一刻的早日到来。邓稼先能够将三年的课业用一年零十个月的时间就完成学分，并顺利获得博士学位，应该说正是受报国之心的驱使。事实上，在出国之前，邓稼先就对他所在的共产党外围组织的一名领导袁永厚，同时也是一名跟他关系不错的地下党员诚恳有加地说：

"我学成就回国！"

这一点，他的父亲邓以蛰比谁都看得清楚。因为，正是他对儿子说"不要学文，学理才能拯救我们的国家"。

这不是五十年代初的事，这是邓以蛰在1937年北平沦陷后，面对日本铁蹄的侵略发出的痛苦而决绝的心声。

学理，学理，学理！不仅仅是邓以蛰幡然醒悟，在那个"国破家何在"的非常时期，有多少人从此踏上了科学救国的道路：钱三强、钱学森、彭桓武、郭永怀、王淦昌……鲁迅当年弃医从文，理由是十足的：即使治好了身体，也难以治疗我们这个民族的蒙昧！但这批科学家们做出了与鲁迅当年恰好相反的抉择，他们的动机就在于：我们写出了诗，到时候还能否念给国人听？

只有机枪和大炮才能捍卫我们可爱的家园！只有原子弹才能让

我们中国人挺起胸膛！在学业选择上，即已透射出强烈报国心的莘莘学子们，正是中国重新崛起的最根本力量。中华民族之所以历经数千年的战乱、经过无数次外族侵略而从未倒下乃至灭亡，就在于关键时刻总能够站出来，爆发出前所未有的能量，即使他们手中持有的是最平凡的武器，他们的热情也一样能够创造奇迹！

后来的历史确凿证明，1959 年前苏联党中央和政府撕毁协议撤走专家，之所以能够逼出一个伟大的中国自力更生，完全是一大批邓稼先式的中国人在关键时刻站了出来，并豁了出去！事实上，在中苏两国关系如胶似漆的蜜月阶段，"苏联专家加中国青年"的合作方式显然是中方为了配合苏联人的"老大哥"情怀：既然是援助，就要全部靠我们，你们不要插话，不要插手，一切听我们指挥就是了。

邓稼先能够在 1958 年被选中，成为这种合作模式下的中方理论带头人，年轻当然是决定性因素，但前苏联专家们此时并不知道，比年轻更让中国高层领导看重的是才华。

时年 34 岁的邓稼先，实际上已是中国最具潜质、最有才华的核物理专家，其实，早在 1952 年仅仅 28 岁的时候，初出茅庐的邓稼先凭着他的勤奋和用心，已晋升为中国近代物理研究所副研究员，在当时，具备副研究员以上高级职称的科技人员，全中国也没几个。

而在中国高层的心目中，比才华更重要的，是他们看到了邓稼先一颗三十多年来愈来愈牢固和强大的报国之心，这比什么都重要，因为它无可替代！

画外音：

实话实说，苏联的确有过帮助我们的心，也的确有过帮助我们的举措。但是，你们一定要弄清一个概念，这一点也不妨碍说我们的原子弹是全部自力更生弄出来的。

任何一项事业，包括原子弹的制作，必然要有一个学习的过程，无论是苏联给予我们的硬件支持还是技术培训，都是任何国家、任何个人学习和提高的一个必然过程，看到苏联专家参与了我们早期的核武器建设，就否定我们的自主产权，这在逻辑上是站不住脚的。

如果这样的逻辑成立，那么完全可以说，美国也参与了我们的原子弹制造，因为那么多专家都是留美回来的嘛，钱学森先生曾经还入了美国籍呢！

完全可以说，英国也参与了我们的制造，彭桓武先生就是在英国获得了两个博士学位嘛！

完全可以说，法国也参与了我们的原子弹制造，钱三强先生是约里奥·居里的弟子嘛！

德国也参与了，甚至日本都参与了！而如果按这个逻辑，那美国人在 1945 年爆炸的那个原子弹，更是八国联军弄出来的：给罗斯福上书建议研制原子弹的爱因斯坦，当时是瑞士国籍；发明了核反应堆的费米，当时是意大利国籍；英国整整一个核物理专家团队则都介入了美国第一颗原子弹的建设当中来。

试问，这些人中哪一个是纯正的美国人？

最关键的一点还不是这个，而是苏联专家绝对没给我们提供核心的东西，也就是核武器研制。光有重水反应堆是不够的，你如何让它"浓缩"成一个"球小姐"，然后再引爆它？这里面的距离可不是你们想象的那么近，从中子到质子之间的距离，虽然是用普朗克长度来表达的，但在引爆计算中，对连葫芦都没有却要画出瓢的我们来说，它们之间的距离是光年级别的。

高科技的东西来不得半点浮夸，高昂的热情是解决不了全部问题的。苏联后来留下的半拉子工程的确让我们受益匪浅，但更多的时候，我们都是在黑暗中摸索，不停地摸索，如山般的技术细节，我们必须反复地计算，反复地验证。苏联派来了233名核专家，中国制造原子弹的队伍就强大了吗？进度在人家手里掌握着，一切核心的东西都被隐藏起来。曼哈顿工程中有不少英国科学家参加研制，但美国制造出原子弹后，英国为什么没同期也制造出来？核心技术的封锁，是任何一个国家都顶在脑门上的第一要务！

历史的真相很不容易看清，尤其是在这么敏感的领域。事实上，赫鲁晓夫从推诿到冷漠再到热情，绝对不是真心实意想帮中国，国家利益永远是高于一切的，这个道理毛泽东懂，赫鲁晓夫当然也懂。在1956年全球因赫鲁晓夫的《秘密报告》而开始掀起反苏反共浪潮，并且苏共中央的十一个常委中，有7票要赫鲁晓夫下台，在这样的严峻情势下，他为取得毛泽东的支持，以便牢固树立自己在本国内和整个社会主义阵营的老大地位而忽然热情起来。同时，他没忘记跟美国的杯酒酬和，按照《国防新技术协定》里的帮扶条例要求，中国就快要进入苏共的核心支援国的时候，美苏谈判获得成功，赫鲁晓夫断然单方面撕毁了协定，并于1960年7月将支援队伍悉数撤走！

中央对我们被"耍"当然是早有预料的，但这对我们来说，仍然是一个巨大的打击。当你靠在一个人肩膀上的时候，他的突然闪身，会让你不小心来个趔趄的，这个巨大的趔趄把我们瞬间逼到了悬崖边上。那时，在我们自己的队伍中，开始陆陆续续有人动摇了，随即开始了大面积的撤退。尤其是在1961年于北戴河召开的国防工业委员会工作会议上，关于制造原子弹是"下马"还是"重新上马"的两种针锋相对的意见吵得不可开交后，吃喝都成了问题，不光是技术工人，科技干部也开始一帮哄似地撤走。

早在1954年9月29日赫鲁晓夫率领庞大的代表团第一次来华访问时，毛主席就跟他提了请求帮助核武器建设的话，但被赫鲁晓夫委婉拒绝了，赫鲁晓夫当时只是同意派遣军事专家，对中国予以火炮、枪支和其他武器的支援，后来在他的回忆录中我们看到，其实他这时也认真考虑了毛泽东的请求，如果对中国原子弹建设给予支援，可以适当减轻当时美国对前苏联的核威慑压力，但他显然还没想好其中的利害关系，因此表现得犹豫不决。

中国政府当时绝对没有因此长吁短叹，没有因此就放弃，而是随即在次年就秘密开始了原子弹和导弹的预研和初期准备工作。波兰和匈牙利对苏联的反抗给了我们机会，这是好事，但没有他们的帮助，我们的脚步绝不会就此停下来，能不能更快不知道，但不会更慢。这从氢弹研制就能看出来，氢弹的制造和原子弹是迥然不同的，但有了以于敏为代表的这群人，用两年多一点的时间就制出来了！我们可以做一个小小的假设，假如当时氢弹制作也有苏联专家不切中实质的培训，很有可能没有这么快！

所幸的是积贫积弱的新中国，并不缺独具慧眼的领袖，并不缺一心报国的"死士"，而且愈是在"黑云压城城欲摧"的最危险的时候，这样的人也相应地愈加头角峥嵘起来，在各个环节扛起了"光复中华"的铁血大旗！

你不是一个人在战斗！在邓稼先之前，跟他一样做好了充分准备的，还有上述那些此刻已名震江湖的人：钱学森、钱三强、彭桓武、王淦昌、郭永怀……这一串看起来并不算长的名单，厚重却远超古往今来的千军万马！

4 位卑未敢忘忧国

少年时就将亡国奴的帽子狠狠地摔在地上，但这也给他带来迥异于其他孩子的苦难——从中学时代，他已开始了漫长的颠沛流离。人生的第一桶"辛"磨炼了他的心志，英雄的未来暗藏于初。

1985 年 9 月 30 日，因身体条件再次陷入危机而不得不重新入院的邓稼先待不住了，他不是还想回到家中那个"安乐窝"，他急切地想到天安门去看一看。

第二天，就是举国欢庆的十一，跟全国人民的心情一样，他按捺不住激动的心情！而他知道，那天出去是不现实的，天安门广场纵使再宽敞，摩肩接踵的人群也会让他吃不消。

他决定头一天就出去转一转。

至于办法嘛，只有偷着出去。在好不容易征得了许鹿希的同意后，他开心地把警卫员叫上来，让他去医院门口准备，自己则装作上厕所的模样，偷偷地溜出了病房。

但旋即他就被医生逮到了。医生坚决让他回去好好躺着，口气几乎不容置疑，但邓稼先的态度忽然也硬朗起来，就是坚决不回去！

许鹿希很为难，她本身就是医学教授，但当那个值班医生用信任的眼光将决定权交给她时，她连一秒钟的考虑都没有，反而向医生求起了情！一个唱红脸，一个唱白脸，双面夹攻之下，医生终于认输，但严正警告邓稼先：只许一个小时，必须回来！

邓稼先哼着小曲走出了医院，阳光直接照耀的感觉真好哇！他目送要赶去上课的许鹿希离开，在警卫员的搀扶下上了车，向着天安门愉悦而行。

条条街道上，都摆满了各式各样的鲜花，爱花至深的邓稼先心潮澎湃，他欣喜地凑到一株株叫不上名字来的鲜花前，红旗飘扬，人民英雄纪念碑直插蓝天。他坐在一处台阶旁，看着和平时期特有的繁荣和安逸景象，纪念碑浮雕上的群英们好似各个活过来一样，面朝他微笑，他也情不自禁地笑了起来。他面朝纪念碑，对警卫员说：

"这是我一名校友的嫂子设计的。你知道我的这位校友是谁吗？他叫梁思礼，是大学问家梁启超的小儿子，和我是普渡大学的校友；你知道他的嫂子是谁吗？林徽因。她后来得了肺结核，五十几岁就死了，但她活得很有意义，很有价值啊！"

警卫员饶有兴味地听着邓稼先的讲解，他第一次听说有这么两个人。但他知道，连首长都对他们这么尊重，他们一定也是不寻常的人。

事实上，"民国第一才女"、中国著名建筑学家林徽因女士，正是邓稼先的父亲邓以蛰先生的挚友之一。在完成这座堪称中华民族"灵魂建筑"的不凡作品之后，不久，林徽因结束了她多病多难但同时也多姿多彩的一生。葬礼上，邓以蛰和金岳霖联名题写了一幅挽联：

一身诗意千寻瀑

万古人间四月天

一代美学宗师联手一代哲学宗师，珠联璧合已不足以形容其阵容强大，那清新美丽而略带伤感的十四个字，写尽了林徽因的脱俗人生！

画外音：

中国，我的祖国，你终于顽强地活了下来！有这些浮雕上、浮雕外优秀的儿女，你必将永恒地屹立在世界的东方！再不会有人持长枪跨战马冲进来侮辱我们了！

邓稼先：温文尔雅的坚守

1937 年发生"七七"事变时，邓稼先正在崇德中学读初二，被异族占领的北京城，到处都是日本兵的野蛮粗横，这和校内纨绔们的欺辱根本是天壤之别，邓稼先的民族自尊心被强烈地激发了。学校门前是府右街，当时有日本宪兵队驻扎在这条街上，凡是中国人路过，都必须向日本兵点头哈腰带鞠躬，这让邓稼先一点儿也不觉得好玩儿，内心非常反感，不待大人指点，年少的邓稼先从此就开始绕道走，上学，放学，宁肯走三倍于原来的路程，也坚决不肯低下自己尊贵的头颅。

每晚到家，母亲知道他又走了很长的路，都要亲热地摸摸他的头，父亲则端着茶水，用欣慰的目光看着懂事的儿子。

这样"不和谐"的思想，是一定会惹来风波的。不久之后的一天，湖北汉口陷落，日本兵为庆祝其侵略行径取得了进一步的扩大，给每个学生都发了一面纸制的小太阳旗，让他们挥舞着为大日本皇军的"辉煌"而庆祝，邓稼先不情愿地接过旗，走出几步后就朝上面吐了口吐沫，并将其撕毁，狠狠地踩在了地上。他的气是出了，不料就在不远处的一个日伪警察看到了他的所作所为，并将邓稼先告到了学校。汉奸没想到的是，崇德学校是英国办的教会学校，根本不吃日本人这一套，校方说学校没有这个人，把这事搪塞过去了。

有英国和教会的影响在，邓稼先的初中生涯还算勉强过得去，然而，在邓稼先即将读完高二的时候，太平洋战争全面爆发，英国这柄保护伞正在失去往日的能量，罩不住这所教会学校了，终于，连学校都被日伪当局勒令解散了。

要想活得像个人，必须自身够强大，任何外来的帮助都是暂时的！都是不可靠的！此时在邓稼先的内心里，民族与国家层面上的思考已超越了一般的同学。崇德学校的校长跟邓以蛰比较熟，关系不错，他亲自找到邓以蛰，郑重其事地说：

"邓稼先是个不错的苗子，学业非常有前途，但偏偏思想又非常的激进和不妥协，若是继续留在阴云密布的北平读书，恐怕早晚得出事，还是早点送走吧。"

知子莫若父。邓以蛰当然更清楚少年邓稼先的心里已经憋着多么惊人的怒火。他思来想后，觉得不能因为自己无法离开而影响到儿子，正巧大女儿邓仲先此时刚从北京朝阳大学毕业，邓以蛰决定让仲先带着稼先去重庆。

当时重庆正是中国历史上著名的"陪都"，达官显贵都集中在此，相对于北平乃至国内其他地方，这里是所谓的后方，略微安全一些。而邓以蛰之所以让邓稼先到重庆来还有一个原因，那就是邓稼先的四叔，亦即邓以蛰的四弟邓季宣在重庆江津国立九中当校长，邓以蛰的二哥邓仲纯则在江津开了一家延年医院，两个至亲在那，重庆的确是最适合邓稼先乱世投奔的好地方。

在人生的关键路口，与其说是邓以蛰为儿子选择了一条离西南联大最近的路，不如说是邓稼先的性格为自己进行了一次抉择的淘洗提纯。

很显然，国立九中是邓稼先人生极其重要的一个转折点——他在这里开始学到了吃苦。

如果说这之前的邓稼先领受到的都是作为亡国奴的精神之痛，现在，他开始真真切切地领受到了物质匮乏导致的肉体之苦。16 岁之前的邓稼先，虽谈不上是富家子弟、"官二代"，但总体来说家境还是非常宽裕的，属于中等偏上，同时在三所大学教课的邓以蛰为这个家的小康生活立下汗马功劳。虽谈不上"衣来伸手，饭来张口"，但上有父母的呵护，下有小弟的跟从，邓稼先的青春岁月，过得还是蛮滋润和潇洒的。如果没有日本兵的铁蹄肆虐，这原本是天堂般的生活。

但在国立九中，一切呵护都不复存在，严峻的现实让少年邓稼先吃到了人生的第一桶"辛"！

物资极度匮乏，生活异常艰苦。单单这么说，读者不会感同身受，试看一则学习中的例子：墨水都没有，有钱也买不到。邓稼先在高三这个重要的阶段，墨水居然是用一小管靛粉兑上井水充任！练习本？没有。邓稼先不得不经常去县城里的一些机关办公楼，蹲在每条走廊里的废纸篓前，精心挑选一些废弃但尚能用的纸张，比如统计图表等，回来后将其装订好，在背面书写。

没有一个老师不夸邓稼先的笔记之工整，那细细的铅笔字是邓稼先手指头上磨出的一层层老茧换来的。

在兴趣的引导下，邓稼先对物理学此时已到了痴迷的程度，一个未来的物理学家初现雏形。这不是作者的夸张。当时的高中物理课并不像今天这样有统一教材，他就跑到商务印书馆弄来一套教材，再跑到中华书局弄来一套教材，反复对照，取长补短，这样，他对物理有了更深的、自己的理解，其独立钻研的个性迅速被培养出来。更惊人的是，作为高中生的邓稼先，已经开始自觉去寻找和阅读萨本栋物理学及达夫物理学等大学教材，再以这种居高俯视的学习方法反观高中教材，物理学的成绩远远地超过了他的同学们。有的时候，附近找不到他想要的参考书，他就会拽上要好的同学，一起跑到隔江的江津县图书馆去借阅。邓以蛰想不到，从小就熟读《诗经》

《论语》的儿子，在万里之外，居然用瘦瘦的脚板，一趟一趟地跨过大江，去借一本物理书！

生活上的苦楚则无处不在。

上课，是在祠堂和破庙内进行，宿舍和食堂是师生自己动手搭建的茅草屋。祠堂后是无主的乱坟岗，每晚自修后的邓稼先回宿舍时，都必须穿过这片荒凉阴森的坟地，磷火点点，阴风习习，令人毛骨悚然！

因为学校设在农村祠堂，根本没有电力供应，学生自修的光亮来自桐油灯，用一个盘子盛入桐油，放入灯草，用火柴点燃借以发光。就是这样的照明来源，还必须节约，因为可以点燃的桐油也是有限的，学校不得不做出规定：每次最多只能点燃两根灯草，三根是不允许的，而且一盏灯要供两张桌子四个人共用。细小的火焰冒着缕缕黑烟，微弱的光亮时常被不速而至的大风吹灭，这就是邓稼先高三阶段自修时的真实写照。每日如此，一直持续了一年。

吃的自然极差。每日三餐两稀一干，稀的是米汤，干的是霉米蒸出的"八宝饭"，很少有菜吃，经常是胡豆下饭，有时更是只有一小勺食盐下饭。但即使这样粗劣的伙食，也经常是吃个半饱。

艰苦的条件并没有让师生颓废，九中的教学质量一直保持着较高的水准，建校只有八年，却令人咋舌地培育出包括邓稼先、任继周在内的多名院士。这一切，首先得益于校长——邓稼先四叔邓季宣的高贵品格、顽强斗志与卓越才华。邓稼先在国立九中，不仅学会了如何在艰苦中顽强生存，更打造了其性格中执着、坚忍、固守的优秀品质以及培育了爱国情怀。

学校位于德感和江津县城之间，隔着宽阔的大江，唯一的交通方式就是用木船摆渡。长江水流湍急，有轮船在附近水面经过时，总是会掀起巨浪，摆渡的木船很有可能被一下子掀翻，邓稼先的表妹邓念慈，也就是邓季宣的二女儿，就是在渡江时不幸遇难的。但这样的打击并没有摧毁邓季宣的教育救国理念和满腔办学热情，民族精神、科学精神和法治精神是他办学的三大指导原则，他始终新矛盾着这些根本性的理念，从没发生过动摇或偏差。

邓稼先记得最清楚，也是对他影响非常大的一件事，就是四叔坚持原则，严谨治校，对不合格人员，哪怕是国民党上层高官指派来的，也坚决拒绝。教育部长陈立夫派来九名神态鬼崇的"学生"，要让他们入校，对这些显然是来卧底搞破坏的可疑分子，邓季宣毫不客气地予以了拒绝，此事轰动当时学界，邓季宣一时间名声大震，并以此跻身著名的"江津四邓"之一。

在邓稼先赴重庆江津苦读之前，姐弟两人先到了昆明。从北平到昆明的路线极其曲折：北平—上海—香港—越南—昆明，一路颠簸自不必说，真正让邓稼先铭记于心的，是国弱民必衰的惨景：

在从越南海防入境时，当时越南是法国的殖民地，把守越南海关的法国警察检查行李特别苛刻，而且一看到好东西就野蛮没收，少年邓稼先有恨无法发泄，但一个国家没有了主权就会任人欺负的感觉更加强烈，通过斗争夺回国家主权、恢复国人尊严的思想日益高涨。

不止是在越南边境，在香港滞留的四天时间里，少年邓稼先不仅仅看到了香港的繁华、海湾的美景，更看到了在维多利亚码头做苦工扛麻包的华人劳工，他们面黄肌瘦，为洋人当牛做马！满大街耀武扬威的英国警察，从早到晚用鄙视的目光监视着这些华人苦力。

邓稼先和大姐在香港滞留了四天，淅淅沥沥的小雨一连下了四天，拍打着冒雨劳作的华工，同时也拍打在少年邓稼先的心上。任何一个有民族意识和国家意识的中国人，都会很自然地想起当年清政府割地赔款的屈辱！

但成为主权国家就能够在国际上扬眉吐气了吗？在 1950 年归国船上，邓稼先迅速修正了自己曾经的这个观点。当威尔逊总统号邮轮停泊在日本横滨岛时，同船的著名核物理学家赵忠尧突然兴奋地说：

"我们快要到家了，我们可以平安回国了。"

可是，就在这时候，几个驻日美军登上邮轮，进入船长室，随后将赵忠尧教授也带进了船长室。当邮船将要启航时，驻日美军又将赵忠尧带上岸去！

亲眼目睹了这一幕的邓稼先，更加深深体会到光有国家主权也是远远不够的，弱国子民根本无法左右自己的命运，只有国家强大，她的国民在世界上才能有尊严，才能不随意地受人欺凌与侮辱。

经人介绍，邓仲先在昆明郊区的马街子电池厂上了班，后来又经著名学者汤用彤教授的热心介绍，认识相交了著名光谱学家郑华炽，郑华炽此时是西南联大的一名物理学教授。两人终结连理，为一年后邓稼先的到来，提早布置好了大本营。

此前，杨振宁已于 1938 年随其父母一起来到了昆明，就读西南联大三年级。邓以蛰之所以没有在"七七"事变之后举家南迁，是因为他的肺病实在太严重，常常咳血，经不起长途颠簸。但对才华横溢的儿子，他是不敢耽误其求学进程的。

1941 年，经过一年的刻苦攻读，邓稼先顺利完成了高中学业，准备报考西南联大。

真应了那句古话"天将降大任于斯人也，必先苦其心志，劳其筋骨，饿其体肤，空乏其身……"，一道新的磨难"凭空而降"——适逢日军飞机频繁轰炸重庆，邓稼先居然没赶上联大的应考期！

等邓稼先到了考场，只剩下一所同济大学还可以报名考试！无奈何，邓稼先暂时报考了同济，并被顺利录取。

路障频频，宛如唐僧西天取经的无限艰辛，磨炼了邓稼先心智的同时，誓死改变中国成为他坚定的追求，对红色中国的炽热梦想自此贯穿了他的一生。1968 年，在解放军某航校，师生们将激动人心的口号深深刻在新疆戈壁滩上的时候，邓稼先正将自己的生命深深刻在同样一个戈壁滩上，他的身体没有巨幅标语震撼人心，但他的热血使他的印记充满了热烈的红色！

画外音：

1959 年，前苏联断然撕毁了协议，我们当时虽然愤恨，但后来冷静下来后想一想，这其实很正常。外国人会说，凭什么帮你们？帮你们联盟之后，掉过头来打我们？中苏关系时好时坏，这一点，估计赫鲁晓夫不可能不知道，也就是说，谁能保证这个社会主义阵营联盟牢不可破，万年长青？没有永远的朋友，没有永远的敌人，只有永远的利益，何况是国家利益这超越一切的头等砝码？

在中国第一颗原子弹、第一颗氢弹相继爆炸成功后，邓稼先曾经无意中想起了美国政府对寒春的态度，更加坚定了在核心技术研制方面不能依靠和信然任何外国人的念头。

寒春，就是杨振宁第一次回国后向邓稼先问询到的外国人。

1953 年，美国《真相》杂志刊登了一篇文章，将寒春描述定性为"从美国逃跑的原子间谍"，大加讨伐，美国政府还在 1962 年对来中国看女儿的寒春的妈妈没收了护照。之前，邓稼先并不知道寒春是何方神圣，当得知寒春是琼·辛顿的中国名字时，他恍然大悟。

他知道这个人。琼·辛顿在美国时当过费米的助手，炸得日本人魂飞魄散的"胖子"和"小男孩"的研制，她都参与了，邓稼先在美国时曾听说过这个人，却不知道她后来秘密留在了中国。跟同事了解了这个人之后，邓稼先非常感慨，对这个人肃然起敬，但她从美国跑到中国来，不是为了帮助中国研制核武器，而是养奶牛。当中国政府诚邀她加入中国原子弹研制队伍中时，她的态度很坚决，她认为中国现在缺的不是原子弹，而是新鲜的牛奶。果然，她和丈夫在西安草滩农场经营起大规模的养牛场！

她当然有理由不参加。从 1952 年她在北京召开的亚洲和太平洋和平会议上的发言就能听出来，她为自己参与了"胖子"和"小男孩"的研制而悔罪，邓稼先有理由想到，她来中国养奶牛，就是为了赎罪，建国后的新中国，中国人的体质的确是弱不禁风，非常缺乏营养。

画外音：

人和人不一样，外国人和中国人对研制原子弹的态度和立场，肯定就更不一样。你是美国人，即使你后来逃到中国，也是以悔罪为出发点。但作为受欺压几百年的中国人，要想不再受列强的侮辱和压迫，就必须拥有核武器。这如同你们美国的持枪法一样，持枪不是为了杀人，而是为了每个公民都拥有充分的自卫权！

一门心思养奶牛的寒春对中国的核武器研制没有任何影响，却引起了美国政府、特工部门以及著名科学家杨振宁的关注，这让邓稼先觉得好笑。美国人后来虽然号称要建设"全球一体化"，但其所作所为已充分暴露出他们的建设标准，那就是让所有的国家俯首称臣，它则来做指手画脚、颐指气使的大家长！它不允许任何国家具备超过它实力的发展趋势，谁露头，就打击谁。

邓稼先当然不会知道，这个著名的"怪异分子"寒春，跟杨振宁倒颇有些有趣的缘分。在杨振宁第一次回国问询寒春一事后的第二年，他在山西大寨居然与寒春女士不期而遇，寒春毫不客气地露出手上伤疤给他看——2009年，杨振宁在复旦大学演讲时说道，在芝加哥大学做费米教授的研究生时，他在实验室中因失误差点将一位同学炸死，这位同学就是寒春。这再一次验证了美国科学界一个流传已久的笑话：哪里有爆炸，哪里就有杨振宁。挪揄的当然是杨博士的动手能力。

让人惊奇的是，寒春居然还是第一个拥有中国绿卡的老外。2004年8月23日，寒春，也就是那位曾经神秘的核武器研制专家、现今低调养牛的琼·辛顿，在北京市公安局出入境管理处换领了《外国人永久居留证》。

画外音：

我不反对寒春女士的立场，但我和她终究不同。我的脚下，是我的祖国，她风雨飘摇，孤立无援，作为她的儿子，誓死保护祖国母亲的安全，不仅责无旁贷，而且天经地义，这有什么好说的呢？

邓稼先出生于1924年，其时，五四新文化运动的旗帜已经在很多进步的知识分子心中飘扬，比如邓以蛰。这一代人在对国内、国际形势的判断以及世界观方面，同前人相比是根本不同的。父亲的言传身教，对邓稼先的性格养成与人生理念产生了重大的影响。在邓稼先每一次面临人生的重大抉择时，父亲的那些嘱托，都浮响在他的耳边。他是如此尊重自己的父亲，很多时候将他当做神一样来看待。

这是作为一名父亲最大的荣光。当然，也是作为一名父亲的神圣职责所在。

邓稼先知道，父亲虽然只是一名手无缚鸡之力的书生，但民族正义感与国家理念非常强烈，他的一言一行传导给邓稼先这样一种价值观：

爱自己的国家，是义不容辞的，为自己的祖国披肝沥胆，是最大的骄傲。即使被强摁住头，也不能失去一颗正义的心！

父亲的许多往事，都成为邓稼先的人生教科书。清华大学曾有一次组团去欧洲考察，邓以蛰无意间看到一名同行的德国教授辱骂船上的中国劳工为"中国猪"，并用手杖殴打，邓以蛰怒不可遏，当场予以了阻止和抨击，并在回国后的第一次教授会上严正提出"如此鄙视华人，此人不能用"！清华大学尊重他父亲的意见，果断地将这个教授辞退了。

如果这件事尚不足以说明其高风亮节，那么当"七七"事变爆发后，邓以蛰因病滞留北平时，时任日伪华北政务委员会教育总署督办、北大校长的周作人，上门邀请他出山执教时，遭遇邓以蛰怒斥并断然拒绝的故事，则成为邓稼先一生为人的一把标尺。北平沦陷了8年，邓以蛰就隐居了8年，即使没吃没喝，他都没有想到过要去为侵略者服务，去为汉奸们服务。

这对邓稼先的影响直接而巨大，若干年后邓稼先到美国留学，第一年只靠父亲当年在美国存的一点点钱过日子，遭遇了和父亲赋闲期间一样的生活困境，他常常饿着肚子苦读，但有这把民族气节的标尺悬挂在前，邓稼先从未觉得这有什么挺不过去的。

这样的例子不胜枚举。1948年，清华大学教授朱自清抗议美国政府扶持蒋介石卖国政权，并发出了铮铮倡议宁可饿死也坚决不吃美国面粉，邓以蛰立即表示支持，并毫不犹豫地在这份注定要流芳千古的《抗议美国扶日政策并拒绝领取美国面粉宣言》上签了自己的大名。作为中国当时最著名的美学家之一的邓以蛰，蒋介石政府虽然对他的逆言倒行非常反感，但在关键时候总是希望能够拥有这样的人才，并坚决不希望把人才留给共产党，1949年初平津战役胜利，解放军势如破竹，蒋介石当局急火流星般送来飞机票，准备让邓以蛰携家眷去美国，但邓以蛰断然拒绝！

春城无处不飞花

　　有的人，把西南联大当做跳板，因为那里聚集了中国最好的教授；有的人，把西南联大当做熔炉，因为那里聚集了中国最正直的大师。你选择什么，这里就有什么。对邓稼先来说，苦难在继续，但学识也在积累，世事愈加洞明。激情爆棚的四年大学生涯，如淬火之于百炼钢，打造出一个聪慧更兼勇猛的"青年近卫军"！

在接近无望的治疗中邓稼先苦苦支撑着，等待着奇迹的出现，但时光奏响激越的时代号角，不管不顾地兀自吹出了新一年的第一声。

1986 年 1 月 10 日，杨振宁忽然笑吟吟地出现在放射性特护病房，本来憔悴不堪的邓稼先神奇般地精神健旺起来，他甚至还站了起来，和挚友重重地握了下手，险些摔倒。

他笑容可掬的脸上，虽还没出现老友那样清晰可辨的老年斑，手背上的斑斑血痕却让杨振宁颇为心痛。

回国之前，杨振宁特意查阅了相关资料，他知道，朋友的病情已经不是一般的严重了，可谓病入膏肓。但他脸上没有显示出来。他的开心劲儿不比邓稼先差，两个人语调不高，但情绪饱满，让护士都惊诧于今天邓老的状态如此之好！

而在病房外，总有一些患者过来探探头，他们所关注的当然不是此时尚名不见经传的邓稼先，而是早已名震全球的杨振宁。

两个小时的时间里，杨振宁向邓稼先继续述说着国际物理学界的最新成果，他简直成了邓稼先的情报员，很多消息邓稼先还真无法从正常渠道获得，而在杨振宁看似轻描淡写的叙述中，核物理的国际发展形势让邓稼先更加明白了肩上的重任。他为自己把杨振宁引为一生最好的朋友而欣慰，他的确了解自己，任何时候都知道自己的心思在哪里！杨振宁走的时候，他坚持着把他送到电梯旁，而之前，他已经好几天都下不来床了。

电梯门合上之后，杨振宁独自感到一阵唏嘘。他为邓稼先的遭遇而感慨万千。刚才闲聊时，他无意中问起刚刚获得第一届国家科技进步两项特等奖的邓稼先得了多少钱，老友之间无拘无束，他问得自然，邓稼先答得也坦荡，原子弹十元，氢弹十元。

"搞原子弹的不如卖茶叶蛋的"，二十世纪八十时代的这句流行语，显然跟这次国家颁奖奖金有着微妙的关系，杨振宁对此非常震惊：即使奖金比不上他1957年获得7万美元的诺贝尔奖金，但堂堂一个国家科技的特等奖，难道只给10块钱？

"不开玩笑？"

"没有开玩笑。"

见他不打算再细说下去，在场的一名九院副院长急忙解释道：

"1985年设立的这个国家科技进步奖，特等奖奖金是一万元，《原子弹的突破和武器化》及《氢弹的突破和武器化》都是名列第一的，共两万元。您知道，这两个奖不可能奖给某个人，即使邓院长做出这么大的贡献，单位里还是得按人头分配。九院人多，还自掏腰包垫上了十几万元，这才按照十元、五元、三元的等级分下去了，老邓得的是最高等级，两个十元！"

从1964年10月16日第一颗原子弹爆炸成功，到1985年首获奖励，整整21年来不光是邓稼先，整个中国核武器研制团队，没有得到过一张奖状，更没有得到过一分钱的奖励！

邓稼先若是看重钱，早就不会埋首如此长的时间，甘于寂寞和贫穷了。事实上，许鹿希同样是这样一位平凡而伟大的女性，邓稼先去世后，国防科技成果办公室追授《原子弹的突破和武器化》《氢弹的突破和武器化》两个特等奖的奖金1000元以及《突破中子弹》等另外两项特等奖奖金各1000元给邓稼先，但许鹿希毫不犹豫地就将这些钱捐给了九院的科技奖励基金会。

杨振宁走后，邓稼先心中第一个浮起的景象，绝不是杨振宁曾经荣获的那枚内含23K黄金的半磅重的奖牌，也不是他们在芝加哥公寓里一起煮的奇香四溢的馄饨面，说也奇怪，不知为什么，邓稼先首先想到了在西南联大时，自己宿舍的茅草屋顶和杨振宁住过的铁皮屋顶，他甚至涌出一个黑色幽默般的念头：难道，这也是冥冥之中的预示？

画外音：

我们都对得起"刚毅坚卓"这四字校训，但有所区别的是，我是把校歌也当做校训一并来铭记在心头的：

万里长征，辞却了五朝宫阙，暂驻足衡山湘水，又成别离，绝徼移栽桢干质，九州遍洒黎元血。尽笳吹弦诵在春城，情弥切。千秋耻，终当雪，中兴业须人杰。便一成三户，壮怀难折。多难殷忧新国运，动心忍性希前哲，待驱除仇寇复神京，还燕碣！

你坚定地走你自己的钻研之路。我们的路不同，我有我的信仰，你有你的价值观，你每天接触的是爱因斯坦、奥本海默、泰勒和陈省身（杨振宁的父亲杨武之同陈省身交情颇深），我身边的是王淦昌、彭桓武、钱学森这些老前辈，还有郭永怀。他们很不一样，真的，好像两个世界的人物。

你知道郭永怀是怎么死的吗？

1968年12月4日，著名空气动力学家郭永怀在青海221基地马不停蹄奋战两个多月，终于得到一个重要发现。他立刻要人联系飞机飞往北京。为确保这些科学家的人身安全，周总理曾叮嘱他们尽量别乘飞机，怕出事故。可郭永怀早就不止一次强行登机。这次从兰州飞北京，他更坚持夜航："夜航打个盹儿就到了，第二天可以照常工作。"5 日凌晨，飞机在首都机场徐徐降落时，突然失去平衡，一头扎进了旁边的玉米地。人们找到他的遗体时，他正和警卫员紧紧抱在一起，让人眼泪横流的，是两人胸前夹着的，正是郭永怀那只装有绝密资料的公文包！他临死都不放开自己的研究！

画外音：

跟郭先生比起来，我能活到现在，已经是非常幸运了。你当然知道，1956 年郭永怀回国之前，早已是康奈尔大学航空研究院的主持人，那正是他做科学研究的黄金时期啊！其间意味着什么，你在美国时间长，你比我要清楚得多。

除了这些成名已久的前辈，同辈中我也并不孤单。中国放射化学第一人杨承宗断然舍弃 55 万法郎的年薪。他能做到，我有什么可多说的？

我是一名事实上的"实践"物理学家，别人对你有微词，但我清楚这一点，你动手能力差一些。可你是天生的理论高手，当年你是直接从高中二年级就跳级考到西南联大的，那可是西南联大啊，中国最难考的大学，除了天才盖世的李政道，谁还有这本事？

并且，你从化学系转到物理系，然后就一跃成为国际最顶尖的物理学家！

我只是为你感到骄傲，别的没什么可说的。你需要世界最好的物理学研究环境，你不像我，在风沙中弄出个实验室就可以了！可是我们谁也没敢违背校训所指，我们真真切切地对得起校训里的每一个字：刚，毅，坚，卓！

在昆明的大姐邓仲先得知邓稼先没赶上联大考期的消息后，立刻告诉大弟先不要到同济大学报到。经过多方联系和申请，西南联大终于同意让学习成绩优秀的邓稼先试读一年，如若期满后学业跟不上，立即辞退。我们可以想象，邓稼先是多么珍惜这难得的机遇，天资加上勤奋，试读半年后，邓稼先各科成绩在同学们中间都力拔头筹，旋即被转为正式生！

每每记忆中触及母校，邓稼先都浑身发热，不能自己。

这是一所什么样的学校，能够在短短 8 年间为社会培养出这么多卓越的大师？西方人说，"中邦三十载，西土一千年"，可西南联大从头到尾的全部建校史才仅仅 8 年！全世界范围内打听打听去，在很多老外的认知里，西南联大——这"战火中的教育奇迹"，是响当当的中国高校第一名牌。呜呼，遗憾的是，昔人皆乘黄鹤去也，此地空余断壁残垣！

画外音：

当我走进这神秘的王国后才知道，是当年南开的"坚定如山"、北大的"宽阔如海"、清华的"智慧如云"共同造就了它，更是 200 名卓越的教授和 8000 名热血青年一起造就了它！我是多么荣幸，在这个历史大拐点的时刻投入你的怀抱！

如果说西南联大是大多数学子的人生大拐点，那么，对邓稼先来说，西南联大更像是一个加速器，加速了邓稼先早已深埋在体内的拳拳报国志的急迫生长。

面对重庆政府的"假教育之名，行政治之实"的行为，整个西南联大无声却坚定地对抗着。一道道课程改革的政令传达下来，被西南联大马马虎虎地执行着。在那个战火纷飞的年代，面对如此巨大的政治压力，西南联大为中国学术和中国知识分子保存了最后的尊严。但政治跟每个人都息息相关的道理，这群充满激情和斗志的年轻人当然晓得，这些背井离乡而来的年轻人哪个不是在黑暗中一路摸索前行的人？而作为一张崭新的白纸，邓稼先从一开始就投入了为民主而战的热潮中。他刻苦读书，但同中学时不同的是，他开始了自觉性地参加进步组织的活动。

1941 年 12 月 7 日，日军偷袭珍珠港，次日美英对日宣战，太平洋战争全面爆发。邓稼先开始变得关心政治，他常常带着同学一起去大姐家听收音机，密切关注时局的发展。事实上，战争的炮火此时已波及到了昆明，在象牙塔里一心求学的理想状态已被打破。战争初期，疯狂的日本快速占领了整个东南亚，当然也包括缅甸和越南等毗邻中国的国家，并对中国广西、云南等边境地区开始了紧逼态势，昆明从后方摇身一变，变成了同样可怕的前线了！

头顶，说不上什么时候就会飞来一架或一群飞机，炮弹呼啸着从高空落下，整个昆明成了一个日寇投靶的乐园。一旦警报拉响，迅速跑开成为西南联大师生们活命的第一要素。这就是著名的"跑警报"。

每个人都必须跑警报。而政治，也就在这时跟每个人都开始亲热地打着招呼，你想躲开都躲不及。此时的邓稼先，年龄稍长，但年龄的增长没有思想成熟得快，他的人生观和世界观在这种狂轰乱炸下，没有瑟瑟发抖成悲观厌世或一走了之，而是勇猛地迎着炮火成长为坚强的爱国主义者。在苦读之余，他开始非常热心于政治活动，在物理学、数学研究领域之外，他深深地认识到，在腐败的政治制度下，科学同样是软弱无力的，挽救祖国、改变苦难同胞命运的关键是要改变政治制度！

画外音：

　　每个中国人，在这国家生死存亡之时都应该站出来，有力气的上战场，有思想的发布告，有好嗓子的去喊口号，有钱的捐给前线将士！总之，我们不能一味按照自己的最初理想去躲避，并美其名曰"坚持理想不动摇"，须知再大大不过国家消亡，皮之不存毛将焉附？这和坚持搞学术绝不冲突。"我愿意为此而死"，我在演讲台上大声疾呼。我愿意为此牺牲掉我多年的苦读，真的，没什么比当亡国奴更让一个人尊严尽失的了。

　　人们谈论邓稼先最多的，当然是其在核物理领域的辉煌成就，很多其他的珍闻轶事所知寥寥，甚至邓稼先本人也对自己的"从政"生涯几乎从来不谈。谁也不喜欢谈曾经遭受的侮辱与损害，科学家如果不好好搞科研，似乎总显得不是很敬业。事实也的确如此，在世界范围内，当然更包括中国，科学家搞政治的寥寥无几，而年轻时宁肯耽搁学业，甚至冒着生命危险去为政治为民主助力的科学家，则少到罕有。

　　但邓稼先终于站了出来，1945 年 12 月 1 日，国民党军警、特务、暴徒分头围攻云南大学、西南联大等学校，对手无寸铁的学生大打出手，并投掷手榴弹炸死学生潘琰、李鲁连、张华昌和中学教师于冉四人，重伤二十余人，制造了震惊世界的"一二·一"惨案。邓稼先怒不可遏，他恨不得亲手粉碎了这个罪恶滔天的反动政权，他积极参与上街游行，手持巨大的标语，喊着口号走在队伍的最前头，在为死难学生举行的葬礼队伍中他泪流满面。

然而，就在这次游行结束后，以著名教授身份同样参加了本次游行的闻一多先生，居然被国民党特务用无声手枪卑鄙地杀害了！

是可忍，孰不可忍？学生们对国民党倒行逆施的残暴行为予以强烈谴责，邓稼先有生以来第一次登上了大型演讲台，发表了他有生以来第一次慷慨激昂的演说：

"同学们，'八一五'日本投降了，中国人民胜利了。可是，随之而来的，不是中国人民的和平生活和恢复建设而是内战，是'一二·一'血案。这是为什么？青年朋友们，用自己清醒的头脑想一想，我们要选择什么？我们要民主，反对独裁！我们要和平，反对内战！我们要衣食，反对饥寒！我们应当团结起来，树起不捣黑窠心不止的意志，达此目的，才是真正的胜利！"

邓稼先饱含情感、义理清晰、掷地有声的演说，博得台下掌声和呼喊声，这交汇成激昂的海洋，邓稼先同样激动得浑身发抖，他感觉到自己的报国之心同莘莘学子们的爱国激情强有力的碰撞，有这么多热血青年，中国不是无药可救，中国一定大有希望！台下的西南联大民青组织负责人杨德新则非常惊喜，他觉得这名貌不惊人的年轻人政治上十分成熟，演讲和煽动能力十分老练，绝对是不可多得的政治人才，会后，他诚恳地约邓稼先加入民青组织，邓稼先毫不犹豫地答应了。

西南联大为世界培养了杨振宁，为中国培养了邓稼先。说句到家的话，中国将两极世界变成多极，为全球持续和平做出的贡献，简直难以用数据衡量！

从这个意义上说，西南联大不仅仅是埋伏给中国腾飞用的一个历史据点，更是埋伏给世界人民用的一个"和平空间站"！而西南联大培养的为中国、为世界做出贡献的星罗棋布的大家名师中，这句话更多地是为如下七个人而谈，而其核心就是邓稼先。

邓稼先，朱光亚，郭永怀，赵九章，王希季，屠守锷，陈芳允，这七个人都是1999年被授予或被追授"两弹一星"功勋奖章的英雄！

在西南联大校风的深刻激励下，在吴有训、周培源等众多教授"科学治国、严谨治学"精神的影响下，并在大姐夫郑华炽教授及著名热力学家王竹溪教授等人的精心指导下，邓稼先开始更加发奋地读书，离家时父亲的嘱托一次次在耳边响起，他发誓要用自己所掌握的科学知识来报效祖国。

那四年，是激情爆棚的四年，未来就在眼前，命运则在自己的手里，有这么多互相鼓励的同学，每个人都卯足了劲儿要出人头地。在联大图书馆外，同学们总是排着长长的队伍，而在室内昏暗的灯光下，是密密麻麻而又鸦雀无声的读书人。在西南联大图书馆里常常见到邓稼先的身影，有时借到一本难得的好书，如获至宝，他会立刻将其中最重要的章节一个字一个字地誊抄下来，以便其他同学也能读到这本书。他借阅时间最长的一部书，应该是《牛津英文字典》，他拼了命地背，死记硬背，将笨功夫用到了极致。

后人在评论邓稼先的卓越成就时，包括他在普渡大学只用了23个月就完成了原计划用三年才能修完的研究生课程，他们都极为推崇他的天才，但殊不知，勤奋才是邓稼先成才的真正秘密。

众所周知的一个著名故事，当年美国福特公司有台电机出了故障，费了很多人力物力，修了三个月也毫无起色，德国工程师斯坦门茨潇洒前来，在电机外壳上用粉笔划了一道线，让技工把里面的线圈减少 16 圈即可，技工照做果然修好了电机。斯坦门茨开口就要 10000 美元，很多人开始议论纷纷，意思是这么简单地划道线，要的也许太多了。

斯坦门茨没有过多解释，只是说：

"划这个线值一美元。但知道这条线在哪儿，值 9999 美元。"

只看到科学家的谈笑自若，没看到他们成功的背后是无日无夜的钻研。这里面完全是汗水的浇灌，与智商无关，但人们大为喜欢八卦一些比较轻松和神秘的东西，事实上，所有的人都知道勤奋是成功的前提，但世人大都不喜欢通过这种方式获得成功，今天，投机取巧获得成功更让人痴迷，人们对这样的人也更加羡慕乃至嫉妒。

在邓稼先身上，从来没有过这种因"暴发"而来的灵感，一切都建立在踏踏实实的苦读与钻研中。其用 23 个月获取博士学位固然令人惊叹，尤其是第二外语课他一天没上，居然能顺利过关，但如果你能将邓稼先从未中断过的学业联想起来，就会明白，在西南联大学习时打下的坚实基础是这一切的源头，另外再加上普渡大学"建校八十载最用功学生"的非凡评价。

事实上，从国难开始，邓稼先的求学之路就一改之前的顺风顺水，用一句话概况就是"从艰苦走向更艰苦"。自从邓稼先步入西南联大以来，昆明的物价就开始持续飞涨，最高时跟抗战初期相比涨了 300 倍，而教授的薪金只增加了 5 倍，在西南联大这所全中国最牛的大学，教职员工的收入之低让人无法相信，清华"四大导师"之一的陈寅恪也在西南联大教书，曾连写两首诗反映当时物价飞涨的奇状：

淮南米价惊心问，中统钱钞入手空；

邓稼先：温文尔雅的坚守

日食万钱难下箸，月支双俸尚忧贫！

陈寅恪是当时少数的部聘教授之一，同时还在中央研究院兼职，他尚且因为入不敷出导致的营养不良而目疾难愈，一般教授的境遇可想而知。连闻一多那样的文学巨擘，都需要上街在西门外挂牌刻印章度日，连郑华炽这样曾担任过物理系主任的名教授，为给妻子买药治病都不得不卖掉珍爱的怀表。在学校里，他们正襟危坐，为给国家培养栋梁之材殚精竭虑；在家中，则毫无例外都清一色地过着非常清贫的生活。朱自清曾有一次上街，一个乞丐紧跟不舍，朱自清后来实在没有办法，就转过身去严肃地告诉他："我是教授。"

乞丐立刻仓皇而去。

在西南联合大学的 8 年，是这些中国著名教授工作最艰难，生活最困苦的时期，然而，最不可思议的是，这 8 年恰恰也是大多数名家和大师们学术研究硕果累累、培养人才桃李芬芳的鼎盛时期。历史是如此地令人瞠目结舌！

教授如此，学生的生活当然更是苦不堪言。邓稼先住的是像临时工棚那样的"学生宿舍"，一个大棚里挤着四十多人，统统是上下铺，拥挤不堪。既然是连工棚都比不上的临时工棚，宿舍自然是冬天不挡风，夏天不蔽雨，十分简陋。寒冬腊月里的春城昆明，尽管达不到北方那样的严寒，但对于大多得不到家庭接济而一身单衣度四季的学生来说，依然感到寒气袭人。赶上风雪天，宿舍里宛如冰窖，学生们只好裹上被子在床上哆哆嗦嗦地看书。夏季的昆明早晚凉爽，但一到白天，太阳毒辣地照在薄薄的铁瓦房顶上，整个室内热得像蒸笼。学生们只好穿着背心、裤衩，把脚伸进床底下，让两腿挨近潮湿的泥土里长出的杂草，借以降温防暑。更可怜的是，偌大的一个宿舍只有一盏油灯，借不上光的学生只好点一根灯草，坚持做功课。

教室比起学生宿舍来，虽然要好一些，但顶棚都是薄铁皮遮盖，遇上大雨天，房顶叮咚声四起，即使前面的教授扯着脖子高喊，三排以后的学生也一句都听不清，更别提暴风骤雨的热闹场景了，学生们的头顶上隆隆作响，像无数铁锤狠命地敲击屋顶。老师手持高音喇叭也没用了，只好停讲。同学们将这唤作"老天爷下达了停课令"。

更大的困扰来自吃。邓稼先再一次开始饱尝食不果腹的痛苦滋味。待他来到西南联大的时候，身处大后方的昆明粮油食品也日趋紧张，以致物价飞涨，民不聊生，学生的伙食已大不如前，饭碗中沙子与米饭争辉，简直无法嚼咽。调皮的学生苦中作乐，拣大粒沙石投在碗里听叮叮咚咚的响声，或互相用大沙粒瞄准攻击，既是取乐，也是表达对时局的严重不满。这不是一天两天，是经年累月的苦熬啊！当然，头脑聪明的学生——比如邓稼先，连花时间去拣饭里的沙粒都不肯，那意味着饿肚子，必须大口地将"砂石饭"吞下，然后去抢第二碗。

联大最著名的就是物理系，由饶裕泰做系主任的物理系名师荟萃，其强大让今天的各高校依然眼红不已，自叹弗如。物理研究离不开实验，一到做实验的时候，所有的学生都欢呼雀跃，但同时从老师到学生内心都在叫苦不迭：从清华大学运来的二百多箱实验仪器，都埋藏在距学校二三十里地以外的村庄地下，每逢实验时便兴师动众地去地挖掘，一路艰辛地弄回来，实验完毕又费力地让人肩扛着送回去，并再次埋于地下。丝毫不亚于重体力工作的"垂直"

（挖掘和掩埋）和"往复"（来回运送）运动，师生之劳累可想而知。

画外音：

每天，我躺在风一吹起即能看到星星的茅草屋顶下，一遍一遍地背诵英文单词。个别同学有时会不解或嘲弄地问道："学这些洋鬼子的话有什么用？"我说，当外国人拿着枪对你吼叫的时候你就知道了，向他们学习，才是最后制服他们的最好办法，也是现在唯一的办法。你们抬头看看，日本的飞机就在我们头顶狂轰乱炸！所谓的敌后都如此愁云惨淡，前线该凄厉到了什么样子，不敢想象！"师夷长技以制夷"，中国第一个"睁眼看世界"的晚清著名思想家魏源老先生，早在1842年就在他的地理学名著《海国图志》中告诉了我们这个道理。

世事弄人。所谓三十年河东三十年河西，恰恰是30年之后，中国大地上妖风阵阵，"会英文的就是美国特务，懂俄文的就是苏联特务。"一时间，当年的苦读全成了催命的音符，愁云惨淡下，谁知你、谁管你莘莘学子们惨淡星光下那一颗颗纯粹而奋进的心？

画外音：

每天，我想方设法多听几节课，我喜欢听测出了普朗克常数的叶企孙先生的课，我喜欢听证实了康普顿效应的吴有训先生的课，我喜欢听涡旋力学权威周培源先生的课，我当然还喜欢听证实了正电子存在的赵忠尧先生的课，还有郑华炽先生，还有饶毓泰先生，还有吴大猷先生……我多么希望我是一个超人！

从那时候起，邓稼先的心里，已经对自己未来做出了非常明确的规划。

画外音：

没有西南联大，我还能进同济大学，还能进云南大学，还能进无锡国专，但没有这些全国最优秀的老师，我去哪里聆听这些黄钟大吕般的教诲？我能从闻一多先生身上知道自由大于一切的真正内涵吗？我能从刘文典先生身上知道独立人格的广泛外延吗？这样还会有后来赴美留学、舍身报国的邓稼先吗？没有先我三年而来的杨振宁、没有我毕业那年才从浙大转来的李政道、没有同系同学朱光亚他们这些同学的鼓励和激励，我能有今天的成就吗？西南联大，你是历史埋伏在我生命中的一个桥头堡，我必然要走进你的身躯，吃透你的营养，然后走出一个生龙活虎的邓稼先来！

西联师生们为什么如此优秀？西联式智慧的秘密到底是什么？仅一句"师资力量雄厚，生源且广且优"就能解释得了吗？

曾经有一句话是这么说的，"昆明有多大，西南联大就有多大"，因为，最远的周培源教授住地离学校50里！现在，应该这样说更贴切，"世界有多大，西南联大就有多大！"甚至说"银河系有多大，西南联大就有多大！"你看，西南联大毕业的学生遍布世界最优秀的研究机构，其后代几乎都成为第二代、第三代知识精英，再向外面看，环绕地球飞行的东方红卫星、一飞冲天的神舟系列飞船等等，哪一颗不是由西南联大毕业生或他们的学生们的心血凝结而成呢？

苦读，苦读，除了苦读，还是苦读，对邓稼先来说，大学就是读书的圣殿，无论它是黄金阁还是茅草房，不能轻松读，那就苦读，反正必须读书。他最常说的一句话是：

"不读书，我们跑这么远来干吗？"

这就是西南联大至今无法超越的核心所在。

当然，无论多么艰苦动荡的环境，西南联大校方总是设法保证提高教学质量。

典型的例子正是物理系。理学院院长吴有训与教授们八仙过海各显神通，一道托亲靠友，再通过欧美各盟国的驻华机构，源源不断得到英文版的科技书籍和杂志，不断更新教学内容，这使得西南联大的物理教学，始终站在科技的最前沿。

这使邓稼先在战乱中得到了最好的本科教育，在大方向上与国际物理学基本一致，在学习质量上，差距也并没有被甩得过于遥远。

6

关山万里赴戎机

在民主政治斗争领域初露锋芒后，却毅然决然放弃似乎指日可待的"仕途领袖"前程，继续自己的求学之路。美国普渡大学将"史上最苦读学生"的头衔冠给了他，因为"他不在图书馆，就是在实验室，你在别的地方找不到他"。为祖国获取更多有用的知识，是他的唯一目的。学成我就归来！一句普普通通的话里，蕴含着邓稼先对祖国的深情厚意和建设新中国的迫切之心！

就在杨振宁离开后第五天，1986 年 1 月 16 日，无法进行化疗的邓稼先被医院"特赦"，可以回家休养两三个月。

邓稼先心里很清楚，医院之所以放自己回家，是因为此病已医治无望，他估计自己的生命大概只有几个月的时间了，医院此举应该是出于人道主义的关怀吧！换做别人，也许会寻找一个温暖的墙角，晒足人生最后一抹阳光，但此时的邓稼先头脑却越发清晰起来，他没对任何人说，只在心里告诫自己：抢时间！

春节即将来临，邓稼先的工作反而忙得更加不可开交，许鹿希根本就无法劝阻他，她原本是支持丈夫工作的，但她现在更希望他能够在余下不多的时间里，多陪陪自己。但邓稼先像上足了发条的闹钟，滴滴滴滴时刻在不停地运转。他这是在透支自己的身体啊，恶意的透支！许鹿希的眼泪在肚子里默默地流了一遍又一遍。

这一天，邓稼先约了九院一位到北京开会的同事来家里谈工作。同事刚下汽车，却发现邓稼先从另一个车门出来，身上挂着一个引流瓶！一问方知，原来他到北京图书馆查资料去了。作为 60 多岁的老人、二机部九院院长、中国核武器理论研究工作的开拓者、一个晚期癌症患者，居然挤公共汽车去图书馆查资料，同事站在原地傻了一般地看着笑眯眯的老邓，抛出了心中的疑问。老邓的回答简单明了："坐公交很方便啊！"

画外音：

真的很方便啊，为什么他们非让我坐单位的小汽车呢？跟年轻时候遇到的苦来说，这点儿困难简直可以忽略不计了。年轻时吃点儿苦头，多吃点儿苦头，真的对日后的人生大有裨益。

　　1948 年的美国印第安纳州西拉法叶市，著名的普渡大学里来了一位"史上最能苦读"的学生，这是导师德尔哈尔的评价。他每天从早到晚，不是在教室里，就是在图书馆和实验室中，你在别的地方从不会看到他。

　　说到美国的大学，如果让中国人按印象说出十个来，大概没有几个人能说出普渡大学的名字来，人们每每艳羡的是，谁谁是哈佛的，谁谁是伯克利的，谁谁是普林斯顿的。没错，这些大学的毕业生几乎成为精英的代名词：杨振宁是普林斯顿大学毕业的，李政道是芝加哥大学毕业的。

　　但普渡大学绝非无名之辈，只提一位校友即可震铄古今：阿姆斯特朗——全世界第一个登上月球的人！

　　至于毕业于该校的中国人，除了邓稼先，还有抗日名将孙立人，其桀骜不驯的西方式性格，应该说不能排除和普渡的教育有关。我国第一枚地对地导弹的总设计师、梁启超的幼子梁思礼院士，同样出自本校。

　　事实上，普渡大学号称"美国航空航天之母"，其工学院是全球顶尖的工程学府。在当时的中国高校界素有这样一句话："清华认麻省，交大认普渡。"而普渡大学的著名之处，除了其绝对不低于其他名校的教学和研究质量外，其相对低廉的收费颇受人欢迎。邓稼先正是综合考虑了自己的经济实力后才来此就读。

　　出国一趟谁不想好好借此机会大肆游玩一番？在广袤的美利坚大陆，新奇的事物实在是太多了，西部的漫长海岸和牛仔风情，东部的光怪陆离和繁华昌盛，难道都打动不了他？但他从来没有放纵过自己一回，在国外的日子里，他把放松都当做了"放纵"！除了去杨振宁所在的芝加哥偶尔交流一番，他哪儿也不去。

他不是在图书馆，就是在实验室。否则一定就在这两条路上。他就是邓稼先。

邓稼先争分夺秒地苦读。说苦读一点儿都不过分，第一年，他常常吃不饱饭，不得不在实验室打工赚些钱，一来为了糊口，二来也为了是更多地在实验室使学到的理论与实践融合。他是个极为有心的人。

原定三年修完的课程，被他用辛勤和智慧缩短成 22 个月，1950 年 8 月份，邓稼先用篇幅只有 38 页的《氘核的光致蜕变》，完美通过博士论文答辩，答辩会上赢得热烈的掌声，这在普渡大学论文答辩会上是极其罕见的。

这样的人才，美国是不会任之四海漂流的，这让我们很自然地想起了钱学森。1949 年，已成为美国加州理工学院喷气中心主任的钱学森刚刚 38 岁，作为"世界超音速飞行之父"冯·卡门最得意的弟子，面对百废待兴的新中国对他的呼唤，这个日后中国的"导弹之父""火箭之父"没有装聋作哑，而是立刻打点行装准备回国。美国海军次长金步尔听到下属紧急汇报上来的这个"惊人"消息后，立刻拍着桌子，吼出了后来世人皆知的那句经典判语：

"我就是把他枪毙了，也不能放他回去。钱学森一个人能顶得上五个师！"

五个师是什么概念？1950 年美国出兵朝鲜，侵略者的足迹踏遍朝鲜 22 万公里土地，大小战役数十次，而美国一共才出兵两个师！而二十世纪五十年代时的美国，算上包括海军陆战队在内的所有兵种，总共才有 13 个师！

蒂姆·格罗夫在做篮球飞人迈克尔·乔丹的私人训练师时，乔丹对他说："我付你钱，不是让你训练我，而是叫你别训练其他人！"

在近现代历史中，钱学森是第一个让"中国人"在美国人口中成为敬畏——而不是侮辱的对象。仅此一点，钱学森先生功莫大焉！

钱学森当然更懂得自己被利用而非单纯被尊敬的身份。如果他是个流浪汉，美国又何必大动肝火呢？这使他在遭遇随后的粗暴对待包括住进长岛监狱时，依然不改初衷，终于在1955年，钱学森被我们敬爱的周总理用11个在朝鲜战场上俘获的美国俘虏交换回来！

美国人，主要是邓稼先的导师和他的同事，现在同样热情地挽留邓稼先，并给他描绘了一幅幅璀璨的远景图。这并非虚言，邓稼先了解他们的诚恳与诚实，但他总是记得自己出国前说的那句铿锵有力的话："我学成就回来！"

他当然记得他的朋友袁永厚先生说过这么一句话：中国，天就快亮了！

邓稼先其实完全听懂了朋友的话外音。同为北大的一名助教，老袁知道，邓稼先不是一个贪图国外富贵的人，他终究会回来，但现在正是邓稼先在政治上开始风生水起的时候，已经逐渐接近地下党核心的邓稼先凭借自己的努力，应该会很快在政治运动中出人头地，他还有那么多可资利用的背景，稍作依靠，日后飞黄腾达几乎指日可待。可是，出国，学科学，那可是需要扎扎实实下苦功夫的，这些年攒下的政治资本就这么扔掉了，该多么可惜！

画外音：

老袁，我不是一个搞政治的人，虽然，我们都离不开政治。在中国天亮了的时候，是需要一大批人出来洒扫庭院、栽花种树的，我读了这么多年书为的是什么？

相同的话，他对别的朋友也不止一次说过。这表明，邓稼先日后回国并非如部分传言所说的那样是受到什么"新中国政府给开出了优厚的待遇条件"，如果非得说邓稼先是被什么感召回来的，那当然是他那一颗自少年时代起就牢牢树立起来的强国之心。在他即将离开北平赴美的前几天，几个朋友在一家饭店为他饯行，面对席间的鼓励、羡慕以及彷徨等诸多参差不齐的话语和情绪，宴席结束时他站起来庄重地说道：

"新中国诞生不会是很遥远的事情了，天快亮了。将来祖国建设需要大批人才，我到国外去无非是想多学到一些先进的科学知识，一旦学业期满，一定要回来报效祖国。"

直到今天，也没有多少人了解邓稼先为民主运动做出的巨大贡献。这里没有数据，因而无法考量，但邓稼先自己清楚，他的出国留学是将从政这条路彻底封锁了，他愿意放弃，他知道自己更应该投身于哪个领域。

画外音：

没什么，当初的激情根本就不涉及利益，所以放下是毫无纠结的。我知道自己应该干什么去，自然也包括在什么阶段更应该干什么，我们每个个体都无法脱离时代而独存，在逆境中不放弃固然值得炫耀，但在逆境中有所放弃才是此生最高的修为。比如父亲，他放弃了教职，只是因为不想为五斗米折腰。当然，那些民主运动并没有让我彻底荒废了学业，我只是做了我应该做的事，我不能在关键时候就装聋作哑。

我们不能因为邓稼先的光辉形象而看黑一切他周围的人——我们都知道，当一个物体过于明亮的时候，其周围就自然形成了灯下黑。事实上，老袁的话代表绝大多数人的心态，其实，这种利益的取舍稍作分析我们就能弄清楚：新中国成立后，很多一直在国外搞研究的中国人的确回来了，并因各著名大学急需教授、博士等知识分子，而国内这样的知识分子相当稀少，因而他们回来了，并以极其闪亮的头衔担当了各领域各部门的头头脑脑，但一直据守国内的人士开始不满，牢骚话主要集中于这些人，因为，他们并未对新中国的成立付出什么却坐享其成，回来直接捞资本！

政治上相当成熟、立场极其坚定的邓稼先，却完全不熟悉官场政治的运作规律，他也不想知道这些官场规则。我们分析的东西在邓稼先的脑海里是不会驻足一分一秒的，那不是邓稼先。但站在客观的角度，我们其实完全在邓稼先做出了留学选择的同时就可以断定，他放弃了一些很珍贵的、或可以利用的资源，回国后一切都将面临重新开始的局面。我们暂不分析内里，只对一些外在现象做对比，比如，"中国导弹之父"钱学森回国前，已在美国搞了足足20年的研究，并早已是名震天下的大科学家，无论他是否已加入美国籍，只要他回到中国来，将立刻被予以重用。

邓稼先回国，能一定受到同样的礼遇吗？显然不能。

"君子一言，驷马难追。"这是邓以蛰在儿子幼年时就在中国传统文化教育中着力传授给他的话，不仅要会背诵，更要弄懂；不仅要弄懂，更要切身做到；不仅切身做到，更要时时刻刻、任何事上都要做到言而有信！

其实，有没有对袁永厚说的那番话，都不影响邓稼先的及时归国。因为，他对袁永厚说的那句话，同样包含着没来得及说出的言外之义：我出国就是为了回来。

更何况，他一直尊重的前辈和老师、33 岁就当选爱尔兰皇家科学院院士的彭桓武，说过这样一句让他印象颇深的话："回国是不需要理由的，不回国才需要理由。"

同样，昆明解放前夕，朋友帮刘文典全家办好了入美签证，并安置好了具体去所，但刘文典毫不犹豫地谢绝了，他说："我是中国人，为什么要离开我的祖国？"

真正大义的话，总是如此朴实，不需分毫修饰。

尽管归来的人数在留学海外军团中所占比例尚不足四分之一，但这批知道祖国在世界各国处于什么位置的留学生的绝对数量还是极大充实了百废待兴的新中国。1949 年前光在美国的学者及留学生就有 5000 多人，在 20 世纪 50 年代归国的有 1200 人，而他们中学习自然科学和工程技术的约占 60%，可见，这其中如邓稼先一样怀揣科学救国理想的大有人在。无论他们乘坐的是"克利夫兰总统号""威尔逊总统号"，还是"戈登将军号"渡轮，他们的方向都只有一个——新中国。

我们现在可以理解，邓稼先为何除了工作总是谨言慎行了。他要么不说，说出口的话就一定要做到，即使为此要扒掉自己三层皮也在所不惜。人活着如果没有这种精神，还算是一个顶天立地的人吗？

1979 年那颗核弹头试验落地后没有爆炸，立刻在基地引发了争议，三机部说二机部发了一颗臭蛋，二机部说三机部的降落伞没打开，双方争论不休。

这个试验的产品质量签字人是邓稼先。

画外音：

既然我是技术上的总负责人，任何技术上的悬案都必须由我亲自来大白于天下。纯理论性的东西可以争论，实践性的东西有事实摆在那儿，有什么可吵的呢？我去看看就是了！

他二话不说，决定亲自去找回核弹头以辨事实真相。

这不是去游山逛景的"到此一游"，任何人都知道这是"吃大剂量"的事儿。邓稼先后来身患癌症，虽然不一定就是这一次的"吃剂量"起了决定性的破坏作用，但无疑这一次的冒险加重了他患癌的筹码。

1979年，表面看世界已进入了科技飞速发展的时代，但中国人都知道，"文革"十年对中国来说实际上大大后退了，"文革"中的工作作风，即使有邓稼先这样的人，在拼命保持和维护优良传统，但当张爱萍上将都被著名的"四块石头"砸得遍体鳞伤时，"人微言轻"的邓稼先怎能让狂飙的时代紧急刹住车？

1979年，一切都还在恢复中，包括人心的恢复，当然也包括让核武器研制重新回到巅峰状态，这是邓稼先最大的追求，他心急如焚，追赶美苏的脚步绝不能再迟缓了，因为差距已相当大！

在这样一个刚刚结束混乱，但远未达到秩序化的中国现实中，邓稼先亲自去寻找和查检核弹头毫不奇怪，甚至几乎没有选择，不懂的人去了，极端情况下的危险性更大，不仅是对其个人的危险，更是对所在区域大多数人的危害。对邓稼先来说，此举完全是义无反顾。

如果你曾听说，1950 年初，海军司令员肖劲光勘察威海刘公岛时，租了当地渔民一条船下海，你就知道什么叫"万般无奈"了；如果你曾听说，抗美援朝时我军飞行员刚刚学会拉杆起飞、连如何着陆都不清楚的时候，就上天跟美国鬼子搏斗，你就知道什么叫"事急从权"了。

对邓稼先来说，当时正是这样一种实际状态。在防化兵第一批进入现场之后，在勘测兵第二批进入现场之后，邓稼先和当时的二机部副部长赵敬璞也毫不犹豫地开车进了现场。

实际上，邓稼先在此前、此后都去过爆炸中心，他并未把这件事当做猛虎野兽。在中国于 1972 年 3 月 18 日进行的一次氢弹爆炸试验——那是中国曾经第二次失败的核试验中，由于甲球没有引爆乙球，本次试验"沦落"为一次小当量的原子弹试验，当时邓稼先和程开甲一起站在参观的人群中，看到起爆后高空中像是"鸡蛋清"般地闪了一下，一点火球的影子都没有看到，就知道试验失败了。指挥部传来氢弹没爆的通知后，两人第一时间坐上吉普车赶赴现场，一路上，还不停地讨论研究能量输运，分析的结论是：通过一个管子向弹体输送的能量不足，所以没爆。

问题却偏偏在于，别人进去也许还无大碍，但此时的邓稼先的身体已容纳不了更多的钚元素了。他的每一次冒险行径，都在他生命的生与死的天平上，在死亡一端，重重地摞上一块砝码。

画外音：

技术还是很落后的，没有办法，包括防护技术。那时原子弹研制比人的生命重要，尽管很多防护技术尚未完全检验过关，但人必须得上，而这时候我不上的话，我无法了解掌握第一手资料，这不是小事，这关乎数以万计的老百姓的死活，作为技术负责人，我必须去，责无旁贷。每个人的命都值钱，并不独独是我更值钱，陈彬上将拦阻我时说的话很让我感动，但我其实并不这么认为。我有的时候就想起在我国刚进行铀矿勘探时，遇到的困难简直层出不穷，那时我们太落后了，几乎所有今天看起来不算一回事的问题，当初都是天大的困难，怎么办？停不下来啊，原子弹研制就像一匹飞驰起来的骏马，我们都是马身上的一根鬃毛，我们是不能控制这匹马停下来的。我清楚得很，在湖南郴州许家镇，第一条铀矿异常地带的发现，让我们损失了十几名最优秀的勘探员！谁知道他们的名和姓？

有什么办法？1957年2月的时候，中国曾经和前苏联有过一个谈判，谈判中的焦点就是中国到底有多少铀储备，这决定了中国能否发展核工业乃至核武器，而前苏联能否援助中国核工业，正建立这种基础上。我们提出一边建设一边找铀，但前苏联人反对，要知道，那时候老大哥的意见绝对是一言九鼎啊，何况我们正有求于人！而前苏联人的真实意图是，要将在中国发现和开采出的铀矿石，很大一部分提供给前苏联！背景则是当时美苏军备竞赛升级，美国在全世界范围内搜罗高品位的铀矿石，前苏联立马开始在社会主义阵营搜罗，但捷克斯洛伐克和匈牙利的发现满足不了其欲大规模扩展核武器的计划，于是幅员辽阔的中国自然成为苏联人的第一合作伙伴。

找不到充足的可利用铀矿，一切都是空话！

在风沙渐起、荒凉沉寂的罗布泊深处，在核粉尘肆意弥漫的弹坑边上，邓稼先没有丝毫的犹豫，在此之前漫长的路途颠簸中，他早已做好了抉择，那就是，"苟利国家生死以，岂因祸福避趋之"！

他看到了那块残破不全的宝贝的核心部件，正静静地躺在那里，宛如一个被遗弃的婴儿。他对它充满了爱怜和歉疚，毫无一丝厌憎的意味，他将它捧了起来，细细端详了一下，他得出了这个结论：原子弹绝无问题。

这个结论，防化兵是下不了的，勘测兵是下不了的，现场只有搞原子弹研制的科学家们才能够下得了判断，而在这群科学家之中，邓稼先是总负责人。他的想法很简单：我来看一看就是了。他没有别的想法，一点儿都没有。

邓稼先之所以必须亲自来爆心查证，是因为在之前中国失败的两次核试验中，都是九院设计的弹体出现了问题导致的。虽然按失败比例来说，中国并不算高，党中央也早对他们说过，允许科学家们犯错误，而失败的原因也将成为宝贵的数据和经验，但邓稼先一点儿都不想失败。即使真的是弹体的缘故，这次他也依然要亲自前来，像前两次一样将毛病全部找出来，确保下次不再犯同样的错误。他知道，这个被摔坏了的婴儿很快就将被深度掩埋，永远见不得天日了，他必须赶在这之前，做一个彻彻底底的检查。别人，要不就是没有这方面的责任，要不就是没有这方面的能力，而邓稼先都有，他责无旁贷。

当然，最重要的是他还有一颗为核武器牺牲生命的决心！他可以向全中国人推诿不走上前去，但他无法向自己推诿。

让他心稍稍安稳的是，问题不在核弹本身，问题出在旁边不远处，那个压根儿没打开的降落伞上！

离他500米的一辆吉普车上，二机部副部长赵敬璞正紧张地向这边观望，谁也不知道接下来将发生什么，是不是需要全体人员撤退？连周总理都严正告诉他们：

罗布泊决不能成为中国的长崎、广岛！

远远的，就见邓稼先笨拙地走回来，像在火星上逡巡的一个异形。

他走到吉普车前，对赵敬璞说："找到了，安全无事。"

就七个字。然后，他硬拉着赵敬璞照了一张相。相片上，根本看不到谁是谁，连最亲的人也看不出来！

许鹿希一直不清楚，到底邓稼先是何时吃的这么大的剂量，让尿液里都充满了放射性？多少年后，当她从赵敬璞那获得了这张无比珍贵的照片时，她一切都明白了。她看不到老邓的表情，但她瞬间读懂了他的内心：

他干了一件只有英雄才敢干、才肯干的事！

邓稼先明白，那短暂的端详和诊断，虽然不至于让他立刻毙命，但他长久以来对核辐射的敏感神经告诉他，这一次他再受重创！他喘着粗气走出弹坑的时候，他意识到了这要命的一点！

自古而今，说大话的人比比皆是，在非关键场合起誓发愿的声音不绝于耳，但在每一个历史关键节点，我们看不到如云般的英雄，这就是真英雄和伪侠客的根本区别。但在平常的日子里，我们很难把这两种人区别开来。

面对回国，别人的挽留也许他还不是很在意，但杨振宁的谆谆之声犹言在耳：这里才是你的舞台！

的确，杨振宁在规范场方面的研究已显示出大师的风范，他的劝告完全是为了邓稼先本人好，而从小到大，邓稼先什么事都非常尊重这位兄长的意见和建议。

但现在，他没有半点犹豫，如同他 18 年后推开众人，独自走向核弹头一样的决绝。

画外音：

美国是你的，我是中国的。你有你的追求，你尽管去努力；我有我的抉择，回国的信念已在我心里扎牢了根！不，我当初出国，不是像很多人那样逃亡式的，我出国就是为了回国！

其实，邓稼先的内心里更想说的应该是这句：作为新中国的一名科学家，我已经抱定了既不属于过去、也不属于未来、而只属于现在的强烈的献身念头！就让现实拥抱我自己、吞没我自己吧，甚至与现实同归于尽——这，就是我的历史使命。

谈到中国文化，杨振宁的修为同样非常深厚。"莫言马上得天下，自古英雄皆解诗"，那一代的科学家几乎大多数都文理皆通。比如，在气象学和空间物理学两个领域都出类拔萃、同时也是我国人造卫星建设事业的建议人和奠基者的另一位"两弹一星功勋奖章"获得者赵九章先生，其诗文就极好，书法则更堪称一绝，遒劲端庄，自成一体。

但熟稔中国文化并不就等同于浸染了中国文化，也许，杨振宁靠的是天资聪颖，而邓稼先靠的是性命相投！

1957 年，杨振宁获得了诺贝尔奖，从此获得了更高的国际声誉和更优裕的生活和工作环境，他前进每一步，都颇受世人关注，鲜花和掌声随时在为他的下一步而准备着，在这种舒张有趣的状态下，大概任何人都会觉得每一个明天都是值得期待的。

1958 年，他的好友邓稼先却走上了一条与此截然相反的道路。他的工作不许出名，不许发表论文，任何成果都体现在最终的原子弹上，而当横空而起的原子弹发生巨响时，谁知道哪一声是邓稼先的功劳？哪一个弹片上写有邓稼先的名字？同乡，同窗，同行，同样是一颗无与伦比的头脑，人生的分水已经不能用距离来衡量，绝对是天上地下的天文之遥。事实上，整整 28 年间，邓稼先及其原子弹氢弹研制团队，这些中国当时最优秀、最有能力的一群人，没有占据全国各报纸的哪怕巴掌大的一块版面！

除了刚参加工作时发表的四篇论文，邓稼先在有生之年从此再无一个字见诸任何刊物，而一旦在核试验场发生事故光荣牺牲，此生将真的是自 1958 年起就彻底地消失了。

人活一世，究竟是为了什么？宋朝著名文学家宋祁和其同举进士，因此并成为"二宋"的哥哥宋庠，有过一次著名的争论。一年一度的上元夜，宋庠在自己家里研读周易，听说自己的弟弟正在外面点华灯、拥歌姬醉饮狂欢，就于次日派人来说"还记得某年上元夜，我们哥儿俩一起求学时吞咽的烂菜叶吗？"

本以为宋祁会面红耳赤亲自前来叩罪，没料到弟弟很快派人传来口讯："哥哥，却不知你还记得那时候，我们哥儿俩一起吃烂菜叶是为了什么吗？"

我们不能据此说弟弟宋祁就是"心术不正"或"数典忘祖"，毕竟，每个人的价值观是不同的，世上也从来没有"金玉其外，珠翠其中"的完人。但我们应该能够猜测出罗布泊这群以邓稼先为杰出代表的科技工作者，漫漫黄沙中，忍受了多少常人无法体验到的煎熬？事实上，的确有人中途退了出来，我们对此也要报以宽容之心，每个人的生命都只有一次，每个人需要做的事都很多，我们尊重每个人的选择。我们只是向邓稼先这样的民族英雄致以最崇高的敬礼！

画外音：

也不光是我一个人这样做嘛，很多人都是。钱三强早就比我更有名，你们都知道，他是约里奥·居里先生的助手，自从党中央开始组建核工业部，临危受命的钱先生二话没说，立刻投身于人才队伍建设和科学技术的整体管理中去了，从此几乎再没时间去做他最喜爱的科学研究。何泽慧，同样聪慧无比的钱夫人对此初期还是有些不同看法的，她说过，如果你把这样的精力用去搞科研，诺贝尔奖都有可能得到了，你学了这么多年核物理，现在怎么当上了官？你是不是也有官本位的思想啊！钱三强只好苦笑。不错，这经常引起人误会。等到了后来，甚至因为他这种无所拘束的科学家性格得罪了很多人，甚至因此受到了批判。在他统筹领导下研制的我国第一颗原子弹爆炸升空后，第三天他居然被下放了！在中国，真正有科学家禀赋的人，是无法游刃有余地做官的。但没办法，作为当时的统筹，一定也应该是个懂这方面原理的人，放眼当时的中国，钱先生不做了，谁是更好的人选？而且，时间也不等人自动冒出来。

我知道，我更不适合当官。但是，在国家来不及找到更合适人选的时候，我不能一再推脱，把该做的工作耽误了，那更是对组织的不负责。我尽力去干就是了。

事实上，在邓稼先去世后的很长一段时间以来，很多人都传说邓稼先是个非常具有领导范的能人，他能把意见相左的人统一到一起亲密合作，他能让所有的人安下心来加班加点，他甚至能说服造反派，从批斗转向给正被批斗的科学家鼓掌。口耳相传的这些评语，是大家对邓稼先发自内心的尊敬，是对他的科研工作、领导工作最高的褒奖。

事实上，在邓稼先领导下的九所，的确一直以来都是兢兢业业，攻关氛围非常浓烈，取得成绩更受世人瞩目。但邓稼先自己很清楚，作为一名领导者，他不具备应有的帅才，在这一点上于敏、周光召都比他好，邓稼先曾经几次跟上级说明这个情况，要求用于敏、周光召或其他更适合这个岗位的人将自己替换下来，自己专心搞科研，但上级每次都告诉他，你在这个位置最合适！

邓稼先没办法，他是个最听从组织安排的人，他只好尽自己最大的努力，发挥自己的特长，比如和蔼。

对大多数人来说最难抉择的时刻，到底是到来了。当然，这样的抉择对普通人来说，也许此生从未发生过，而这样的抉择，却已成为邓稼先的宿命，在之后的 35 年岁月中，他一次又一次面对并做出了关乎生死的大抉择！

在红色政权将历史形成一个崭新的分野之际，"规范场之父"杨振宁走了，天才少年李政道走了，"中国的居里夫人"吴健雄走了，其他不知名的人走得更多。

谁不渴望有一个现成的、安定的生活？

但同样是天才少年，26 岁的"娃娃博士"邓稼先回来了。

也许，这一切都是天注定。在他登上返乡渡船的同一时间，中共高层正在为一些极其重大的事件所困扰，并逐渐达成了如下共识：没有定海神针，只能任人宰割，更别提国际话语权。想法是好的，无疑也是非常正确的，但中国将如何恢复大国地位？中国人的命运按钮究竟在哪里？

威尔逊总统号，漂洋过海来到了中国，从舷梯下来时，邓稼先没有回头看一眼。事实上，在他离开美国国土登船时，也压根儿就没有回头看一眼。这一艘载着百余名爱国留学生的渡轮，多少年后让红色中国在沙漠戈壁爆发出最炫目的红色，也让邓稼先的生命累积了致命的黑色。

这是红色中国的幸运，还是邓稼先的命中黑咒？

7
春风得意马蹄疾

　　他再次站在了北京的街头，用整个身心快乐地拥抱着这个崭新的国家。一切都已准备好了，他身轻如燕，幸福满满，满腹的"子曰诗云"让他气质高雅，二十年的天涯苦读让他学富五车，一切的苦难似乎都已成为历史的烟尘。然而，在他的内心深处，一直有一个声音在若有若无地呼唤他，他知道那是什么。他真的准备好了。

邓稼先：温文尔雅的坚守

1986年3月29日，邓稼先的癌细胞大面积转移，速度明显加快，疼痛感越来越强烈，他几乎快顶不住了。不得已，医生再次给他做了一次小手术。

就在这次手术的前一天，3月28日，邓稼先勉强用手写下一张给九院副院长胡思得的纸条。

老胡：

我明天还要动一次（小）手术。来文我看了两遍，我觉得可以了，但最后一段要同星球大战（如激光、FEL、Excimer、电磁轨道）等高技术（现在国内所用的专业名词）联系起来申述一段，然后，由我和老于签名，抬头是核工业部国防科工委（抄9院）。

老邓　3.28

因为手臂无力，邓稼先这张纸条是用铅笔写就的，但从几个括号能看出来，他对待每一项工作的极端认真性。事实上，这样一个对平常人来说非常简单的举动，邓稼先却是坐在橡皮圈上，由身旁的妻子不停地为他擦着虚汗完成的！

关于这一份建议书，大体东西都已经完成了，但要确保实施起来的正确性以及时间进度上的把握十足，邓稼先决定还是自己亲自动手，将建议书的每一行字都重新阅读一遍，该修改的修改，该加重的加重，他算计着自己的有生之日，他觉得还够用。

许鹿希对这次小手术能彻底转变邓稼先的病情已不抱期待，这不是悲观，这是实事求是。事实上，病魔已牢牢占据了其身体的各个关键部位，神仙也救不了邓稼先了。

从这次小手术以后，邓稼先自己已经翻不了身了，巨痛让他浑身僵硬，如果我们看不到他那偶尔尚能动弹的一只手和一颗从未停止过思考的头颅，他更像一块在病床上生了根的顽石。每次护士来打针时，许鹿希都要乘此帮他费力地翻一次身。

许一次鹿希明显地苍老了，她的年龄当然不算很大，但满头白发，皱纹成为脸上一道道酸楚的年轮。你只有面对面和她对视的时候，才能从她清澈明亮的眼睛里，蓦地意识到她也是名知识分子，并且是中国著名学府的一名博士生导师。

岁月的沧桑，揪心的思念，离别的折磨，让此刻在病房里忙碌的她，看上去更像个操心了一辈子柴米油盐的家庭妇女。

她如何能不衰老？这么多年来，对丈夫她除了支持，就是牵挂，连一点"主导权"都没有。你看现在，他身上插着这么多管子，头上呼呼冒着虚汗，可他还是让她把各种书拿进来，英文的、俄文的、德文的、法文的。刚一藏好，护士一走他就开读，许鹿希根本制止不了他。再说，她也不忍制止他。真的，她想就让他把他想做的做完吧，这件工作做不完，比他所遭遇的肉体之痛要痛过一百倍，别人不知道，许鹿希知道这一点。

是的，尽管肉体之痛已达到了极限——每小时打一针止痛的杜冷丁，然后，还要打富含维生素 K 的止血针，还要打止压用的尼莫地平注射针。口服药对邓稼先已经不起作用。一针一针，邓稼先即使夜里艰难地睡着了，这些针也绝对不敢省下。现在的情况是，打针就无法连续睡眠；不打，则痛得无法睡眠。但是，对邓稼先这样的人物来说，心灵之痛一旦发生，更甚于肉体之痛，肉体之痛无论如何也能忍挺过去。他懂得取舍。

邓稼先有时会在几度挣扎之后，忽然不动了，然后就虚弱地发出一声笑，这是人生被逼到悬崖边上的笑，佛家叫"大彻大悟"，他想起了钱学森在美国长岛监狱被关押时，狱卒每十分钟来开一次灯的故事。

画外音：

那是人为的恶意折磨，那种不堪钱学森都挺过来了，而且长达五年，我这又算得了什么呢？

赵九章在1968年10月的那个夜里自杀身亡时，我们都知道不仅仅是因为肉体的折磨与精神上的侮辱，如果是这些，赵老师不可能忍受不了，在西南联大的时候，吃也吃不饱，住得也提心吊胆，还不是每天笑着来上课？是个人都能猜出来，他是因为无法再从事他所热爱的事业，而觉得生命自此毫无意义了！

和赵老师相比，我这又算得了什么呢？

毕竟，我还在做我最愿意做的事，明天，于敏还要来找我呀！

于敏说得有待商榷，但我说得也不尽然，大家的观点应该综合起来考虑。不过，很多步骤上我们都取得了共识，最大的共识当然是这个规划必须在十年内完成。

这个期限绝不能再延长了！美、英、苏三国的核武器理论设计应该已到了极限，核禁试可能马上就要出台，若不争取用最快的速度实现计算机模拟爆炸测试，我们这些年的成就就会像写在水上的名字一样，一阵清风就会倏然不见。到那时，再想重新发力去追赶，无异于痴人说梦。机会，就在现在。这个机会不是谁给的，是因为我们的第一代核武器和第二代核武器已经用最短的时间完成了！

1945年7月16日，美国在新墨西哥州的沙漠上完成了人类第一次核爆炸，这史无前例的惊世一炸，比中国早了足足有 19 年！虽然是钚弹，也就是说威力是有限级的，但美国随后就在第二年制造出了铀弹！面对科技、经济和各方面人才都数十倍于中国的美国，在核武器研制上的追赶成了新时期的"夸父追日"。

夸父追日最终被烤焦，那么追赶美国的中国呢？起步晚，那就起点高！中国从一开始就将铀 235 作为主攻方向，将前苏联"你们最好还是先试着做颗钚弹"的建议扔在一边；在原子弹还没引爆，就已经开始了氢弹的研制。等美国人无比惊愕地发现中国的氢弹威力居然达到 330 万吨 TNT 当量的时候，第二代核武器突然又在 1984 年爆炸了！

从组队上马到原子弹引爆，美国用了 3 年，苏联用了 6 年，英国用了 7 年，法国用了 6 年；从原子弹研制成功到氢弹爆炸，中国用了不到 4 年的时间，而苏联是 6 年零 3 个月，美国是 7 年零 3 个月，英国是 4 年零 7 个月，法国是 8 年零 6 个月。在这条艰辛曲折险象环生的追赶之路上，无论是内行还是外行，都应该能够想象得到，这里面中国人付出了多少辛勤的汗水！

现在，别人不知道，但作为中国核武器理论设计总负责人，邓稼先清楚得很。作为"中国氢弹之父"，于敏也清楚得很，美国近年来的试验数据已与理论数据越来越接近，这说明核武器的现场爆炸理论设计已接近了极限，地面和地下核试验都已无多大意义，而他们已经掌握了计算机模拟爆炸，在这种情况下美苏肯定是要道貌岸然地推出核禁试条约的，为的就是封锁、封杀全球其他国家对核武器的研究。如果在美苏出台这样的条约之前我们不能也掌握这项关键技术，那就等于在未来的岁月中，美国的核武器水平将越来越高，我们则始终是原地踏步，到时候就不是撵得上还是撵不上的问题了，而是根本就没法儿撵！

1986 年，邓稼先的名字终于被解禁了，但关于他的大部分事迹，还是不能在阳光下流淌，其工作内容和研究成果更是依然牢牢被锁在保险柜中封存。无论如何，邓稼先终于算是可以重见天日了，但关于中国核武器研制情况包括其他涉及到的专家等很多方面依然秘不示人。这一切，都是因为中国还未真正成为核大国，而其关键核心就在于掌握计算机模拟爆炸之前，我们还需要进行一系列型号和性能的核试验。直到 1996 年，中国完成最后一次核试验，彻底掌握了核武器的各式爆炸常规后，计算机模拟正式推向前台，这时，一切才敢大白于天下。

但从此，也开始了民间的万种版本传说。这也难怪大家，毕竟，这属于尖端武器，依据的是尖端科学，不理解是正常的，一看就懂才是怪事。

打针的护士又进来了，从之前的一天一针杜冷丁，早已变成一小时一针，一天 24 针，任你是天兵天将，也会把你扎成肉体凡胎。许鹿希无法想象出邓稼先当年的模样了，眼前的一切摧毁了她的记忆，现在她的眼里是病得奄奄一息的他！这真的是他吗？这是那个每天唱着歌上班去、吹着小曲回家的邓稼先吗？

那时的邓稼先，每天都用明亮而深情的眼睛瞧着她看，他那越看越喜欢的样子，真让她动心，可现在他的眼睛总是无力地闭着，没有时间再看她一眼了。

画外音：

我不怪他。

即使到了这样严重的程度，每天还是有人来跟他谈工作上的事。但我也不怪这些同事。

这都是邓稼先约来的。谁忍心违背一个说话都费劲的老人？

每次来人，邓稼先大多时候是听，在最关键的地方才缓慢地发表自己的建议，他的建议往往都是结论性的定语。

这样的情况每天都在发生。这哪像是在养病治疗，分明是将九院院长办公室搬到了 301 医院！邓稼先啊邓稼先，你就不能听听张爱萍上将的话，好好休息吗？

许鹿希没有这么说。她比谁都清楚，邓稼先已经拼了！

画外音：

夕阳无限好，只是近黄昏。在这个年龄，多少老人已经完全地投入到含饴弄孙的天伦之乐中来，你为什么加入这个阵列中来就这么难呢？何况，你已是一个做出赫赫成就的科学家，你的工作什么时候才能算有个终点？或者说，你就没有个结束的时候吗？

那一天，邓稼先努力地挤出笑容，对前来商谈工作的九院副院长高潮说："你看，我都快成蜂窝煤了！"

他努力地翻了个身，展示自己后背的英姿，但高潮实在是不忍下眼，继而惊慌失措地说道：

"出院后我们再也不工作了，我们就是玩！"

画外音：

玩？我都快忘记了我什么时候玩过。跳木马算不算玩？我说不算，可王淦昌说那就是玩。1958 年的那个晚上我们正在西郊宿舍里玩得热闹，他过来就把我呵斥了一通，我说这叫"互相跨越"啊，不分青红皂白的王老倒是有些可爱，他"唔"了一声，摇摇头就走了。我们继续玩。有个笨蛋总是卡在别人的腰上，我们笑得天翻地覆。越笑，他卡得就越严重！

这几乎算是我最近一次的"玩儿"，也已经过去了 20 年！

针头深深地扎入他干瘦的身躯，许鹿希在一旁颤抖着抚摸他的脚，邓稼先尽力地回想着，以分散肉体之痛，这招法偶尔也灵验，尤其是当他回想起自己少年光阴的时候。

他虽然老实，但谈不上内向，更不是书呆子。他活泼好动，爱好极其广泛。

他喜欢翻跟头，翻得有模有样。

冬天在冰面上最能出风头的无疑是他，他溜冰的技术实在是太出色了，"里八字""外八字"都玩儿得纯熟，甚至已进入了"花样滑冰"的范畴。

而他最得意的当然是抖空竹，他把空竹抖到了极致，从最开始玩的两头大、中间细的经典空竹，到后来一头大、一头小的"葫芦"，普通的空竹很快就不够他过瘾了，后来他抖的都是茶杯盖之类的形状稀奇古怪的东西！

他是那么喜欢打桥牌、下围棋，几乎一天不玩儿就觉得手痒，于是他把父亲抽的烟偷偷拿出一盒，央求拉黄包车的老岳师傅陪他下棋。老岳陪他下了棋，却没有收他的香烟，并告诉他不许再这么干，养成这样的坏脾气可不行。

老岳是邓稼先一直记着的一个普普通通的劳动者，劳动人民的朴实让他记住了一辈子。也因此，他和大多数普通劳动者的关系都非常好，比如家里的保姆，还有街上的苦力们。他从没有觉得自己更高一些。

他还喜欢弹球，弹球的技术惊人！他能精准算出球的运行轨迹，落点往往极准，准确命中，一个"实践"物理学家的未来，在其少年时就已折射出非凡的预兆。

会玩儿的人一生都知道什么最适合自己玩儿。该放手的时候就放手，该较真的时候就较真。说到玩儿，邓稼先是把好手，而且"里里外外"都是好手。许鹿希最难忘记的就是和邓稼先一起去买退票。风轻云淡的北京夜晚，丁香花浓烈的香气从德胜街飘到展览路，邓稼先握着许鹿希的手，在戏开演之前到了售票处，很多人因为没买到票而急恼恼的样子，邓稼先不言不语，只是密切观察着周围人群。突然，他像豹子发现了羚羊一样，猛地冲了出去，在别人还没来得及醒悟之前，已从一个退票人手里拿到了宝贵的票，许鹿希极喜欢看这一瞬间的邓稼先的表情——欣喜若狂加得意洋洋！

有时一次只抢到一张票。不要紧，再来一次就是了。

谁让邓稼先总是下班回来得非常晚呢？他几乎算是中科院近代物理研究所最后一个出来的人。而在白天工作时间，他是不可能出去偷偷买两张票的。

9点钟一过，走廊里开始传来噼里啪啦的强劲的脚步声，那是邓稼先无比熟悉的带有浓烈九院风格的脚步声，快速而直接：所有的人走路都是用最快的速度，走最近的捷径。

门直接就开了，一个铮亮的脑门先拱了进来，这是于敏。瘦削而谢顶的于敏来从来都不敲门，从青海、新疆和四川积攒而成的工作作风走哪儿带到哪儿，现在又带到了九院的首都分院——中国人民解放军总医院。他风风火火，惜时如金。

许鹿希出去了，每当九院来人，她总会知趣地出去，她知道，她既听不懂他们说的，更要遵守国家的保密规定。她总是趁这个时候马上去外面买一些吃的，邓稼先现在能够吃得进去的东西。

还有报纸，邓稼先每天都要她读报给他听。

九院的人开始对邓稼先在病床上一个字一个字艰难拟好的建议书进行最后一次修订。病房里的思考是紧张的，每个人针对自己的领域对建议书里的文字进行推敲，对数据进行核实，而邓稼先负责总的结果。这样的思考和探讨是邓稼先司空见惯的，但在病房里，几个月来他都仍然感到不很适应。

尽管，他也知道，现在他们所探讨的是关乎中国未来命运的最重大课题，但他多想站起来四处走动地发表意见，他喜欢打手势，那有助于他更深刻地思考和及时地纠正自己和大家的错误。也许，这是实践物理学家和理论物理学家外部的一些微小差别？但现在，他长久地躺在病床上一动不动，他只能偶尔地点下头或摇下头。

画外音：

我真地没有预想到会有这一天，不，不是我想不到这种结果能发生，这种结果的发生早已是必然的了。只是，它来得太早。我原以为会在岗位上把这一切都弄完，在绵阳这个美丽的地方，我能把这篇建议书写好，把手头的行政事务全部整理清楚，我好专下心来把我的这三部著作整理好，交给年轻人去学习，让他们快点入门，少走弯路，我们这个破烂而巨大的国家，太需要人才了，我干了这一辈子，要是不把我的东西悉数掏出来，让后来人榨干，我此生就是白活！

在邓稼先的回忆中，1950 年祖国的天空是历史上最晴朗的天空，尽管在家门口附近，他还是遭遇到了一点点不愉快。9 月 20 日，大洋彼岸驶来的"威尔逊总统号"邮轮抵达香港，但因中英当时尚未建交，英国当局不允许船上的中国人在香港登岸，100 多名远渡重洋而归的学子们只好无奈地分批次乘坐小木船，"乘风破浪"地划到中国国境上岸，最后大家在广州集合。

经历了 20 多天的曲折，终于踏上了新中国的土地，邓稼先无比激动。但他暂时没有心情浏览新广州街头的巨大变化，他急匆匆地又是一路颠簸回到北京，在满耳朵响彻着《十月的北京好阳光》的歌声中，他走进北大未名湖畔的朗润园，敲响了"松风水月"匾额下的红门，他终于见到了红光满面惊喜有加的父母亲。王淑蠲出来眼带泪花地抱住了儿子，高大硬朗的父亲站在母亲的身后冲着儿子微笑，用眼睛的余光扫了扫邓稼先肩挎的不算鼓囊的背包，内心里也许在嘀咕着：两手空空的，也没带瓶洋酒回来给我喝！

这是邓稼先把父亲惯出来的毛病。从 16 岁离家远赴重庆和昆明后，邓稼先偶尔每次回家，都成了家中最热闹的大事，跟过节一样。最高兴的无疑是邓以蛰，他能喝到儿子亲自买给他的好酒，假如邓稼先节省下来的学费还够买酒的话。

经常是这样一种状态：父子二人各拿一个杯子，你一杯我一杯地碰，然后儿子抿一小口就放下，父亲却慌不迭地一饮而尽，儿子只好再给老父亲斟满。喝得差不多的时候，父亲就会借机给儿子开讲，讲四壁悬挂着的字画的来历和八卦新闻，他东一榔头西一棒子，但绝对是妙语连珠，把儿子弄得神思迷醉、咋舌连连，这时，父亲就趁机再给自己的酒杯满上——儿子本不许他再喝了。可他爱喝，爱跟自己的得意儿子一起逸兴豪飞。

邓以蛰印象最深的就是 1946 年的夏天，刚刚受聘任北京大学物理系助教的儿子，在回到阔别 6 年的北平后，就用第一个月的全部薪水，给父亲买了两坛茅台酒和两条好烟！邓以蛰抽着儿子奉上的香烟，品着儿子斟满的好酒，那种快乐真是无以言表，假若不是在动荡的岁月里，这当真是一幅其乐融融的和谐之家图！

当然，虽然没有给父亲带几坛子好酒回来，但这次孝顺的长子绝对没有两手空空。几天后，在政府举办的为留学生接风洗尘的宴会上，当有人问邓稼先回国后都带回些什么好东西时，他憨厚地笑了，道"给父亲买的几双尼龙袜子，还有一脑袋的核物理知识"。

到处是忙忙碌碌的人群，人们精神焕发，走路虎虎生风，指日可待的好日子让人们充满了劲头儿，干什么都"劲劲儿"的！1950年的北京，街道上还看不到今天的"2.0 版车水马龙"——"首堵"状态，无论是西四、东单、复兴路还是地安门大街，虽然每条路上都是人，但秩序极其井然，让人觉得整个北京是一个正在发酵的大馒头，热气腾腾，但个个齐整、标准、规范。

那种蓬勃与朝气，正是邓稼先已经很久没看到的，甚至从他出生起就没看到过。全国人民都在为投入新中国建设而努力着，尽管很多人不是很明白"高积累、低消费"到底是什么意思，但几乎没有多少人像今天的大街小巷一样到处弥漫着浓重而辛辣的牢骚。

"这就是我要的新中国！"

邓稼先推着自行车，在街头情不自禁地喊了出来。一个穿着短襟上衣的壮汉匆匆走过，憨笑着，给他一个赞。这一切是如此的顺理成章，如此的自然大方，这一切让刚满26岁的邓稼先充满了激情！他甚至想高喊一声：我回来了，北京！他很想模仿一下《红与黑》中于连初到巴黎时的野心勃勃和兴趣盎然，但立刻觉得很不合适，就没有喊出来。他只是听见自己的心跳非常厉害。

他又高，又胖，但很英俊，很儒雅，虽然从不刻意穿着，但整体给人的感觉从来都是书香四溢，应了苏轼在《和董传留别》中所写的"粗缯大布裹生涯，腹有诗书气自华"的意境。

有人会说，一个理工男能读过几本社科书？这个问题问得好。如果说邓稼先是个半瓶子理工男，在中国谁敢说自己是整瓶子？但另一方面，多少年以后，当邓稼先躺倒在301医院的病床上时，他总在最疼痛的时候用默诵古诗词来缓解，大段大段地、整篇整篇地默诵古文。这有赖于父亲的谆谆教导。作为北京大学文学院教授，邓以蛰最大的爱好就是读书。父亲极其勤奋地投入学习的状态，深深地感染和带动了幼年时的邓稼先，他三岁时就认识了五百多个汉字，四岁时就开始跟着父亲读《左传》，读《论语》，读《诗经》，摇头晃脑地吟诵唐诗，只读了一年已经能够轻松地在父亲面前整本书、整本书地全文背诵，这让邓以蛰都非常惊讶。

将门出虎子，这样优雅浓郁的书香氛围，这样的勤学苦读晨吟暮诵，邓稼先的国文水平和国学基础若不高，简直都没有天理。

何况，邓稼先从小就听父母的话，头脑还特别的聪慧。也正是基于此，父亲原本是希望邓稼先学文的，现成的"博导"在此，何必荒废这大好的资源呢？

　　每次邓以蛰看到大儿子在书桌旁认真读书时，就手捏下巴，微微颔首，当得意到不可收拾时，就会忙不迭地吩咐老婆王淑蠲："快去，快去弄两个小菜！我心快慰啊！"

　　从邓稼先的名字里，我们可以看出这个家庭的文化底蕴以及对孩子的未来期望。当年为了邓稼先的取名问题，邓以蛰是颇费心思，直到有一天他突然对王淑蠲兴奋地说道："我想到了！我们的儿子就取名为'稼先'吧！禾之秀实，而在野曰'稼'。稼，就是在田野已经秀穗结实之禾。儿子叫'稼先'如何？"还没等妻子回答，已成竹在胸的他又说："'稼先'这个名字内蕴很深，预示着我们的儿子根植于中华大地，并且早早地秀实和成熟于中华大地，成为造福民众的沧海之一粟。"

　　"稼"是已成熟的庄稼，"先"则是早立于大地，父亲的憧憬明明白白写在儿子的名字里。然而，邓以蛰无论如何没有想到，这个寓意极好的"先"字，也许在冥冥中同时也预卜了一代核物理学家的英年早逝。

　　邓以蛰为儿子的灵秀与勤勉而兴奋，幻想着将来一个远超自己的文学巨擘将在自己的熏陶和指点中诞生，想到这些，他更加心花怒放。不过，这种渴盼不久就被动摇了。某天，邓以蛰在哥伦比亚大学时的老同学、著名政治学家张奚若来访，看到邓以蛰为儿子特意请来的私塾先生正在训导小小的稼先苦读古文，不解地问道："五四运动都过去这么多年了，你怎么还让孩子背老古董？"

　　邓以蛰似乎早有准备，略微一沉吟，道："我不是叫他学古董，他快要上学了，我想叫他先了解一点儿中国的传统文化。"

　　可以想见，正在旁边屋子里朗朗而读的邓稼先，也一定为这句话而浮想联翩。

当然，假如邓稼先从小立志并终生学文，我们毫不怀疑他将成为陈寅恪、胡适一样的文化泰斗，但此刻让我们深感庆幸的是，幸亏历史没有假设。事实上，邓稼先虽然喜欢中国传统文化，但对文科总体来说并没有深度钻研的兴趣，三四岁时父亲的教导只是让邓稼先对中国文化有了初级的接触和了解，让他懂得了这些祖上传下来的东西都是我们生命中最可珍惜的天赐，是断断不能抛弃的。但当他在 5 岁时进入北京四存小学时，在这所极其尊孔的学校里，他对严格的古文训练已经不太感冒。学习《四书》《五经》的兴趣既不大，学习成绩当然也不是很好，但就在这时他发现了世界上还有一种学科叫"数学"，他立刻欣喜得不得了。家里的大量藏书中，他开始更偏爱一些百科全书之类的科学书籍，比如商务印书馆出版的《万有文库》。自此，一个高深莫测但奇幻美妙的科学世界开始十足地吸引着幼年的邓稼先。

兴趣是一个人成功的第一要素，古往今来概莫如是。作为哲学家、文学家和美学家的邓以蛰，不可能看不到这一点。他不再强迫或者"勾引"儿子读古文了，他早已辞退了私塾先生，但从小学三年级开始，他又请来了一名英语教师，他知道如果要学理，目前更有吸引力的地方显然在国外。

这是邓以蛰作为家长最具远见卓识的地方，这些远远超出其他大多数家庭的提早举措，对后来邓稼先能够游刃有余地出国留学及阅读学习西方文献，开辟了一条康庄大道。小学刚毕业，邓稼先的英语水平已达到了当时高中一年级学生的水平。

学文还是学理，也许在于父母的一念之差，也许在于本身的一厢情愿，但今天的我们还真的是不敢设想，假若新中国的原子弹研制中缺少了邓稼先，那一项项震惊世界的试验将推迟多少年？那是争分夺秒的试验啊，是在和美苏核垄断争分夺秒，是在和掐脖子的核条约争分夺秒，是在和国家的衰朽沉沦争分夺秒！

邓稼先不可能没想过这些问题。但在五十年代初的北京街头，他是轻松愉快的。这时候的邓稼先如日中天，我们都知道，这里指的是他的身体。他爱好极其广泛，同时擅长各种运动，每天从家里出来去中科院近代物理研究所上班时，脚步是如此的轻盈，速度奇快，是那种恨不得甩掉鞋子的速度。他那么热爱上班！

每天从研究所回到家的时候，他的左手和右手都占满了，拎着买回来的各种好吃的，一点看不出他在单位忙碌了一天的样子。这就是年轻时候的邓稼先。他喜欢微笑，那种发自内心的微笑，那种一切顺风顺水的微笑。实际上，那是全中国的知识分子都如日中天的时候，我们当然都知道，这里指的是精神状态。

那时的时光，像廉价的易耗品，快乐的日子如哗哗的流水一样欢畅地过去，正如同痛苦的日子里，我们通常觉得度日如年。这是爱因斯坦相对论的生活版解读。毕竟，这时候像邓稼先一样能够出国留学的人少之又少，而且他们靠的绝对都是才华，在近代物理研究所，他很快成了中坚力量，虽然年轻但已很有些"明星范儿"了，当然，他绝对没有沾染到一丝一毫颐指气使或矫揉造作的做派。

至少，邓稼先的生活无忧无虑，前程似锦，名利双收，一切都看似手到擒来。钱当然是不缺的，工资自不必说，那是到日子就给的，从来没拖欠过一天。另外还有外快——他发表过几篇重量级的学术论文，这说明邓稼先的才华此时已得到了充分的肯定。而论文是有稿费的。

已是午夜两点了，邓稼先仍然睡不着。幸好，他的脑海里接续上了一件件跌宕起伏的往事。

他不想把妻子喊起来陪她聊天，她太累了。此刻，她像一只小猫一样蜷缩在床上，呼吸刚刚均匀起来。

星光若有若无地在窗外忽闪，邓稼先睡不着，他嘴角浮起一丝复杂的微笑：

年轻时的锋芒毕露，若干年后回头来看，其实也正是他即将一脚踏入"面壁之洞"的开始。

画外音：

不过，这又能怎么样？

邓稼先的脑袋忽然如当年在罗布泊与大家争论时一样，兀自在暗夜里摇了摇："反正学物理的就得干这个嘛！"

8
怜子如何不丈夫

　　他把对家人的爱深深地隐藏起来，他们似乎都对这个曾经可亲可爱的人感到了陌生。但他从来没有情感枯竭的时候，他一如既往地爱他们，甚至超过爱自己。他依然视他们为心肝宝贝，他只是分身乏术！

1986 年 4 月 2 日，邓稼先终于将厚达几十页的《中国核武器未来十年发展规划建议书》核对完了最后一个字。当许鹿希激动地手捧着这沉甸甸的"大书"走出病房时，她再一次听到身后传来邓稼先虽虚弱到了极点，但却仍然一字一顿的清晰的话："这份建议书比你的命更重要！"

许鹿希走出病房，眼泪潸然而下。她清楚这份建议书的分量，或者说她不懂这份建议书里说的是什么，但她最明白邓稼先的狂热绝不是心血来潮，她最能理解邓稼先的激动绝不是庸人自扰。33 年来，她没有亲眼见证邓稼先是如何一步步从普通的研究人员成长为一个卓越的科学家和一名天才般的领导的，她只是隔上半年左右才能猛地领悟到邓稼先的愈加睿智、愈加沉稳和愈加沉默。最长的一次，她隔了 3 年零 7 个月！

许鹿希坐进了车里，眼泪更加控制不住地刷刷淌下来，她顾不得司机的反应了，此刻的酸楚感无法控制地喷薄而出，一泻千里！

"这份建议书比你的命更重要！"妻子的命，你真的看重过吗？

"未见君子，忧心忡忡，亦既见止，我心则降。"28 年来，许鹿希几乎就是这么一天天忧心忡忡地过来的，现在，她终于是重新见到丈夫、可以拥着他了，但是她的心能放下来吗？老天，她的心这次提得更高了！可是，就在这种时候，邓稼先会说这番话！

但许鹿希知道，他是对的。

车子从北京 301 医院门前的复兴路飞驰向九院领导的办公室，坐在后座上的许鹿希终于像一个脆弱的小女子一样，伤心欲绝地哭个没完。

她只是一个典型的中国女人，她从未说过自己像一座山那般厚重，在她需要被保护的时候，邓稼先远在天边，在邓稼先最后的几个月里，这份建议书熬干了他最后一点心血，而她，现在听到了这句话——"这份建议书比你的命更重要！"

她忽然停止了流泪。在一刹那间，她忽然清晰地看到了罗布泊的一切图景，她完全相信在这天涯阻隔的 28 年间，邓稼先没有一丝的享乐，没有一丝的懈怠，甚至没有一丝的正常休息！

送完建议书回来时，许鹿希再次在车里流了一路的眼泪，她知道，邓稼先完全是靠着一股"死不起"的劲头才完成了建议书，现在，他再无力气弄他的专著了，他已经油尽灯枯，许鹿希感到了深深的恐惧。

他还有一些计划没做呢——他打算静下心来写《群论》，写《规范场论》，但他似乎已做完了一切。她看着形容枯槁的他，病号服显得如此肥大宽松，奇怪的是，如果不看他的脸色，他居然像个得道的炼丹师，飘飘欲仙。

人靠衣裳马靠鞍，但儒雅俊逸的邓稼先在漫长的科研生涯中只有两套衣服，这在今天听起来简直是奇闻！

这两件衣服区别很大。一件比较旧，不过看起来相对还齐整些；另一件是则更加旧，非常破旧。

你没有看错，不仅旧，而且破，上面贴着奇奇怪怪的白胶布，乍一瞅，你不敢断定这是否算是一件正经的衣服。事实上，这第二件正是他每天在罗布泊风里来、雨里去的主要或者说唯一披挂，白胶布的作用是将一处处因各种原因撕裂开的口子黏上。这不是原子弹科学家的又一项重大技术创新，也不是骨子里爱玩的邓稼先心血来潮弄出来的行为艺术，我们只能对邓稼先的勤务员孟昭利的日常动手能力表示不敢恭维。当然，如果邓稼先自己是个女红好手，我们也不会欣赏到这件史上最奇葩的服装。

1963 年某月某日，第一个撞见这件衣服的女人终于出现了，程开甲（"两弹一星"元勋）的妻子又气又笑地将白胶布小心翼翼地全部揭下来。在穿针引线的时候，她终于落了泪。

我们国家第一流的科学家，过的就是这种日子！

是没钱换套新衣服吗？当然可以这么说。原子弹研制，说穿了，绝对是举全国之力，全国人民都在节衣缩食。美国为搞出第一颗原子弹，即使是起点很低的钚 239，也为此耗费了全国 1/7 的电量。中国呢？1963 年左右的中国，五分之一的发电厂都在为这颗原子弹工作！六分之一的铁矿煤矿都在为这颗原子弹工作！还有，还有，还有……

从小就不注重装扮的邓稼先，在这种勒紧腰带过日子的大潮流中，是不可能衣服坏了就去换新的。再说，在漫漫黄沙的罗布泊，一件新鲜的衣服，反而会与周遭很不协调，让人有一种扎眼的感觉。缝了又补，补了再缝，何止是罗布泊，八十年代之前的整整 30 年，灰、黑、绿老三色遮天蔽日，蔚为壮观。

但如果就这样给邓稼先的奇葩衣服下个结论，显然仍是过于简单化了。邓稼先是见过大世面的人，这里指的绝非其漂洋过海到过美利坚合众国。

什么叫大世面？在邓稼先的心目中，跟科学大师有过亲密接触的人，才叫见过大世面。接触过科学核心的人，才叫见过大世面。邓稼先此生最感庆幸的就是能在西南联大待满四年，接触到如云般的高人。

中国现代逻辑学的开山鼻祖金岳霖先生，有一次想买一部西方刚出版的数理逻辑专著，其最得意的两大弟子之一的沈有鼎（另一个是王浩）直接就说道："这本书你是读不懂的!"

金先生不仅不以为忤，反而还真就放弃了这个打算! 而当后来留美定居的王浩每次回大陆看望恩师时，金岳霖都必然要带上沈有鼎作陪——他清楚，自己在数理逻辑方面的功力，是远远不及这两位弟子的!

文史大师刘文典穿着极不起眼的旧袍子去见蒋介石，蒋介石鄙夷地疑问道："你就是刘文典?"

刘文典慢吞吞地抛回一句疑问："你就是蒋介石?"

这些高人的风采在四年中无疑对邓稼先起到了潜移默化的作用，邓稼先怎么肯在穿衣戴帽这方面多下工夫?

所以，看到程夫人居然落了泪，邓稼先皱了一下眉，只能是无语状态。旁边的勤务员孟昭利却笑得很开心——他不用再费劲巴力地搞这些蹩脚工程了!

至于第一件"比较旧"的衣服，邓稼先只是去内蒙古看望插队的女儿典典时才舍得穿上。女儿4岁时，自己就离开了，28年来每次回家只是那么匆匆一瞬，说起来，这一生和女儿在一起的日子几乎主要就是在典典懵懂时期的那四年。他不想让女儿以为自己过得非常寒酸。

在满目荒凉的阿力奔苏木大草原上，一条细细的小路，两蓬衰草在路口摇曳成瘦弱的守路人，邓稼先不让女儿再送他了。她虽然长高了，但却是那么瘦弱，甚至比那两蓬衰草还瘦弱，假如草原的风刮得再猛一些，邓稼先都担心她会被风吹上天空，被胡乱抛向哪个空无人烟的角落。

女儿才 14 岁就来到这人生地不熟的草原插队，草原离简陋的乌特拉县城还有荒凉的两公里路程。原本，她应该在中学的教室里朗朗读书，在明亮的阳光下玩耍。甚至，还可以时常陪在父母身边撒撒娇。但她现在已然独自承担起艰苦的生活！

他抱住心爱的女儿，但没让她看出自己牵肠挂肚的缕缕担心。之前，他把自己平日里舍不得吃的罐头都积攒起来，还买了典典最爱吃的奶糖，还有一件蓝底带小白花的衣服，一股脑儿地塞给了她。但他知道，这些东西很快就会吃完用完，不解决她的问题，更不能免除他的牵挂和歉疚。他想了想，觉得得说点什么，于是他给她留下一句话：好好干，这都是人生的宝贵经验，就头也不回地走了。

他知道，女儿离自己越来越远了。

待车开出很久，他才敢回头看一眼，刚刚父女拥抱的地方，已成遥远的天边，那个瘦小的身影似乎还在那里，成了真正的一"点点"。

画外音：

典典，若干年后，你能记住爸爸来过阿力奔苏木看过你吗？你还能记起，在你四岁以前爸爸每天都带着你玩耍的情景吗？

他太爱自己的长女，从来都视之为掌上明珠！

那短短的一瞬，和漫长的人生比起来，可怜得让人几乎可以忽略不计，但在邓稼先的记忆中，这是时刻浮现出来的浓墨重彩！

在为女儿努力开罐头的时候，典典凝视着亲爱的爸爸，轻声说道："爸，你还记不记得，你送我上火车站的时候，平平说了一句什么话？"

邓稼先惊奇地看了一眼女儿，道："平平？我怎么没听见？他说什么了呀？"

罐头被撬开了一条缝，一股浓汤轻微地溢了出来。典典抿了抿嘴唇，扭头看着窗外道："你背着我的行李在前头走嘛！走得那么快，你知不知道我多难受！我那时还以为你想快点儿把我送走呢！我在你后边哭，可你都不知道……"

邓稼先皱紧了眉头，努力搜索起 1968 年的画面。典典刚步入初二年级，整个中国的学生都被"文革"的巨手驱离于课堂之外，在家待了两年后，上山下乡的洪流在全中国的城市中蔓延开来，她很自然地被携裹进去，但对此邓稼先完全同意，对女儿去内蒙古生产建设兵团报到表示高兴和支持。

画外音：

是的，我想起来了，是我亲自去送的典典，我背着她的行李，走在前面，行李很沉，在这之前，似乎早有准备的希希把家里最好的被褥都装了进去，似乎就在等着这一天的到来。如果可能，她大概想把自己也塞进行李中，陪着女儿一起走天涯，当然，这是不可能的，她此时已经被下放去了另一处"天涯"！我不得不快些走，公交车的站点离火车站距离不近，我顾不得后面那些送行的同事们了。谁说我不心疼典典，她才 14 岁多一点！但是，这是国家的政策，城市里暂时安置不了这么多的小青年，出去闯一闯、看一看也是有好处的，至于吃苦，年轻时多吃些苦，总比泡在蜜罐里更有助于成长。总之，我不是那种螳臂当车的人，在国家的号召下，我必须支持她，鼓励她，关键时候还得劝导她，我得让她树立起勇气和信心啊！

典典，爸爸对不起你！爸爸把你生下来却没有提供多少照料，连最起码的父爱都没有提供多少。在你很小很小的时候，我居然还厚着脸皮让你一连声地叫"好爸爸、好爸爸、天下最好最好的好爸爸！"

邓稼先唯一的欣慰，是他辅导自己的女儿考上了大学。让一名中国科学院学部委员给孩子辅导初中理化课，这幅图景该有多奇特而温馨，但一想到这儿，邓稼先的心里对女儿的愧疚却愈发强烈起来。女儿从小就喜欢学习，但作为父亲，他一直没有提供过半点帮助，不仅仅是女儿4岁时他就离开了她，当女儿在12岁刚刚读到小学五年级时，"文革"开始了，邓稼先没有办法解决女儿的停学；当女儿在14岁去内蒙古阿力奔苏木草原插队时，作为一名为国家做出如此大贡献的科学家，邓稼先却态度鲜明地支持女儿到广阔天地去，女儿的学业一耽误就耽误到了1978年！

这年，女儿已经24岁了，已在北京一家皮箱厂工作了5年，1977年国家终于恢复了已被取消了整整10年的高考，她热烈地期盼能够像父母一样进入大学学习，在知识的海洋里遨游。但是，整个中学，她都没有读过几天，知识的欠缺让她手足无措，那厚厚的一本本教科书，像一座座大山一样压着她的大学梦。她将课本捡起来，拼命地苦读，但她丢失的太多了，欠缺的更多，这一年冬天进行的恢复高考后第一次全国统考，她没敢参加，她知道从10月份公布高考消息，到12月份就开始考试，不到两个月的时间对她来说实在是太苛刻了，她参加了也考不上，她需要在下一次考试之前做好最充足的准备，考上最理想的大学！

但来年能否如愿，她依然没把握。

这时，父亲回来了！

画外音：

不不，这是典典争气啊，当我后来听到她被大学录取的消息时，我立刻哭了，我很少哭的，尤其是当着别人的面，但那次我就在很多同事和下属面前哭了。我激动，我为女儿感到骄傲！有时我也产生一点儿小小的自傲：看，典典的身体里流的是我和希希——两名高级知识分子的血液嘛！你要知道，典典的母亲，希希，当年可是被五所大学同时录取的呀！

典典，爸爸以你为荣！

1978 年春节刚过的一天，因为工作上的原因，邓稼先回来了，并且还要在北京待上三个月！这是老天有意要为邓稼先补上对女儿的巨大亏欠？自从 1958 年起父女隔绝，这还是 20 年后第一次有如此充沛的相聚时间呢！

大救星来啦！

女儿的全部斗志都被点燃了。白天，典典去上班，邓稼先去工作；晚上 5 点典典下班，赶紧吃饭睡觉，睡到晚上 11 点，邓稼先回来了，把女儿喊醒，父女开始挑灯夜战，从 11 点一直学习到凌晨 3 点。

邓稼先为女儿讲数学，讲物理，讲化学，甚至有时也讲语文，从初中一直讲到高中，整整三个月。

女儿从差点儿自生自灭的梦里一点点苏醒，奇迹就要在父母的手中诞生了。但这种奇迹的诞生，该是多么痛苦的过程！不要说父女俩都严重地睡眠不足、用脑过度，当时，大院里还每天播放着影片，吵吵嚷嚷的声音此起彼伏，经常要放映到半夜 1 点多才消停，父女俩把所有的门窗都关得严严实实的，但女儿依旧被那些隔窗而入的噪音所干扰，她见父亲一丝不苟地给她讲课，讲得非常清楚，终于忍不住地问了父亲，爸爸，外面闹得这么厉害，我实在是听不下去了，你怎么还能够这么专心地讲呢？邓稼先扭头瞥了一眼窗外的浓浓夜色，然后抬头看了她一眼，没有直接回答她，而是笑着随口吟出了陶渊明的一首诗："结庐在人境，而无车马喧，问君何能尔，心远地自偏。"

聪慧的女儿立刻懂了。从此，无论外面有多么混乱嘈杂，她都能一心一意地听父亲的讲解，看父亲演算。三个月后她的数理化成绩突飞猛进，随之就是高考胜利的消息传来，她被一所大学录取了！

当初在内蒙古兵团时一起插队的 400 个人里，只有三个人考上了大学。这对 24 岁的典典来说，是需要多大的毅力才能取得的啊！而对白天用脑过度、晚上过度用脑的邓稼先来说，这种精力和体力上的透支，又该是一种多么大的毅力！

当然，对学业有着极为要求严格的邓稼先，对女儿的高考成绩不是非常满意，发榜后的一天，他和岳父许德珩聊天，说孩子这次考得不算好，许德珩马上对他说：

"你不能批评孩子！你的工作那么忙，整天、整月甚至有时候整年都不在北京，你对孩子的帮助有多少？你不能帮助他们，就不要批评他们！"

许德珩一直亲热地称呼邓稼先为"邓孩子"，并视如己出，这次谈话，是许德珩对邓稼先唯一的一次责备！

典典在乌特拉前旗的生产建设兵团，一待就是 5 年多。长期的营养不良和艰苦劳动，让一个正在长身体的娇娃娃患上了胃病，经常疼得在营房的床铺上打滚，邓稼先对此一无所知。很多家长托关系走后门，将自己的孩子往北京调，在 1972 年中苏关系趋于稳定之后，这种回调大面积增长，但典典依然在内蒙古草原上苦熬着。直到 1973 年的秋天，因青光眼而无法再在边疆劳动的典典，才因病需要治疗，回到北京的家中。邓稼先作为国家最重要的科学家之一，作为核武器研究院主管科技的一名副院长，居然让自己的孩子一直留守在大漠荒野听狼嚎，坚守到最后时刻，在那个兵团典典几乎是最后一个回城！

"平平曾对你的同事们说，'我爸要是像你们一样爱笑该有多好啊！'"典典眼泪汪汪地告诉我。

罐头终于被全部启开了，屋子里的香味越来越浓郁，邓稼先的手忽然停在了空中，心猛地被击中，狠狠地痛了一下。

画外音：

那时的平平才 11 岁，这句话想必是一直以来憋在心里，今天才敢当着这些大人们的面说出的话！

自己是个不爱笑的人吗？不是，我肯定不是。刚上班的时候，我是全所最喜欢笑的人，所有的同事们都知道我有一个特点，我总是眯着眼睛听你说话或者对你说话。

但平平说的不可能是假话！典典还能记得她小时候我和她快乐游戏的情景，平平太小，记不得那时候了，等他稍稍懂事后，他印象里的我，就是个从来不笑的家伙？但平平对我有意见不是第一次了，"文革"刚开始的时候他才9岁，当我偶然回到家的时候，发现家里刚刚被抄得破破烂烂，两个孩子正躲在桌子底下瑟瑟发抖，可是我连清理一下的时间都没有，我只是分别地抱了一下两个孩子，他们脸上刚刚绽放出来一丝笑模样的时候，我却不得不走了，楼下接我的车已到。可怜的儿子，我记得你当时脸上那一点点好不容易挤出来的笑意一下子就无影无踪了，你边哭边气急败坏地冲我喊："你要走你就是坏爸爸！我打倒你！"

平平，你知道吗，当时爸爸的心都碎了！不，一直到很久很久，爸爸的心都痛得厉害！不为你骂我，而为你的哭求！

亲爱的平平，爸爸对你说声抱歉！爸爸不是不会笑，爸爸更不是不想笑，那一段时间，爸爸是笑不出来！你的妈妈顶着一个走资派的帽子，被下放到天津的茶淀农场去了，你的姐姐这么大点儿就要学会去独立生活，还是在离家那么远、生活那么苦的一个地方！她是一个女孩儿啊！还有你，我不得不把你放到你的姥爷家，想到你天天看不到自己的爸爸妈妈和姐姐，我的心里很难过，儿子！不只是这些，还有，爸爸的身边太乱了，很多那么好的同事忽然就死了，爸爸的心情真是太复杂了，你现在还不懂，等以后爸爸慢慢跟你说。在这种情况下，我还要和我的同事们一次一次地去青海，去新疆，一次一次地去做实验，我们刚刚超过法国做出了氢弹！

爸爸太累了，爸爸是忘了笑！

"啊，典典你快吃啊！"邓稼先发现自己居然傻在了女儿面前，红着脸，把罐头推向全神贯注盯着自己看的女儿。他看到，女儿的脸上挂着两行泪。

"爸，今天的你，就跟那天一模一样！你看到我也不高兴吗？"

邓稼先狠狠地抹了一下自己的脸，就像猛地扫去了困扰自己几十年的阴霾一样，他笑了，笑得非常由衷，他伸出手抚摸了一下女儿的头发，道："爸爸真的高兴！爸爸这一路上都非常想看到你，现在看到我的典典这么大了，怎么不高兴呢！爸爸以后一定改掉这个毛病，要多笑，哈哈大笑！哈哈！"

他果然就哈哈了两声，像个轻松愉快的老顽童。典典被逗乐了，泪珠还沾在脸蛋儿上，但已经小心翼翼地吃起罐头来，用勺子小口小口地抿着吃，很快，她开始大口大口地吃，在爸爸面前，她没必要再拘束了，像刚来时那只温顺的小绵羊。另外，最主要的是肉罐头真是太好吃了！

邓稼先尽力让自己的笑容一直挂在脸上。见到典典，他是开心的，但太多的事情似乎让这种快乐仍然不是很彻底、很纯粹，他痛恨自己的三心二意：几场批斗会就让你颓废了吗？当初，母亲的去世，难道比这还让人痛心疾首？

1964 年 10 月 16 日，第一颗原子弹爆炸成功，罗布泊试验基地的人们陷入狂欢之中。邓稼先登上前沿指挥车，冲向爆炸中心，他要尽可能地在最近距离研判现场的核爆炸威力，这有助于在随后马上进行的各种资料数据判读中做到更快速清晰，更有说服力。当他从返回的指挥车上下来时，九院党委书记刁君寿眼含热泪地走过来，递给他一封信，他匆匆地打开，看到了"母病危速归"五个大字，他像被刀子扎中心脏，险些一个趔趄栽倒在地。

他上了飞机，3 个小时的飞行后，又转乘特快车，在飞机上，在火车上，他紧紧地将这封信贴在心上，他要按住自己的心跳，他肆无忌惮地让自己的眼泪流下来，幸好，这是软卧车厢，没人看到他的激动和不安。

这封信，已被缓交了三天，邓稼先毫无怨言。在原子弹即将爆炸的这几天，任何一个小小的分心，都有可能将几十万人的心血付诸东流，都有可能将 6 亿人的热望体无完肤地摧毁。邓稼先相信，换做任何一个在场的参与者，都会无条件理解。

在 301 医院，他跪在了老人的床头，他极度惊喜，并在内心中向冥冥中的护佑者谢恩——妈妈还在安详地呼吸着。他奋力抑制住自己欣喜和愧疚的复杂心情，看到母亲从枕头后面拿出一张报纸来，一行大字震撼了邓稼先的眼睛：中国成功爆炸第一颗原子弹！

一张套红的《人民日报》！每一个字，似乎都写满了喜悦，写满了骄傲，邓稼先的心咚咚咚跳得狂热，这不就是他当时心情的真实写照吗？他的目光温柔地落在母亲脸上，母亲苍白至极的脸上出现了点点红润，写满了喜悦，写满了骄傲：

"儿子，妈不怪你才回来，真的，妈知道你忙，你是真忙，妈和你爸一点都不怪你。可是，你应该早点告诉妈，你是做什么的！你应该让妈早点为你骄傲！"

头一偏，母亲彻底安详地睡去了。

母亲此生最后一句话的最后一个词，是"骄傲"！

世上最了解我们的，自然是母亲，即使母亲不清楚儿子具体在做什么，但他一定清楚儿子做的是好事还是坏事。世上最欣赏我们的，无疑也是母亲，她多么想时时刻刻为儿子的每一个成功喝彩，为儿子的每一个进步而祝福！世上最能原谅我们的，自然只有我们的母亲，她从来不会怪儿子，怪只怪命运如此悭吝……

邓稼先失声痛哭，一个男人的哭声让人撕心裂肺，他的哭声盖过两个姐姐，这是一个男人最真实的心迹。不仅仅是因为对母亲的热爱，更包括对母爱最崇高、最深切的敬意：

画外音：

妈妈，你是为了等我，一直挺到这个时候啊！

在一次次漫长的离别之后，那是一次突如其来但无比真实的离别。

现在，邓稼先终于拥有了第三件衣服！而且，不用自己洗、自己缝——也许，邓稼先早就预料到，早晚有一天，自己会穿上这身白底蓝布条的病号服。

是从他推开众人、独自走向核弹头的那一刻起？还是早在风云突变的 1958 年？

每个人来到这个世界是个偶然，但此生走向何处则完全是必然。性格决定命运，任何年代都是如此。

天亮了，光明来得如此迟缓，让邓稼先和许鹿希在黑暗中握着的手几乎粘在了一起。许鹿希早早就醒了，她现在的睡眠已经自然地被浓缩到两个小时以内，只在最困的午夜 2 点到 4 点之间肯睡一会儿，白天则一整天一整天地精神抖擞。

他们的手握在一起，许鹿希轻轻哼着年轻时两个人爱唱的歌，一些优雅抒情的旧上海歌曲，邓稼先听得很认真，疼痛稍微缓解一些的时候，他也跟着唱，歌词记得清清楚楚：

"天涯呀海角，觅呀觅知音……家山呀北望，泪呀泪沾襟……"

　　许鹿希的回忆已不仅仅是脑海中的活动，她的身体随着回忆的喜怒哀乐而四下起伏，她把邓稼先的手紧紧地攥着，忘了他会很疼。

　　邓稼先就这么忍着，他暂时还能受得了。他甚至想到，把手切下来送给她也行。他欠她太多，一只手不算什么。

　　许鹿希记不得自己唱了多少首歌，只知道在这期间，走路悄无声息的小护士又来打了四针。

9

十路诸侯会京师

　　"中国造原子弹"的大门豁然被推开，无论这是凶险无比的雷区，还是草木皆枯的荒漠，他都义无反顾、当仁不让地第一个踏入了！从拾人牙慧到自主创新，以学习和配合为主要任务的他，转瞬间必须挑起天大的担子。巨大的舞台，因苏联专家的忽然撤走而无比空旷，现在，是将空旷彻底变成荒野，还是从此演绎崭新的传奇？一大批英雄几乎是一夜之间赫然出现在党和国家领导人凝视着的这块空地上！而他，是其中的龙头！没有犹豫，无须思考，他等的就是这一天！

1986年5月5日，中央军委主席邓小平签署命令，邓稼先被任命为国防科工委科技委副主任。这是他一生"仕途"的顶峰了。位列副部级领导，他可以"安心"地在301医院南楼养病了。

临终之前的这次重要任命，是对邓稼先历史功绩和领导水平的充分肯定。

很显然，这绝不仅仅只是一个"安慰"。因为，所有的人都知道邓稼先并不需要这样的"安慰"。对见惯了大场面的他来说，对洞悉了生与死的他来说，对成为彻底的唯物主义者的他来说，老杜之"富贵于我如浮云"是一种毫不矫情的写照。

画外音：

我这一生似乎跟"大场面"结上了缘。那第一朵、第二朵、第三朵乃至一共15朵雄奇的蘑菇云，世上有多少人能距离如此之近？

但是，好像这并不能算做真正的大场面。第一颗原子弹爆炸的时候，的确惊天动地，的确大家都哭天抹泪，每个人都像极了玩儿到疯狂的孩子，但看到的第一瞬间，我居然感觉到的是亲切！真的，就是亲切，就像我多年失散的一个亲戚，今天忽然在我家门口敲门一样，就是这样。于是，它在我心里最终只定格成一幅画面，当然是世上最完美无暇的一幅画。

氢弹爆炸算是大场面吗？虽然，你们早晚有一天都会知道，氢弹的制作跟原子弹相比，那不是量级递增的关系，那是又一个完全陌生的领地，原子弹只是氢弹的一个"扳机"！更何况，不比原子弹还多少汲取了苏联"老大哥"的一些资料，咱们的氢弹完全是纯粹的自有产权！而之间只有两年零七个月的时光，难道不够让人自豪吗？但是，有了6年琢磨原子弹研制的强大力量和丰富经验，在我的记忆中，氢弹爆炸无非是开了一朵更大更炫目的蘑菇云，有着更粗壮的尘柱，有着更厚重的菌顶而已。结果还是我预料到的，在它爆炸之前，我的脑子里已看到了它的璀璨，它的惊人，所以，我激动，我狂吼，我瘫软，但那不是我心目中的大场面，跟原子弹爆炸一样，在我的脑海中，它同样出现了上万次，是的，说白了，第二朵蘑菇云几乎就长在了我的脑子里。

你说对了，我心目中的大场面，当然也不是1984年在竖井中成功爆炸的二代核武器，尽管你们对此都模糊得多，尽管二代核武器的战术威力是原子弹和氢弹所无法比拟的，但你读我的诗就能知道，这一切已经水到渠成了：

红云冲天照九霄，千钧核力动地摇。

二十年来勇攀后，二代轻舟已过桥。

用尽20年的气力，无论制造出多么惊人的声响，你都不会激动得发疯的，只因为这一切都在你意料之中了。

画外音：

对我来说，当那冲天一飞的大火球映入我眼帘时，我窒息了，不由自主地倒在戈壁滩上的砂石地上，当时我的脑海里没有喜悦，只有一个词，我们"成功"了。当时罗布泊上所有的人，反应应该都是一样的，喜悦，那是在"成功"之后才爆发出来的！不光是我躺倒在地上，他们也都躺倒在了地上，我们的脚都拼命地、胡乱地蹬着，在戈壁滩上蹬出一个个大小不一的坑，很多人把鞋都蹬掉了，穿着袜子还在那蹬着，眼泪已经模糊了我们的视线，模糊了我们的心，这首先是委屈的泪水、愤懑的泪水，接着是自强不息的泪水，是无比骄傲的泪水，最后涌出的泪水才是喜悦的泪水。袜子蹬掉了，蹬漏了，一双双光着的脚丫子还在蹬着，常规的鼓掌和欢呼是不够劲儿的，只有这种疯狂的举动，才能让我们在渺无人烟的戈壁大漠里，肆无忌惮地发泄着我们无穷无尽的力量，发泄着我们那一刻极其复杂的情绪和情感！

是的，不是这些爆炸，无论是原子弹还是氢弹，无论是大气层爆炸还是地下核爆炸，无论是平洞试验，还是竖井试验。这些惊心动魄的核爆炸，我参加了二十多次！虽然，跟外国做试验的次数比，我们的试验太少太少，但对我来说，这个数字不算少了。有 15 次，还是我签的字，还是我在现场负责。但这没什么。我们这些人，各个都是满弓上的箭头，只管射出去就是了。我们穿过风穿过雨，这一生在不停地穿行，箭头呼啸，将空气一次次地撕裂；锈了，我们自己互相擦；折了，我们自己互相接，我们就是一根根箭，射出去，射出去！

然后，终于我钝了，钝成今天这一副模样！

我没老，我只是很累。有些事情你是躲不过去的，因为我是邓稼先。所以你们不一定知道什么才是大场面。像今天，现在，就在我的床边，就是一种大场面。这才是大场面啊！

我要说，这的确是大场面，甚至是大得不能再大的大场面，尽管现在还无人欢庆，你别诧异，你早晚会懂，它为什么比 22 年前举国欢呼的场面还要大。

此一时，彼一时也。

场面大不在于漂亮，更不在于人多，在于重要。

28 年，把一个壮硕的青年变成一个风烛残年的老人，邓稼先见惯了普通人艳羡不已的"大场面"，并且第 15 次成为这种难得一见的大场面的现场指挥，但在他的回忆中，此生最大的场面还不是这些绚丽的图画！

画外音：

真的，你们觉得太震撼了，但我刚才说了，我们只是箭头，当那张巨弓拉满时，你们才会知道什么才叫真正的大场面！

1953 年 1 月 15 日，一张巨弓发出了铮铮的跳音，举国发展原子弹事业的伟大进程开始了！

这一天，中国科学院近代物理研究所所长、日后被誉为"中国原子弹之父"的著名核物理学家钱三强，正式向国家提出了划时代的建议：建设我们国家自己的原子能事业。

1954 年 10 月，新中国在广西钟山县红花镇第一次采集出第一块铀矿石。此石后来被命名为中国核工业的"开业之石"。

1955 年 1 月 15 日，毛泽东亲自主持中共中央书记处扩大会议，第一块铀矿石被摆在领导面前，中国正式作出发展原子能事业的战略决策。这一天成为中国核工业创建纪念日，这一天也正巧是钱三强两年前提出划时代建议的日子。毛主席强调说，"我们只要有人，又有资源，什么奇迹都可以创造出来。"

1955 年 7 月，国务院副总理陈云、中央人民政府人民革命军委会副主席聂荣臻和国家建委主任薄一波组成 3 人小组，负责指导发展原子能事业的工作。钱学森成为原子能业务第一领导人、首席科学家。

1956 年 4 月 25 日，毛泽东在中央政治局扩大会议上说："我们还要有原子弹。在今天的世界上，我们要不受人欺负，就不能没有这个东西。"

1956 年 8 月，国务院成立科学规划委员会。周恩来总理亲自领导，陈毅、李富春、聂荣臻负责具体组织领导，儒帅聂荣臻出任副总理并主管科技工作。在其具体主持下，集中了钱学森、钱三强等全国六百余名科技专家，研究并编制了对中国经济、国防现代化起了决定性作用的"十二年规划"。原子能的和平利用与发展，喷气技术，石油和铀矿等能源开发，三大技术推动了中国各项现代科技的研制与生产。规划委员会的成立是里程碑式的，中国核事业由此真正兴起！

1956 年 11 月 16 日，全国一届人大常委会第 51 次会议通过决议，设立第三机械工业部（1958 年 2 月 11 日更名为第二机械工业部），具体组织领导全国核工业的设计和发展工作。宋任穷上将任首任部长。

1958 年 6 月 21 日，毛泽东在中央军委扩大会议上说："原子弹就是那么大的东西，没有那个东西，人家就说你不算数。那么好吧。搞一点原子弹、氢弹、洲际导弹，我看十年工夫完全可能。"

1958 年 10 月 16 日，国防科委成立，聂荣臻成为首任主任。

多年以前，少年邓稼先因为一怒之下撕毁了纸做的日本膏药旗，被迫远走重庆，在江津国立九中插班读高三，那时他是多么爱自己的家庭，但由于对日本帝国主义的仇恨而迅速滋生出来的复国之志，终于盖住了不在一个层级上的天伦之盼，恰如他临走时对弟弟邓槜先说的，"我现在没有眼泪，我只有一颗复仇的心！"

邓槜先最崇拜的人除了父亲邓以蛰，就是哥哥了，他牢牢记住的，还有自己小时候，大6岁的哥哥时常向他说的屠格涅夫小说《罗亭》中的一句话，"不要做言语的巨人、行动的矮子。"邓稼先不喜欢用各种漂亮口号来装扮自己，他轻易不表态，等经过思考后有了明确的抉择，他说到的就一定做到！

现在，时候终于到了。养兵千日，用兵一时，邓稼先已等待了21年。谁也不知道，这个"一时"将是多长时间，连钱三强都不知道，甚至连周总理和毛主席都不一定很清楚。邓稼先只知道，回国后自己养精蓄锐已经8年，兴奋点已到了临界状态，恰如一桶充满了电荷的引爆器，一个火花就能瞬间将现场燃爆！

1958年，期待已久的火花终于来了，它彻底扭转了邓稼先的命运，更彻底扭转了新中国的命运。

大多数人一听到"1958年"，脑海中第一个蹦出的一定是"大跃进"。作为当年"三面红旗"中的一面，大跃进不仅成为那个特殊时代的符号，几乎也成为外国人眼中的"中国印象"。亲身经历过大跃进的人，大抵是感慨万千。没有经历过的，则多数人无法理解。

"大跃进"算不算一场闹剧？但能够肯定的是，大多数人在一开始时是热情高涨的，否则也不会出现几乎成为普遍现象的偷拿自家锅出来"大炼钢铁"的感人情景，炽热的爱国之情几乎要让旁观者窒息。但我们完全可以深层次地想一想，为什么理想主义的光芒，那么快就被现实的冷雨给浇灭了呢？为什么小高炉里炼出来的，大部分都是废渣？人才的极度残缺一旦加上理想主义的高度爆棚，非理性必然泛滥于广袤而贫瘠的大地，其结果不言自明。

与此同时，我们在28年后终于看到，另一群人也同样开始了史上最轰轰烈烈的"大跃进"，但他们却出乎大多数人的意料，他们居然成功了！

这当然是指原子弹制造大军。

全国人民都以为亲身参与到了史上最大的大场面而无限疯狂时，一个真正的大场面，正隐形而强力地越滚越大！

这其间的根本差别在哪里？刨根问底，我们会清晰地看到，人才才是决定事业成功的最关键因素！而智慧再乘以那个年代特有的非凡热情，中国最优秀的一批科学家其实也应感叹时运奇佳——当然，我们无比庆幸，史上最黑暗的日子还没有到来。除了经济困顿，科学的春天其实在这时已催发出花团锦簇！

当然，既然是"大跃进"，那么在科学家的身上，也多少产生了影响，甚至这种影响还跨越了国界，让老外深深地感染了一回。1958 年 7 月，苏联专家在中国各地参观考察时来到九院力学所，"三大菩萨"之一的空气动力学家郭永怀向他们介绍研究所的计划时，大跃进的激进思想不由自主地冒了头，表述得略微超前了些，向他询问的苏联专家之一的加夫里诺夫不以为然地笑了。

当时的国内，"大跃进"对科研人员的影响还不仅仅是思想上的无限制飞跃，受昂扬的革命精神所鼓舞，1958 年由邓稼先从各大学的毕业生中挑选来的"28 星宿"们，都没有写过毕业论文，都没有进行过毕业考试，即使他们各个来自最正规的名牌大学。这并非因为原子弹研制给予了他们特殊的优惠，当时，他们在毕业之前都已经参与到各地搞轰轰烈烈的"科研大跃进"中来，到毕业时就直接分配工作了！

这正是后来邓稼先对这些相对来说最优秀但基础还不太扎实的大学生们进行魔鬼式培训的最大原因。我们可以想一想，当时这些大学生的求学之路有多么艰辛，这一批大学生进校正是 1954 年，而 1955 年开始了肃反，1956 年是社会主义改造，1957 年反右派，1958 年大跃进，一个政治运动接着一个政治运动，偌大的校园能否安放得了一张安静的书桌？

但当时，人们对高层的这些大刀阔斧式的变革行为，更多地是给予了充分的理解和支持，一切"除旧迎新"的初衷都是正确的，新中国的步子迈得大了些，在很多领域看来副作用更强烈，但在某些领域，比如原子弹研制工作中，"大跃进"却促成了中国的早日独立！

1958 年，奉命出征的邓稼先知道，即使自己埋头奋战 1 万年，即使上面有聂荣臻副总理、张爱萍上将、宋任穷部长包括李觉所长在内的开明领导，但单凭一己之力，也还是研制不出原子弹的。

按上级指示，他精心在应届毕业生中，挑选了后来以"28 星宿"闻名华夏的 28 名大学生。

这 28 人，是他连日来穿梭于清华大学、北京大学和北京航空学院等各著名高校，一张档案一张档案细查，一篇笔记一篇笔记考量，一个一个精挑细选出来的！

这就是伟大的中国原子弹制造队伍最原始阵容的组成！

这已经算是一个长足的进步了！1957 年 6 月，当西藏军区副司令员、参谋长李觉少将脱下军装被任命为二机部最重要的一个局——核武器局局长时，对原子弹一无所知的李觉硬着头皮来找二机部部长宋任穷报到，问宋部长："咱们这个研究所现在有多少人？"

宋任穷道："一个人。"

李觉一愣，就见宋任穷用手指着他道："就是你！"

132

新中国刚成立的 1949 年，全中国搞核工业的科技人员加一起不足十个人。原子能研究所的前身——中国科学院近代物理研究所成立一年后，也勉强聚集了不到 30 个人，1955 年 1 月 15 日，在这个新中国核工业的创建日，当中央做出创建核工业的战略决策时，最大的问题就是人才荒！

沧海横流，方显英雄本色。一批敢于挑大梁的人横空出世！

邓稼先，时年 34 岁；朱光亚，时年 34 岁，周光召，时年 32 岁，欧阳予，时年 31 岁……这些中国核工业的栋梁之臣，在 1958 年进入核工业部时都如此的年轻！1960 年，全国从事核工业的 10 万大军中，25 岁以下的人占比 68%，25 ~ 35 岁的人占比 25.5%。

今天，"年轻就是资本"的励志口号漫天飞舞，但在学识和经验极其重要的科学领域，一点资料都没有，一点设备都没有，真正的一穷二白，我们拥有的还真的只有年轻——这个唯一可以信赖的资本！

显然，跟动用了包括 14 名诺贝尔奖得主在内的 60 万人才，才得以竣工的美国第一颗原子弹制造相比，中国的力量不是薄弱，而是相当薄弱！

如果美国是一张厚厚的胶合板，中国的研制队伍此时就是一张薄如蝉翼的纸，用来包灯影牛肉还差不多，用来造原子弹，在西方人眼里简直就是天方夜谭！

28 星宿，只是原子弹制造队伍中工程师的原始阵容。

祖国，再次遇到了前所未有的挑战，拥有六亿人民的泱泱大国有没有一支这样的队伍，能够承担起在准和平时期替代铁血军人的沉重使命？

该是英雄辈出的时候了！

在著名的"二钱先生"——钱三强和钱学森等人的运筹下，十路诸侯扬鞭纵马，八方风雨齐聚京师！

从江苏常熟，来了大名鼎鼎的王淦昌。1960 年 7 月 16 日苏联政府撤走全部援华专家的时候，一位相对来说比较友好的苏联专家说，"我们走了不要紧，你们还有王淦昌"。

王淦昌是谁？在苏联专家援建中国的时候，德国柏林大学博士王淦昌正在苏联杜布纳联合原子能研究所从事基本粒子研究，1960年 3 月，他领导的物理小组在全世界首次发现反西格玛负超子，震惊世界。苏联专家撤走之后，王淦昌成为中国人自己搞原子弹的不二人选。

从吉林长春，来了核反应堆专家彭桓武。和王竹溪、林家翘、杨振宁并称为"清华四杰"的彭桓武，是量子力学创始人马克思·伯恩最得意的弟子之一，奥本海默是他的同门师兄。拿了两个英国大学博士头衔回国的彭桓武，在中国第一次开设起量子力学课，并培养了如邓稼先、于敏、黄祖洽等日后名震华夏的人物。薛定谔曾在给爱因斯坦的一封信中，这样描述经伯恩推荐来给自己当助手的彭桓武："简直不敢相信，这个年轻人学了那么多，知道那么多，理解得那么透彻。他好像什么都懂，什么都会！"

伯恩，薛定谔，爱因斯坦，这三位都是诺贝尔物理学奖获得者。

从山东荣成，来了著名的空气动力学家郭永怀。时任中科院力学所副所长的郭永怀是著名物理学家冯·卡门的高足，是钱学森在美国的同门师弟。1956 年他突破重重阻挠毅然回国，为此将自己十几年苦心孤诣写出来的手稿付之一炬（美国移民局和联邦调查局不会允许他带科研成果回去的），妻子李佩非常心疼，当场哭了起来，郭永怀却笑道："有什么可哭的呢？东西都在我脑袋里啊！"

作为核武器研究所的理论部主任，邓稼先非常清楚，光有原子弹理论设计的突破是不够的，要将一次次极端危险的试验做成；光有成功的爆炸还不成，还要有原子弹的武器化；光有原子弹的武器化还是远远不够的，还要有相应的导弹，将原子弹发射到我们选定的任一既定目标！钱三强无疑是胸怀全局的绝对帅才，这三个大师级人物的到来令邓稼先欣喜若狂，他紧紧地拥抱他们，和彭桓武拥抱的时候则尤为激动——这是他在近代物理研究所时的长辈，邓稼先正是在他的领导下担任了副研究员，开始从事原子核理论研究。彭桓武的学术思想与他严谨的治学态度，使邓稼先受益终身。

此时的王淦昌、彭桓武、郭永怀这三个人，早已名满天下，但从此，他们同邓稼先一样，一齐在国际科学界集体消失。普通老百姓估计对此毫无察觉，但日后的美国情报局正是从这些反常现象的蛛丝马迹中，一点点判断出中国正秘密进入核研制时代！

这三个人，就是中国原子弹研制事业中闻名遐迩的"三大菩萨"。用"三大菩萨"来顶替刚刚撤走的苏联专家。洋和尚不念经，本地和尚必须现身，责无旁贷。而在本地和尚中，这三个人如果不来，那么谁还有资格来呢——1948年，美国编撰《百年来科学大事记》，入选的中国科学家仅两位：彭桓武和王淦昌。而郭永怀日后将成为23名"两弹一星"元勋中唯一一个参加了全部三大项目——核弹、导弹、卫星研制的传奇式人物！

"三大菩萨"堪称九院的镇院之宝，但光靠这三个人肯定是不够的，爱因斯坦说过一句话，"理论上，理论和实践是同一事物，实践中，二者则全然不同"。事实上，中国第一颗原子弹的制造，动用的人力物力当时看来是天文数字。科学家的设想，工程师的蓝图，能工巧匠的产品，这三者缺一不可，并且，在这三条线上聚集的全是名副其实的精英：科学家，几乎都有留洋的经历，学位几乎都是博士；工程师，都是著名大学的毕业生，都是著名大厂的主心骨，经千挑万选而得；技师，则一定是从全国选拔而来的最厉害的制造高手，能在头发上雕龙画凤，能在米粒中走马撑船。这也正是 1992 年青海 221 基地解散，其员工被安置到全国其他企业，个个儿都是所到厂"最牛工匠"的根本原因。

所有的人，都在为这颗宝贝原子弹添柴蓄水来了，而无疑邓稼先就是那个点火的人！

中国研制核武器是极端秘密的，隐姓埋名倒还在其次，背井离乡的滋味却非一般人所能忍受，而能数十年如一日保守住秘密，做到如周恩来总理那样"我对我老婆都没说过"，政治上的预审也是非常严格的。

如此挑来捡去，能够政治上合格、业务上过硬、心理上坚强、思想上单纯的人能有多少？毫不夸张地说，被邓稼先选中的 28 星宿中，每个人都堪称当年中国的国宝级"储备干部"！而历史也证明了这一点，日后，这些人都成为中国最著名的科学家，包括后来的中国工程院院士竺家亨、朱建士，以及接替邓稼先担任中国工程物理研究院院长的胡思得。

但当时，他们还都是初出茅庐的年轻人，名气比"三大菩萨"包括邓稼先、朱光亚、周光召等都小得多，或者说毫无名气。也正因为此，他们将自己最宝贵的青春年华投入那犹如迟迟没有回响的深井的事业，这尤其显得弥足珍贵。

你若随机搞个"五虎将是谁"的调查问卷，满大街的中国老百姓都会告诉你五个字，"关、张、赵、马、黄"。他甚至可以给你神采飞扬地讲起"桃园三结义""喝断长坂坡"等著名段子；如果答题人主要是影视追星族，他们同样会告诉你五个字，"苗、刘、黄、梁、汤"，他甚至会强迫你听这五个香港艺人的八卦故事，比如谁是同性恋等等。

但很少有人知道，在中国核武器研究院里，也有"五虎将"！有趣的是，居然还分成"老虎"和"小虎"两组。而无论是老虎还是小虎，这些人，最终都成为中国最杰出的科学家！

先说"老五虎"。

程开甲：1918 年生人。著名理论物理学家。英国爱丁堡大学博士。1960 年任九所副所长，分管状态方程和爆轰物理两大块工作。在国内，他第一个计算出原子弹爆炸时弹心温度和压力，解决了研制中关键问题之一的起爆冲击聚焦设计。他是著名的核试验"司令"，主要负责新疆核试验基地的爆炸试验与测试。1999 年"两弹一星"功勋奖章获得者。

朱光亚：1924 年生人。著名核物理学家。美国密歇根大学物理学博士。新中国"两弹"事业主要的科学技术领导人之一，参加领导与指导了研制任务的分解、确定了应该研究的主要科学问题和关键技术、选择解决问题的技术途径，设立课题并制定重要攻关课题的实施方案等。1957 年后从事核反应堆的研究工作。1994 年中国工程院成立，出任工程院首任院长。1999 年"两弹一星"功勋奖章获得者。

陈能宽：1923 年生人。著名爆轰物理学家。美国耶鲁大学物理冶金学博士。对中国材料科学的发展做出了重要贡献。在原子弹、氢弹研制工作中，领导和组织爆轰物理、特殊材料冶金、实验核物理等学科领域的研究工作。1999 年"两弹一星"功勋奖章获得者。

黄祖洽：1924 年生人。著名理论物理学家。清华大学理论物理研究生毕业。1955 年至 1956 年在前苏联实习期间，在重水堆的理论计算中曾纠正苏方原设计中有关临界大小数据的错误，一鸣惊人。中国核反应堆工程和核武器设计的奠基者。1965 年任九院理论部副主任。主要负责状态方程、中子输运、中子引爆装置等的理论研究及加强型弹的理论设计工作。

另一虎当然是邓稼先。"老五虎"各自承担了原子弹制造中不可或缺、极其重要的组成部分，每个人在自己的研究领域都已经声名鹊起，甚至已名震天下！

再说"小五虎"。

于敏：1926 年生人。著名核物理学家。北京大学物理系毕业。对原子核理论的发展形成了自己独创的思路，在平均场独立粒子方面做出了令人瞩目的成绩，被日本人称为中国的"国产土专家一号"。1999 年"两弹一星"功勋奖章获得者，也是获奖者中极为罕有的没有出国留学经历的人。

周光召：1929 年生人。著名理论物理学家。北京大学理论物理学研究生毕业。在国际上最先提出粒子的螺旋态振幅，并建立了相应数学方法，赝矢量流部分守恒定理的奠基人之一。1961 年任九院理论部副主任，参加领导爆炸物理、辐射流力学、高温高压物理、计算力学等研究工作。1999 年"两弹一星"功勋奖章获得者。

胡仁宇：1931 年生人。清华大学物理系毕业。1956 年赴苏联科学院列别捷夫物理研究所攻读研究生。1958 年回国后历任九院研究室副主任、实验部副主任、副院长、院长等职。长期从事核物理实验、核试验诊断、等离子体物理、加速器、反应堆物理、惯性约束聚变和核安全研究，领导筹建了多个核物理实验室，在聚合爆轰热核反应研究、核试验近区物理测量等方面解决了一系列重大技术问题。1991 年当选为中国科学院数学物理学部委员。

胡思得：1936 年生人。著名核物理学家。复旦大学物理系毕业，分配到九院，历任研究室副主任、副所长、副院长、院长等职。从事多项核武器理论研究设计工作，在突破原子弹阶段、氢弹的研究设计和发展以及核试验的近区物理测试中，做了大量组织领导工作，创造性解决了一系列关键技术问题。1995 年当选为中国工程院院士。

朱建士：1936 年生人。北京大学数学力学系毕业。著名流体力学、爆炸力学专家。长期从事核武器的理论研究、设计及检验核武器爆炸性能的试验结果分析工作，参加了第一代核武器的改进和小型化工作，为小型初级中子点火的理论工作奠定了基础。在第二代核武器研制中，参与的核武器初级研制取得突破性进展，使我国核武器的物理设计接近国际先进水平。1995 年当选为中国工程院院士。

画外音：

初生之犊不惧虎，何况是初生之虎？但不管是"老虎"还是"小虎"，没有一个人是白给的！真的，所有的人都是高手。我记得当时需要一本适应中国国情的《电工原理》，但是没有现成的啊，得临时编写，一个惊人的事实震撼了我，让我永生都难以忘怀：引爆系统专家俞大光用几乎完全是默写的方式，一气呵成，包括烦琐复杂的数学推导！每名进来的人都让我大开眼界，深深折服。

　　我彻底弄清楚了一件事：一个人即使他再厉害，如果不能融入一个强大的集体中，也必将一事无成。君子讲求"和合"二字，有"和"才有"合"，有"合"才有"和"，这个伟大的团队，这个建国以来空前绝后的国家队，其时时散发出来的君子之风与强悍之劲，时常让我在暗夜里不由自主地热泪盈眶，即使一个普通的人来此工作，也必然会被激发起强烈的使命感与无穷无尽的斗志。

　　这是一直身处核武器研制团队中的邓稼先，数十年来最大的心得，并且，他完全做到了终生受教、终生受益、终生秉持、终生传扬！

　　钱三强最后被冠以"中国原子弹之父"的不凡头衔是名副其实的，围绕原子弹制造，所有相关领域的国内最好的科学家都来了！

　　很多往事都像混杂在一起的线条一样，当时感觉混乱，事后才有时间一一捋清。一边是著名科学家，一边是新毕业的大学生，大腕自然各有各的脾气，大学生则一开始都很拘谨，尤其因为刚进所时完全丈二和尚摸不着头脑，跟大腕相处时就更加紧张。黄祖洽就是个大脾气的主儿。曾经有个大学生向他请教一个问题，他冷下脸来，用手指着这个大学生的脸说：

　　"这样的问题你还来问我？你要是我儿子我一巴掌把你扇一边去！"

　　无独有偶，黄祖洽这一点脾气倒很像钱学森。钱学森对智力、能力不如自己的人，颇有些小瞧之意。在美国任教时，他是教授中几乎最不受待见的，跟学术能力无关，而是他对学生太苛刻。他出的卷子，即使最优秀的学生也达不到20分。

但邓稼先能将这两端巧妙地糅合在一起，这来自于他性格中平和的一面，中国传统文化中"温、良、恭、俭、让"的五大优秀品质与其说重装披挂在了他的身上，不如说深深浸入了他的骨子里；与其说他一点一滴地继承了中国人文精神中最重要的传统美德，不如说他更好地进行了发扬光大。他像揉面一样，比例精当地、耐心地将面和油揉到一起，甚至将油和水都能揉到一起，当然，事实上邓稼先压根儿不会做饭，在青藏高原做试验的时候，邓稼先曾经颇为神秘地对当时的助手高潮说过，"你知道吗，我有一个大发现！"

高潮急忙竖耳来听，却听到这样一句让他哭笑不得的话："原来下面条需要水开了以后！"

九所在非常短的时间内成为一个极其和谐的团队，邓稼先作为理论设计负责人，穿针引线的功夫相当了得，在他不停地调和下，这支当时中国含金量最高的队伍迅速磨合成功，像一台超强马力的大机器，艰难但却雄壮地运转起来。

在这个漫长而艰难的过程中，很显然，邓稼先既是发动机，更是润滑剂，弄得大家都在私下里说，现在的科研环境简直比科学院都好！

搞任何建设，首要的就是先搭好班子。宋任穷选了李觉任局长，钱三强选了邓稼先任理论部主任，是原子弹能够成功的两大保障，堪称绝选！宋任穷选中李觉，是看中了他几十年戎马生涯中养成的"哪里艰苦就往哪里去"的英雄气概，而钱三强选中邓稼先，除了邓稼先的硬件指标全部符合遴选标准外，他看得更准的一点是，邓稼先是执行命令最坚决、最彻底的人！

当我们今天重温往事，我们会做出这样的判断，跟李觉上将的

"哪里艰苦就往哪里去"相比，邓稼先虽然是文弱书生，但却浑身散发着"哪里有可能牺牲就往哪里去"的大无畏精神！一个军人，一个科学家，在中国原子弹这个由军人和科学家担纲的伟大建设中成为两只脚，两只步调一致、落地有声的脚！

当团长的时候，李觉曾经亲自将炸药包送到敌人眼皮底下！而在 1971 年的氢弹试验中，投射出现故障，连续三次都没有投下来，飞机只好带着氢弹返回机场，这是非常危险的事情，但飞机着陆时，邓稼先如历次一样，冲在最前面。

如果说宋任穷看中李觉，除了他的拼命精神，更有他"官兵一致"的出色表现，那么钱三强挑选来的邓稼先，日后除了他的牺牲精神让人洒泪长天外，其上下打成一片的革命大家庭氛围，让人由衷地向往！

事实上，邓稼先能够成为核物理研究院第一个被召来的高级研究人员，并成为技术领头人，许鹿希在邓稼先去世后的第三年，曾经在电话中问候，当年主要负责招兵买马的钱三强——正是这名极具慧眼的伯乐，三次点将邓稼先，将邓稼先最终推到历史最高点。二人的三次合作，为中国核物理的发展打开了无限江山：

第一次，建国之初。邓稼先刚从国外归来，在创建中国科学院近代物理研究所时，钱三强将邓稼先召到麾下。

第二次，1954 年。钱三强当选为中国科学院数理化学部学术秘书后，很快点名启用邓稼先做数理化学部的副学术秘书。

第三次，就是众所周知的 1958 年。钱三强说"国家要放一个大炮仗"，邓稼先二话没说，临危受命！

事情已过去 30 年，但钱三强表达得非常清楚："按'苏联专家'

加'中国青年'的合作模式，邓稼先是最符合的人选，品德和党性不必说，他是首屈一指能够让国家信得过的人；同时，他是学核物理专业的，业务能力非常强；年龄完全符合要求；名气不算大，脾气更不算大，这是我们同苏联专家能够友好合作的前提；他会英文，了解海外情况，能与西方国家打交道；难能可贵的是，他的俄文还非常好！"

入围条件极其苛刻，但邓稼先完全符合，仿佛这个九所理论部主任的位置，就是为他量身定做。而当时邓稼先的心里，除了光荣感，压力才是最沉甸甸的"随赠品"！

没错，当时仅仅是调来二机部工作都必须要符合周总理提出的著名的"三高原则"：高度的政治思想性，高度的科学计划性，高度的组织纪律性。种种审核比入党苛刻得多，上查祖宗三代绝对不是夸张，不仅需要"根正苗红"，且必须"又红又专"！当年让很多学子望而生畏的赴苏留学已经审查得相当严苛，人称"小米筛子加细箩"，但同入选二机部相比却是小巫见大巫。

何况是在二机部的核心机构里担任核心？有时想一想，邓稼先都觉得不很真实！当他冷静下来后，组织对自己的极端信任，成为邓稼先日后干起工作来根本不顾劳累和性命的巨大推手！

画外音：

我对1960年之前的前苏联政府和前苏联专家表示感谢，但我更对我们自己的专家表示感谢，这就是我永远的态度，我跟谁都敢这么说。最要命的是，中国当时的人才太匮乏了。比如研制核武器必须要用到的电子显微镜，当时几乎没多少人会用，最后，还是张劲夫做了著名生物化学家邹承鲁的工作，才把他的夫人李林——李四光的女儿弄到九所来，靠这位从剑桥大学留学归来的才女，解决了这个问题。

又是一名海归。

张劲夫当时是中国科学院党组书记，在组建原子弹研制机构过程中，中科院提供了慷慨的帮助，毕竟是自家人，只要是国家需要，一切都只是一句话！多少年后，世人只知道是钱三强将中科院原子能研究所的邓稼先召来的，但没人知道，1958年宋任穷刚担任二机部——也就是核工业部部长后，第一件事就是找到张劲夫，向他要人，要科学家。张劲夫立即推荐了中科院当时最拔尖的一个年轻人：

他每天步行上班，少言寡语，总是将书本放到背包里背着走，他品质非常好。

他就是邓稼先。

对邓稼先来说，"加速推进"成为他日后直至终生的原则性鞭策，第一当然来自形势的逼人，"大跃进"和随后而至的三年自然灾害带来的国力减弱，让人更加忧心忡忡，而美苏的实力则在持续增长，那是美国发展的黄金时代，苏联在重工业上则同样取得重大进展，此消彼长，暂不说中国的国际地位如何，新中国能否坚强地站稳脚跟都成了大问题。作为1956年入党的共产党员，邓稼先坚定地认为新中国所走的道路绝对没有错误，出现的问题只是偶然，只是在积贫积弱的烂摊子上再遇到这些天灾人祸！这是对中国人的考验，对新政权的考验，也是对中国科学家的考验。现在，他们只是在应考罢了！

第二，则是领导的信任和重托，以及身处这个伟大团队的无与伦比的压力感。人人都那么优秀和拔尖儿，你这个"龙头"该如何做，才能让人心服口服？

对中苏高层关系破裂的内幕，邓稼先当然有所耳闻，他知道事情的导火索是赫鲁晓夫于 1959 年 7 月末到 8 月初来到北京，跟毛主席谈关于在中国建立长波电台和潜艇基地的请求，但被毛主席断然拒绝了。

这件事对邓稼先刺激非常大，当年种种亡国之屈辱、夹着尾巴做人的衰景一齐涌上心头。"人在屋檐下，怎敢不低头"，道理很实在，但毛主席的硬气更让他折服。而反过来，赫鲁晓夫提出如此不近人情的要求，明摆着的就是欺负中国。

画外音：

希希，国家与我个人的屈辱遭遇，一次次让我坚定了初衷，我不能放弃，我必须把这件事全部做好才能放手。这一生估计都不能全部完成，所以，我必须尽心尽力地干好才是。我其实能够想象得到毛主席在听到赫鲁晓夫请求时的内心一定也非常郁闷，我更能想到当全体中国人听到这件事时候的激愤。

他和他的团队们做好了充分的准备，即使一穷二白，即使满目苍凉，也要赤手空拳将原子弹制出来，这个念头，不是在苏联专家反目撤退后才有的，在他从威尔逊总统号轮船上返程时，已深深扎下了根。

画外音：

我饱经沧桑的祖国，在你举目无亲的时刻，在你孤单无助的时刻，我们都在！你的孩子们都在！

邓稼先：温文尔雅的坚守

1958 年 8 月 18 日，是中国原子弹建设事业伟大征程的历史爆破点，但当时一切都显得格外平静。邓稼先站在已义不容辞担任了中国第二机械工业部副部长的钱三强的办公桌前，面对这位中国著名的专家型领导亲切而庄严的询问，他的回答坚定而自然："我愿意。"

10

核门一入深似海

　　这是一个神秘的世界，尽管他已做好了充分的准备，但现实和理想的巨大差异告诉他，教科书上的每个字，在实际工作中，都必须要用血与汗演绎成大幅文章。如果说科学家最需要的就是智慧和灵感，那么在新中国第一颗原子弹的研制之路上，比这两样更重要的还包括一项：苦熬。水深，却无船，365 个斗转星移，多少个不眠之夜，凭借这缺一不可的三件硬功夫，他终于找到了原子弹设计的三大主攻方向。这是他一生中最重要的贡献，此举终将被历史明烛高照：在原子弹研制的伟大事业中，他一骑绝尘，居功至伟！

邓稼先：温文尔雅的坚守

每一天都突然变得仓促和踉跄，光阴好像也变成了"核动力驱"，快得让人心惊。但在邓稼先眼里，现在的日子并没有比之前更珍贵。曾经的每一天，都是这么宝贝般地过来的，他不必掐指数，他是在每一个忙碌和紧张的日子中，三步并作两步，不，几乎是一路快跑，不，简直就是一跃到了今天的病床上！

时光眨眼又过去一周，1986 年的 5 月 12 日，只能断断续续说话、基本无力做其他事情的邓稼先及他的研制团队，因原子弹的研制成就，荣获自然科学领域的国家最高奖——国家自然科学一等奖。

在当时的情境下，这是两项没有被公开的获奖项目之一。

但在当晚，许鹿希摸着邓稼先的胳膊，感觉到他一直很凉的血液似乎有些回暖。他知道邓稼先很开心，她比邓稼先更开心，她真希望能在这个好消息的鼓舞下，自己的爱人能够一举战胜病魔。

但是实际上，邓稼先的心思其实并不是在获奖上流连，只是他们的团队再一次得到国家的认可，他由衷地高兴！

邓稼先热血沸腾，周遭的空气似乎快达到了燃点一样炽热，这源自他体内放射出的熊熊烈火。人把空气烤得火热，邓稼先体验到了激情满怀的壮美滋味。他大步向前走，时而头也不回的向后面招招手："跟上跟上，一秒钟的时间，可以摧毁一个旧世界！"

当老虎被逼到绝境时，它会突发急智，尽显绝学，撼山动地；当一个国家被逼到绝境时，举国之力的巨大能动性将使整个疆域，不，整个地球，都随着它的怒吼而震颤。

1958 年，国内三大窘境的集体光临，使立足未稳的新中国，遭遇到前所未有的低谷！

强敌虎伺。海峡那一边，国民党"反攻大陆"的声音喊到史上峰值。8月23日，人民解放军不得不以猛烈的炮火对大小金门等岛屿进行轰击，打击蒋介石政权的嚣张气焰。9月2日，美国参谋长联席会议主席特文宁，正式提出对中国实施核打击策略：向大陆沿岸地区的5个机场先各投一枚当量为七千至一万吨的小型原子弹。

政治孤立。尽管美国一直没有下定决心对中国实施武装侵略，但对华歧视日益加剧，包括对中国大陆、香港、澳门的通商口岸全面禁运，为中国内部与外部的反共力量提供直接援助。这时中国已发现，自己在国际上几乎处于极端孤立的境地，不得不被迫寻找出路。在当时环境下，唯一的出路，就是寻求与共产主义国家意识形态上的结盟，并获取他们的帮助。

经济困顿。大跃进带来的严重副作用已开始爆发。基于私有土地的生产被禁止，人民公社严重打击了社员的生产积极性。田地荒芜，收成锐减，公粮认购任务无法完成。在"以钢为纲"的号召和命令下，百万计的农民脱离农业加入到大炼钢铁当中。三年困难的风暴，已经露出了浓密的阴云。

9月的北京，秋老虎啃噬着干旱的大地，极远的高空中，漂浮着几点若有若无的白云。浑身是汗的邓稼先领着28名刚毕业的大学生，从公交车上下来，一直走，走过西直门火车站，再一直往西，一直走到西郊一块茂密的高粱地旁。一株株高粱的穗饱满得就要喷出火来！

他兴致勃勃地告诉大家，这里就是中国的核物理研究院。

但是，这里看不到一丝一毫高科技的模样。火红的高粱地旁，是郁郁苍苍的松树林，松树林的附近，是星罗棋布的乱坟。除此，你看不到任何建筑。

"这就是我们的办公室？我们要在高粱地里做实验吗？做完实验给鬼看？"

大家笑作一团，年轻人的活力反过来也加剧了邓稼先的激情燃烧。他挥挥手："开工咯！铲平高粱地，建设新家园！"

在开工之前，他不忘跟大家开个玩笑："我们好歹是在坟地旁建房子，总比在坟地上直接住强多了！我在西南联大上学时，好几节课就是在坟地里听的呢！头顶是轰炸机呼啸而过，教授坐在坟头，好像坐在舒适的太师椅里，那股劲头儿，啧啧！"

多年后，当邓稼先早已仙逝，这些已经在各自领域成为知名学者的大学生们，都记得这句话，以及邓稼先说过的每一句话。这一点不夸张。邓稼先的话很少，但每句话都在点子上。即使是跟业务没关系的话，也是为推动业务开展有用的话。这是他过人之处。

在邓稼先卓有成效的鼓励下，大家甩开膀子大干，人人都像双抢的农民一样，如果此刻有人路过，谁会认为这是一场国家级别大工程的序幕呢？

砍掉高粱，这没什么难的。32 把镰刀齐刷刷在午后的阳光中挥舞，要是再来上一段《斗牛士进行曲》，就更来劲儿了！

平田地。偌大的高粱地终于被铲得一干二净，一颗高粱都找不到了，连砟子都看不到。每双手上都磨出了水泡，每双手上的水泡又迅速变成血泡，但没一个人叫苦！未来的宏伟蓝图在年轻人的心中成了触手可及的美景，他们幻想着自己正在高大明亮的实验室里，手里的铁锨下得更深了。

然后是在这些整平了的空地上建房。在一群专业建筑工人之间，邓稼先带领大学生们继续奋战，你分不清哪个是建筑工人，哪个是捏了十多年笔杆子的大学生。在理想的刺激下，大学生们手里的推车走得更快了，挖土运送，和泥砌墙，一周后这些很多年没干过重体力活的年轻人，包括邓稼先，居然作为主力盖起了自己的宿舍！

建筑工人干完活，晚上可以舒舒服服地躺下睡大觉，而这群吃完饭半饥不饱的大学生，要立刻将工具换成书本，继续挑灯夜战，学习原子能理论！

与此同时，一条完全是大家自己开拓出来的小柏油路，正穿过乱坟，迤逦奔向宽阔的、遥远的大马路。

显然，上述的困难，到后来回头一看简直就不算困难。没有比较就没有鉴别，更难的事情随后就到，快得让人连喘口气的机会都不给！

梦寐以求的原子弹教学模型变成了泡影，大家辛辛苦苦建起来的模型大厅变成了车库；老大哥承诺的一车皮的技术资料变成了泡影。大家面对的只有几本邓稼先从钱三强那讨来的教科书：戴维斯的《中子输运原理》，泽尔多维奇的《爆震原理》，还有库朗特的《超音速流与冲击波》。而这几本最宝贵的入门书籍，还是钱三强从国外带回来的，现在居然就成了中国研制原子弹的研究资料！

从这里，我们应该能看到钱三强当年的远见卓识、细致周到和良苦用心。

邓稼先郑重告诉大家："现在的任务，就是先把这三本书读懂。"

此时的邓稼先，已在新盖的宿舍里忍饥挨冻地给大家讲了一个冬天的扫盲课。现在看来，面对苏联专家的突然撤走，面对来自各专业的毕业生，这样的扫盲是必须的，不仅必须，而且急迫，时间明显不够用了，邓稼先因此说过一句著名的励志名言："要是有两个太阳就好了!"

画外音:

坚持，必须坚持，开弓没有回头箭，这不是一项闹着玩的游戏，可以说败了就败了，领导把这么重要的第一步交给了我，我如果半途而废，不，现在还称不上"半途而废"，现在放弃叫"知难而退"，那我邓稼先可真成了民族的罪人了。我这么多年学来的东西，那可就真的成了聋子耳朵了!

再说，你很难再见到求知欲这么强的学生!这是一群多么难以遇到的人，这是一代可遇而不可求的人，这么说一点儿都算不上夸张。他们比我在美国时还要用功得多!

本来，他们都是名牌大学的毕业生，在当时人才极为短缺的中国，都能轻轻松松地、毫无例外地找到一个好工作，读了15年的书，很多人都读累了读厌倦了，可是你看他们还把眼睛瞪得这么大地听我讲下去!

面对这样的学生，西南联大的教授们会欣喜若狂，这是任何一个老师的荣幸，我想任何一个老师都恨不得把会的东西都一股脑儿地倒出来，毫无保留。

请原谅，我暂时还不能叫出他们的真名，我把他们称作青椒、红椒、朝天椒、尖椒，这几位是贵州、四川和湖南几大辣椒王国来的，这么叫他们都喜欢听，仿佛随意一呼喊已飘出了辣椒的芳香。

其余人，我基本上都是叫他们白虎、白兔、白羊、白鼠……这不全是为了好玩，就像他们叫我大白熊一样。用代号，是我们保密规定中的一项。直到今天，很多人的履历档案还被锁在保险柜里。这是一群伟大的青年，毫无疑问!

连李觉少将——刚从西藏军区副司令员岗位转过来的首任九院院长，都积极主动地成了扫盲班学员，他听得津津有味，严肃认真，还曾被评为优秀学员。但他的事情太多，有的时候甚至还需要去西藏处理一些军区的事，不得已，他不得不经常地偷着找邓稼先"开小灶"。

在这种火热的学习气氛感染下，只需负责管理和调配的大领导们也都自觉开始了学习，比如刘杰、刘西尧，甚至张爱萍。

原子弹的研制是系统工程，是多声部大合唱，包含的学科种类繁多，技术又必须极端精细。一个问题是用这个办法好，还是那个办法好，比如爆轰试验到底用谁的方法，这都是决策问题。为让原子弹整体设计理论和实验理论能够在最短时间内定型，这些日理万机的领导几乎统统在实践当中一边摸索一边学习，向老师学，请专家讲课，这还不够，自己还要拼命多读书，多补充一点基本的东西。

正是在这种上下集体"比、学、赶、帮、超"的大氛围中，科学家们才总能提出并确定正确的思路，而领导们才能在分歧中发现争端的分野，并快速做出正确的判断和拍板。在这个大氛围中，邓稼先无疑起到了引领、启迪、带动和具体培训的多功能作用。他干得如火如荼。

画外音：

但天是那么的冷，好像从来没那么冷过，那一定是北京最冷的冬天啊，最冷的，最漫长的，我的手指好像总是不知不觉就冻在了一起。我和大学生们跑出又湿又冷的宿舍，对面的东风副食店此刻是我们梦想中的天堂。

天堂，我们又来了！我们总是像一股寒风一样毫不留情地吹开副食店的门，铁炉子里的火苗忽然就长高了好几寸。营业员趴在柜台上，笑眯眯地看着我们。

那是一个多么和蔼可亲的大嫂啊，我们都说她是全北京最温暖的一个大嫂！她被我们这群人捧得脸通红，笑得合不拢嘴！

这简直是历史老人开的一个幽默，今天的人们读到此处，应该忍俊不禁：憨厚朴实的营业员大嫂大概只知道他们是一群来取暖的小伙子，她万万没有想到的是，日后这些人却都成了中国的"火神爷"，真正的火神爷！

甩开膀子大干 12 天的意外收获，是赢得"大白熊"的"赫赫威名"。太阳火辣辣地挂在天上，汗水几分钟就湿透了衣裳，大家压根儿没有"防晒"心眼，邓稼先甩掉衣裳，赤膊上阵，同伴们一看领导要拼了，齐刷刷地都光起了膀子，才思敏捷的大学生们灵光骤闪，在工地的墙上用白灰写了一条极其时髦的口号：晒黑了皮肤，炼红了心！

然而，当别人的皮肤都晒得黑黝黝的时候，大家惊奇地发现，邓稼先就是晒不黑！

又高又胖的邓稼先听到第一声"大白熊"的呼叫时，得意地摇了摇头，意思好像是说"天生丽质，没办法"。大家一哄而笑，"大白熊"的称呼从此叫响。

邓稼先偶尔有时间回忆到这儿，会笑出声来：连绰号这东西，都是老天爷事先给你准备好了，你逃都逃不掉——在家里领孩子玩儿的时候，孩子们就喊出了跟这个一模一样的绰号！当然，他也同样欣然接受。

有时，他发觉又有人拿他开玩笑，就假装生气的样子，黑着脸，不言不语，低头拼命干活。大家一开始以为他真的生气了，只好跟着他的节奏拼命赶进度。这恰恰中了他的圈套，他就是想让活快点干完——真正的任务还没开始做呀！

画外音：

大概我比他们没大多少吧，叫"大白熊"的，叫"老邓"的，都有，就是没有叫邓主任的！不过，这不是他们的问题，是我一开始就告诉他们不许叫邓主任。官衔总挂在嘴上，上下级之间慢慢就会长出一条鸿沟，是很影响工作进度的。

"大白熊，今天的测验我们都合格了，我们厉害吧？你是不是得表示表示啊？"年轻的竺家亨笑嘻嘻地盯着他。一个最调皮的家伙。

邓稼先"吃惊"地看着所有人都集中在竺家亨身后，充满期待地盯着他！很显然，竺家亨又"初生牛犊不怕虎"地被大家推选出来当了发言人。

邓稼先瞪大眼睛道："那咋表示？我们再来抽签吃饼干吧？"

"哈哈，今天我们大家伙决定换个思路，吃点精神细粮去，好不好啊？吉祥大戏院今晚上演马连良的《四进士》！"

两个月的时间不算很长，但他们几乎日日夜夜都和邓稼先摸爬滚打在一起的，邓稼先和所有的人都熟得不能再熟了，所有的人都知道了，邓稼先是一个标准的戏迷！

几十年后，思维依然敏捷如初的著名氢弹专家于敏，喜欢跟别人谈起这样一桩往事：

那一年，我从外地回到绵阳九院，参加一个学术讨论会，安顿下来后，我步行去会场，忽然下起大雨，我打着伞急匆匆走着，快到地方时，听见前面似乎传来哼哼呀呀的声音，仔细一听，果然是，哼的还是《女起解》！雨太大，我看不清那人，越走越近，我听见他还在用嘴发音奏出铿锵有力的鼓点，把我的瘾头子也勾出来了，我大声地来了个拖腔，前面的大个子猛地一回头。哈哈，原来是老邓！

邓稼先很自然地摸摸兜，那一沓子钱应该还够这帮家伙的戏票。

"你们真幸运，上次没把我的钱都吃光！"

1955 年 8 月，国务院一纸文件，取消了实施了 6 年的供给制，干部队伍全部实行按照 24 个级别而定的工资制。当时，邓稼先的岳父许德珩是人大副委员长，工资级别是 2 级，月薪 330 元，而邓稼先是 12 级，204 元，这帮小年轻的都是 19 级，月薪才 50 元，这种大家一起嚷嚷请客的情况时有发生，而请客的都是邓稼先。

挣得多的付出也多，但邓稼先显然从没计较过这些，这几乎成了那个年代九院的"潜规则"。连后来有一次去上海，即使是"客人"，邓稼先也毫无意外地请以于敏为核心的研究小组大吃了一顿。当时，于敏是副研究员，工资 180 元，其他人 60 元左右，而邓稼先是 3 级教授，工资涨到 230 元！

其实，邓稼先的"出血"，何止是这一次次的掏钱请客，日常工作和生活中，那种看似不起眼但屡屡发生的援助数不胜数，其总量加在一起，非常惊人，而即使不累加，每一次的援助也并非"轻如鸿毛"。三年困难时期当时被称作"三年自然灾害"，很多人饿毙街头，更多的人浮肿起来，样子非常吓人。1960 年左右的理论部也好不到哪儿去，最大的问题在于，他们都非常年轻，胃口都很大，而工作量往往都在十几个小时以上！

1960 年的春节，大家在一起包饺子，无疑，这是个让人欢乐的场面，但其中的心酸只有当事人才能体会：理论组几十个人，肉只有一斤！白菜只有一斤！白面只有一斤！

增量是不可能的了，邓稼先式思维再次闪亮登场：坚决不能再"人为"减量了！他们不让南方来的同事们包。一开始，"南方佬"们还以为是客气，都纷纷道：怎么，我们就没吃过饺子吗？这个说我们福建也吃饺子嘛！那个说我们广东也吃饺子嘛！这个说我们上海的水晶饺子很有名嘛！邓稼先立刻装出一副严肃的模样来，道：

"不，全国人民都吃过饺子，也许都包过饺子，但我们现在是特殊情况，必须按普遍规律来办事——包饺子，还是北方人更熟练！为了防止肉和菜有一丁点儿流到汤里去，我决定，南方人只负责剁馅，连擀皮都不行！"

1960 年春节的那顿年夜饭，中国原子弹理论设计部的年轻人把饺子汤都喝个精光，带着半饱不饱的肚子，一齐约好，来年一定要吃个痛快，撑破肚皮才过瘾！

正是因为极端艰苦，邓稼先的举动在今天看来"小题大做"，但在当时的普遍困境中，却似黄金美玉般的宝贵，不，对当事人来说，简直比黄金还宝贵得多！四十年后，已经身为高级军官的孙清河动情地说道：

"那一天我们整个白天都在进行模型计算，算到非常晚。半夜老邓睡不着觉，三点多钟的时候，爬起来到机房去检查结果，发现数据有些可疑，老邓的性格嘛，不马上弄出来是再也睡不着了。他把正呼呼大睡的我喊起来，等问题搞清楚了，天已经大亮。我记得，那天的太阳格外刺眼，因为我没睡足，眼睛就很怕日头晒嘛！老邓就问我们大伙，你们昨晚吃没吃夜宵啊，是不是饿呀？他们打着呵欠，可我一直没睡，算是有点精神，就马上说，饿呀！可饭都吃不饱，哪有粮票买夜宵吃啊？老邓二话没说，就从兜里翻出几斤粮票来，给我们昨夜加班加点的每人四两！"

每次跟别人说到这儿，孙清河的眼圈都会红起来。他顿了一下，接着说道：

"那时候，我们每个人每月都只有那28斤粮票！还不像今天，有这么多的副食可以吃，那时几乎就是吃那点儿粮票，谁都知道粮票有多金贵！你给了我们，你的肚子肯定就得挨饿，就这么简单！说句心里话，当时接过老邓的四两粮票，比你今天给我四两黄金还要贵重！现在我很后悔，真不应该收老邓的粮票，他也只有28斤，也不比我们多！"

当然，凡事无绝对。邓稼先也有蹭饭的时候，九院司机任常益曾经问过邓稼先："咋回事咧？怎么一出去吃饭就是你花钱咧？"

邓稼先说："也不一定啊！跟三个人出去吃饭的时候不用我花钱：钱三强、王淦昌、彭桓武。他们都是我的老师，地位都比我高，开的工资也比我多！"

知道钱还够，邓稼先比他们更兴奋，连忙说道："好啊好啊，晚上大家一起放个假，看戏去咯，我全请！"

这么多人，虽然戏票每张只售7角钱，最贵的也没超过一元钱，但加在一起，在当时绝对不是小数字，有人开玩笑道："老邓，是不是你知道晚上的戏票早卖光了，才敢在这儿说大话？"

邓稼先急忙道："什么话！你们也太不了解我邓某人了，没有票我都能搞到票！都骑车子走人了！"

这是多么欢乐的场景啊，想一想都能浸染到那青春的快乐和集体行动的美好。自行车队在暮色来临之前出发了，浩浩荡荡，队形混乱。这些年轻的大学毕业生们此时还不知道，"搞退票"是邓稼先最拿手的本事之一，深爱京剧的邓稼先因为工作繁忙，经常买不到售票处的票，于是练就了在售票口察言观色的本领，练到后期，一眼就能发现谁是来退票的，总能第一个抢到这张票。

当然，乐于付出的邓稼先，是绝对不肯"窝藏"这份心得的，他极其认真地向同志们进行了传授：

"等退票，最重要的是察颜观色。来退票的和来看戏的，神色可不一样，搞错了要碰钉子的。还有一点，如果你绷不住气，让退票的人一眼看穿了，那你就等着花高价吧。所以，还需要稳住神儿，心里再慌，也要装作可买、可不买的模样！"

大家立刻对"狡诈之极"的领导竖起了大拇指。

每天如此绞尽脑汁地沉重思考的生活，结果是跟别人一样吃不饱，他们并没有什么特殊的待遇。而这样的扫盲培训，在寒冷和饥饿的煎熬中，足足进行了一年。邓稼先白天黑夜地讲课，在别人睡觉时，他不得不抽空去编讲义，必须要让他们快速弄懂核物理的基本知识，每一步都必须扎扎实实，不能有任何遗漏。

这段时间里，每个人都开足了马力，每个人都泡在了岗位上，一年365天，他们回家的次数少得可怜。邓稼先离家那么近，但一年只回去了3天！

画外音：

我们不算最苦的，我们毕竟还在北京，新毕业的大学生不少被分配到了遥远的青海，我当然不清楚他们具体是去做什么了，但几千人、几万人那么地全国抽调，我已经猜到是和原子弹有关，至少，是和原子弹辅助工业有关。他们在那里，日子肯定比我们要苦得多。

所以，不拼命不行啊，很多人在受罪，全国人民都在受罪，经济和政治的双重压力已经让中国人快抬不起头来了。总之，老百姓的心中有两个最急切的念想：让我们吃饱饭，让我们别受欺负！得为中国人争气。我是荣幸的，我已经开始了！一想到是在为受苦受难的同胞制造"争气弹"，我就非常激动，我就忘掉了疲惫。没什么好说的了，现在面对如此复杂系统的工程，我们这点知识肯定是不够用，这点基础若不打好，做做皮蛋还差不多吧！

邓稼先不由得想起，张爱萍上将受陈毅元帅的重托，来做研制原子弹总指挥时说的一句话："我只懂皮蛋、鸡蛋、山药蛋，我不懂原子弹。"

真正的从零开始。昨日还是苏式核弹仿制者的邓稼先，"摇身一变"成为中国第一颗原子弹的理论设计负责人。从零开始建设场地，从零开始学习基础，从零开始进行计算。最让邓稼先急火攻心的是，此时原子弹理论应该从哪些方向突破还没找到。没有方向，又何谈路径？

邓稼先深知，在这几十个人的身后，有多少双充满了殷切关注的眼睛啊！国家领导人绝不每天都来过问他们的进程，但邓稼先知道，他们一定比谁都更渴望能早点找到一条清晰的路！6亿国人绝对不知道现在北京已聚集起这样一群人，但邓稼先知道，他们一定比任何一个国家的老百姓都更渴望早点看到东方巨龙的真正崛起！邓稼先更知道，亲属们的眼睛里充满了鼓励，充满了期待，尽管他们，个个儿都不知道自己的娃儿、自己的爱人现在究竟在干什么！

一年的扫盲结束了，每个人的心中都写满了"原子弹"三个字，一年的运算结束了，装满了 9 个麻袋的运算纸，写出了一个无比精确的数字，这个结果直接推翻了苏联专家留下的神秘参数。

画外音：

　　果然是错的！

　　邓稼先热泪在眼圈里直打转，这群年轻人都是好样的！两年前，很多人根本不明白核物理，现在，他们已登堂入室。

　　最让人激动的是，突破原子弹研制理论的三个方向终于被邓稼先艰难地摸索出来了：中子物理；流体力学；高温高压下的物质性质。

　　外行看到这儿，是没有感觉的，只有学过高等物理的人才能朦朦胧胧地感到，这是很高级的学问吧？

　　没错，何止是高级，选对主攻方向，是邓稼先为我国原子弹理论设计所做出的最重要的贡献！面对原子弹研制这个前所未见的巨大迷宫，如果找不到进攻方向，盲目地穿梭毫无意义。邓稼先所最终选定的三个主攻方向，正是此刻世界物理学家最前沿的领域，也是日后被证明是原子弹研制最核心的三个领域。

　　对此，美苏也是刚刚有所建树，但一切核心资料都是封锁的，中国必须自己动手，想偷都没地方去偷这技术！插一句话，当初苏联能够快速研制出氢弹，美国后来查到其中有间谍所为，之后便全面加强了核封锁，而苏联自然更是深知个中三昧，不可能轻易教给中国人。那些表面的、肤浅的东西，却大张旗鼓地反复给予指导，即使我们所有人都弄懂了还要再来一遍！

　　邓稼先带领他的团队要挑战的，是当时世界上最高级的科技领域，但他最初拥有的设备，只有几把计算尺，和几台手摇计算机！

这些家当加在一起，也比不上今天我们随便见到的任意一个计算器，甚至我们手机里的计算器。

如果这还没有让你感到足够的惊讶，我告诉你，邓稼先所依赖的，还有算盘。

你没有看错，就是算盘。

就在手摇计算机的摇柄快速旋转中，就在计算尺的一推一拉中，就在算盘珠子的来回往复拨动中，邓稼先和他的科学家团队，算出了原子弹的模拟爆炸全部参数！就是在这种典型的"中国式计算机"上，邓稼先率领他的团队，完成了中国原子弹爆炸的全过程模拟！

这是一段无法想象、更无法复制的历史，已成为新中国最艰难也因此最辉煌的"神计算"时代！算盘自从被我们的老祖宗发明之后，在邓稼先团队手中发挥出巅峰作用，三班倒的计算，人困急了可以去眯一会儿，算盘从来没停止过拨动，表面上是手指接力，实则是脑力接龙，我们无法统计这些人的手指磨出了多厚的老茧，我们只知道在一年的时间里，算盘换了 76 个！105 个晶莹圆润的珠子越磨越小，15 条粗壮整齐的算杆越打越细！与此同时，计算用的纸张装了一个麻袋又一个麻袋，最后塞满了六个巨大的仓库！

邓稼先的头发长得像野人，他毫不理会，别人也毫不理会，因为都差不多。直到有一天，邓稼先忽然发现前面站着个人，他猛醒般抬头。是王淦昌。

"你怎么是这么个样子！"

王淦昌狠狠地瞪着他。作为邓稼先的老师级人物，他有资格随时呵斥理论部主任。

邓稼先顺着王淦昌的目光，发现自己的上衣纽扣全部系串了！

这哪里还有个领导的模样！此时的邓稼先，已经不仅仅是一名高级科学家，更是国家最核心实验室的超级领导人！

今天，用手指轻划智能触摸屏的年轻人，见到手摇计算机一定大吃一惊：这也能算数？

但它真实存在过。它是最原始的计算机，二进制，只能进行四则运算、平方数和立方数计算及开平方、开立方，要进行三角函数和对数计算就需要查表，很不方便，如果计算中有括号，就更加麻烦，一会儿顺时针摇几圈，一会儿又要逆时针摇几圈，结果因为不能直接计算出来，很多时候需要在中途用纸笔进行记录。

最要命的是，它的运算速度很慢，每秒钟只能计算几十次。这也正是在理论模型建成之前，它被摇了亿万次之多的缘故。但它的到来还是令所有人欢呼了足足 5 分钟：这是国家从刚刚进口的极少量配置中，特批给他们的！

但谁都没有因此长舒一口气。即使这样粗笨的计算机，也为数不多，更多的计算量还是靠计算尺和算盘。在最初始的研究阶段，所有人都深深依赖并感谢这些手摇计算机、国产计算尺和祖先的伟大发明——算盘。越用越熟，越熟越快，当电动计算机进入九所后，很多人居然用手摇比电动还快，"按键"完败于这些由摇柄和转换柄组成的粗笨家伙！可见众人浸淫之深。

直到后来，所里终于配备了一台比较"高大上"的设备：电子计算机。这是运算速度每秒只有一万次的苏制乌拉尔计算机，比计算尺和手摇机当然快得多。

而在那个年代，美国科学家用的计算机，速度也已相当快了！

连手摇机都没有听过的我们，对计算尺更加陌生：这东西有什么用处？

但对邓稼先他们来说，计算尺是一件非常实用的利器，算盘虽熟练，但是连最基本的对数和开平方都算不出来，不可能应对更复杂的计算比如线性方程。而很多物理学公式都可以用计算尺算出来，乘方、开方、三角函数、对数、自然对数等运算自然不在话下，当时很多看起来比较复杂的运算能够一次拉完！

计算尺都是木质的，冬天冷、夏天热，推拉板热胀冷缩，一推一拉之间，就会发出吱吱呀呀的难听声音，但到后来，所有人都对这种声音麻木了，甚至没有了这种声音，感觉耳朵里空空荡荡。事实上，二十世纪七十年代以前，中国的理工科大学生几乎人手一把计算尺，好的计算尺的价钱差不多等于一个普通老百姓半个月的工资。

由于在设计中经常要用到双曲函数和多次幂运算，哪一步要做到什么程度，邓稼先首先要有个大致的粗估，在湿冷的平房里，在四处漏风的帐篷中，计算尺是邓稼先走到哪儿带到哪儿的贴心宝贝，他用一把计算尺完成了无数次原子弹理论数据的粗估。

用算盘搞最基本的四则计算，用计算尺搞对数与开平方计算，用手摇和电动计算机搞更复杂的函数计算，用电子计算机搞大型混合方程计算，甚至有时候，直接抄起纸笔就算！在这个兵器杂陈令人叹为观止的创业大军日复一日不辞繁冗的运算下，所有需要的数据最终被全部开发到了台面上。

那浩如烟海、密如繁星的数据！

让邓稼先最伤透脑筋、耗尽精力的，是原子弹爆炸时内部所要达到的大气压数值，它的正确获取对探索原子弹原理起着决定性的作用，称得上是理论突破中最关键的技术参数。苏联专家在华时，确实留下了这个参数，但只是一份口授的、极其简要的记录。一部分人坚信苏联专家的正确性，但邓稼先一开始就凭直觉认定它是错误的，只不过需要找出方法，来证明它的错误所在。

争议开始了，本着高度为国家负责的精神，邓稼先不想进行无谓的口水仗，他迅速带领同事开始了漫长的计算，并对所有存疑的参数进行了验证。

从这个角度看，整个原子弹理论的突破，与其说苏联专家给予了我们帮助，不如说是培养了我们的自信心，更锻炼了我们自身的能力！

邓稼先明明白白地对大家说："我们姑且把这个参数当做是错的，把它抛到脑后，我们按我们的思路重新计算！"

这不是一个简单的算术题，它涉及太多的领域，三十多人的队伍每个人都在计算，所有的"家伙式儿"都在不停歇地运转，不停歇地拨动，黑板上，一条条公式、一步步演绎像山洪暴发一样涌出来，错了从头再来，几十人的手指同时开动，几十人的大脑同时开动，马不停蹄地如此运转，就这样运转了一年！

这不是挖一年的煤，不是挑一年的担子。繁重而精微，这样的任务也非常人所能胜任，所能忍受。整个团队夜以继日地轮班计算，邓稼先带领大家最后用"特性线法"，得出与苏联专家完全不同的突破性结论，上万次的方程式推算的结果，与苏联专家的爆炸参数相差一倍！

该结论，最终被周光召从"最大功"的物理学角度科学地加以证实，关系到中国原子弹试验成败的关键性难题，终于被解决了。

这是中国原子弹研制史上最辉煌的战果之一，甚至连著名数学家华罗庚都抑制不住地称赞道：这是"集世界数学难题之大成"的成果！

经过长达一年的单调而紧张的运算，邓稼先带领大家创造了中国原子弹研制史上最不可思议的北京"神计算"时代！

那正是"饿鬼"天天来敲门的年代。邓稼先没日没夜地带着年轻人拼，九院院长李觉少将心中感到不安——再这样下去，会把这帮娃娃们累垮的！

一直非常和蔼的李觉少将开始板起面孔来，几次"发狠"地下命令，限邓稼先在晚上10点以前，必须带领大家停止运算。

这个"娃娃头"在执行上级指示方面，原本是极其严格的，但在这件事上却打了折扣，多数情况下不能做到。当李觉用一句学来的四川俗语"砂锅炖豆腐，不烂也得烂"，劝慰大家不要过于拼命时，邓稼先的回答却相当硬梆梆："没有一股子火气，水都烧不开！"

这是对身上曾经被子弹打出了22个弹眼的上将的"严重挑战"！

李觉没办法，终于摆出了军人的态度，板着黑面孔，迅速下达死命令，命令研究室的党支部书记必须在夜间10点准时关灯，赶人，锁门！

这三大措施应该可以奏效了吧？可是，这死命令对这帮早已激情燃烧的年轻人来说，只能说是近身即挥发的毛毛雨。在支部书记锁门时他们做了手脚，当书记以为"太平无事"安然入睡后，研究室的门又开了，灯又亮了……

这就是"28星宿"后来引以为豪的"灯火辉煌的年代"！

画外音：

　　不拼不行，我们心里清楚得很。没有任何的参考资料，真的，苏联专家留下见首不见尾的半拉子东西让我们猜，想让我们在迷宫里越陷越深，最后还得求助于他们。说实话，如果没有这些误导，我们的理论思路也并不是不能清晰得更快一些。

　　幸亏，我们及时注意到了这一点，用最早的觉醒走出了误区！

11
断鸿声里长天暮

　　她一心只想做一个最传统的中国女人，"相夫教子"是她孜孜以求的平淡幸福，然而，即使这个简单"向下"的追求，也被生活无情地粉碎。幸耶？不幸耶？一个立志做一个平凡人的人，首先已经是高贵的思想者。她和他都能主宰生活，但他们也都能无怨无悔地接受生活的磨难。这段刻骨铭心的非常婚姻，分离成为爱情协奏曲中的主旋律，一次次高音与低回，她坦然接受，最深刻的爱情，只有两个人知道真谛。

1986 年 5 月 16 日，由著名医学家吴阶平先生亲自主刀的手术，也无法制止住癌细胞在邓稼先体内的疯狂蔓延。当这位由张爱萍上将亲自请来的世界著名医学泰斗抱歉地对许鹿希说明原因时，许鹿希非常的平静。乍一瞅，让人觉得她似乎根本不相信吴阶平说的这一套。

这次手术的目的，是清除癌细胞侵犯的部位，以减少疼痛和延缓病情发展。这是邓稼先做的第二次大手术。他的身体已经再也吃不消这样的折腾，因而这也是最后一次大手术。说白了，能行就皆大欢喜，不行就直面死亡，一了百了。

就这么两个答案，没有第三个。

走廊里的人都在热切盼望着名医能够妙手回春。但手术结束后，吴阶平充满歉意的话让所有仍抱希望的人心灰意冷。

他说，他在手术台上看到，癌细胞已侵入到手术刀达不到的要害之处……

铁石心肠的人到此亦应垂泪——果然，这是该死的后一种结果！

在送走张爱萍上将后，许鹿希的眼泪终于不可阻挡地流了下来。

她不想让老上将伤心。已 70 岁的张爱萍为邓稼先的病情操了太多的心，上了太多的火，这次是吴阶平大夫，上次是余秋里的"御用"医生，如果没有老上将的介入，这些怕是一种奢望。甚至，在几乎无计可施的情况下，还特意请来了全国最著名的气功大师，死马权当活马医吧！可张上将自己的身体也好不到哪儿去，这个消息对他来说也极难接受，何况，他已经在手术室外一直坚持守候了 5 个小时！

她只能尽量做到坚强。

　　许鹿希是著名政治活动家许德珩的女儿，老一辈革命家的优良家风，在她身上体现得淋漓尽致。28年的夫妻分别，她毫无怨言，更毫无质疑，她只知道做好自己的事，她专心照顾好双方的老人，她是自己父亲眼中的乖女儿，她更是公婆眼中天下第一的好媳妇，她是典典和平平心中世界上最好的妈妈。她没有让邓稼先为家操一点心，在她的操持下一切都井井有条。而这一切，都没有影响到她自己在业务上的持续钻研，她靠着自己的不懈努力，最终成为北大医学院的教授。

　　回首往事，她觉得自己是成功的，而事业成功却不是第一位，在她心目中辅佐邓稼先成功才是她最大的成功，在这方面，她身上分明又充满了中国传统女人"相夫教子"的一脉古风。她是复杂的，但绝不矛盾。

　　有一件事很能说明问题。第一颗原子弹爆炸后的当天夜里，当人们尽情狂欢的时候，那种狂喜在许鹿希身上是没有的，许鹿希甚至很羡慕他们——她多么希望自己也能如此地狂欢一场啊！但对许鹿希来说，她的第一反应只不过是长舒一口气：稼先，你终于成功了！

　　这种让外人感觉不可思议的平静，其实也并非许鹿希独例。那一天的夜里，所有参与原子弹研制的九院科学家的家属们，没有一家燃放鞭炮，没有一个人走进天安门狂欢的队伍。保密是一个因素，更直接的原因跟许鹿希一样，这些"留守"家属的心跟科学家的心其实紧紧地连在一起，她们最关注的都是一模一样的"平安顺利"！她们要的首先却不是喜悦——她们的第一反应，齐刷刷地都是把一颗悬着的心重新放回了肚子里！

　　许鹿希的父母，当年都是中国最早的出国留学生之一，母亲劳君展甚至攻读的正是放射性物理学，并成为居里夫人的亲密助手。许鹿希一直觉得，自己和邓稼先的婚姻简直就是前世注定。受父母的熏染，她自小即多少了解一些物理学知识，结婚之后，她从心里支持丈夫的研究。她希望他出成绩、出著作，即使天天等他加班贪晚，她都愿意面对和接受。

　　但她万万没有想到，这项事业会有一天让爱人远走天涯！

　　1959 年 6 月，前苏联的背信弃义遭到全中国人民的谴责和痛恨，而对"牵扯其中"的许鹿希来说，她对"老大哥"的抱怨自然而然地加上了个人的色彩：如果历史跳过"撕毁条约"那一天，邓稼先就有可能重新改写人生，一切也许都是更让人容易接受、乐于接受的结局了！

　　但"忘记历史就意味着背叛"，这是列宁说的。一切既成事实，我们也只能客观说话。多少年以后，尽管前苏联的背信弃义已成为中苏交往史中的污点，但这是历史链条中极其重要的一环，是断断抹不去的。事实上，之所以会出现"十路诸侯会京师"的壮观场景，与其说揭竿而起，不如说得更实在点，是被逼无奈。我们绝不能有意或无意地落下一支非常重要的力量，这就是当年的前苏联专家。

　　无论是以邓稼先为核心的核物理专家，还是以宋任穷、钱三强等为代表的部领导，乃至包括毛主席、周总理、陈毅元帅、聂荣臻元帅、张爱萍上将等在内的中共高层，自 1957 年秋天开始，都在热烈期盼着 233 名前苏联核武器专家的大规模支援。这是当年中苏合作的核心，更是中国人最关心的领域。

　　此时，前苏联已拥有完善配套的冷、热核武器，在导弹和卫星方面也已达到和美国抗衡的地步。作为世界上最大的两个社会主义国家，写有"中苏联盟，天下无敌"等字样的大幅宣传画，广泛张贴在中国的城市与乡村。

画外音:

很多细节都还是秘密。也许，以后一切都会公开，但现在肯定不到时候。不同的是，当年请示周总理之后我才敢对杨振宁说的话，现在我可以直接告诉你们了：

中国既没有靠美国人，也没有靠苏联人，中国的原子弹和氢弹，以及二代核武器，完全是我们自己弄出来的！

这没有什么可奇怪的：迄今为止世界排在前四位的最重要发明，仍然是指南针、火药、造纸、印刷术！

我们的祖先发明这些东西的时候，靠过美国和苏联吗？

中国人拥有世界五大人种中最聪明的脑袋，我坚信不疑。看一下氢弹研制，就能比较出谁最聪明。氢弹是以氘和氚聚变反应时释放出巨大能量为原理而制造的武器，最早的核装料是氘和氚，它们是气体，而作为装料，它们是——也必须是——以液态存在的，这就使整体的氢弹变得不实用。

氘化锂则是固体材料，非常实用。氢弹是用原子弹来引爆的，当氘化锂中的锂吸收原子弹爆炸释放出来的中子后，就可以生成 α 粒子和氚，这叫造氚。利用造氚与氘化锂中的氘产生聚变反应，造成热核爆炸。美国的第一次氢弹原理试验，用的装料就是液态氘和氚，装在一个大罐子里，总重达 65 吨，笨重得很。苏联人的做法显然比美国人聪明得多，当然，这属于沾了"后发优势"的光，苏联人看到了第一颗氢弹的笨重嘛！他们用的装料就是固态物质氘化锂。

　　说到这儿，我还得加一句，美国后来正是在取得了苏联的氢弹爆炸烟云样品后，经过放化分析才揭开了这个秘密，把苏联的先进技术学到了手。

　　我国用的装料一上手就是氘化锂。跟苏联的第一次相比，我们的核装料密度更大，整体重量则更轻，优势非常明显，更不用说和美国相比了。

　　所以我说，中国人只要用心琢磨一件事，绝对能够做到全世界最好。可我们国人是从什么时候开始，变得开始自卑，越来越不相信自己了呢？

　　另外，钱学森、杨承宗、彭桓武、赵九章、钱三强，这些最懂算法的最牛的科学家，难道分不清定居海外的 50 万美元年薪和回到国内不足 300 元人民币的月薪之间巨大差异的简单换算吗？

　　有了这样的人，美国人能做的，苏联人能做的，我们中国人怎么就不能做出来？

　　我这个人不喜欢特意拔高谁，但我真心敬佩这些前辈，在核武器研究院，在核物理研究所，这些中国最一流科学家齐心协力所产生和爆发出来的能量，超过了美国的曼哈顿工程中数以万计的科学家总和，这是实情，你若没看到这些人时刻昂扬的劲头，没看到这些人时刻迸发出来的卓越智慧，你无法想象我说的这一点。

　　我也不喜欢凭空贬低谁。我这个人实事求是，再说，历史最公正，闭着眼睛说瞎话，能骗得了几时，能骗得了几个人？很多人说，美国人是没帮我们，但苏联帮了，你们自己都说他们留下了资料啊！

　　这个没错，苏联的确帮了我们，而且，还不止是这些资料，还帮我们建造了原子反应堆、回旋加速器，还有铀矿、浓缩铀工厂、核燃料棒工厂，还有青海金银滩 221 基地也是他们帮助选的址。这都是中苏《国防新技术协定》在苏联国防部大楼里，由我们的聂荣臻副总理和苏联部长会议第一副主席别尔乌辛签署之后的事。没有苏联专家的大力帮助，我们对原子弹的研制一定会延迟，而那些硬件的支持则意义更大。

事实上，那时我们真心欢迎苏联专家，"中苏同盟天下无敌"，这样的理念当时我们并不觉得有多么不靠谱，借鸡下蛋，借船出海，其实更符合当时中国的国情和科技力量。整个研究院，那时遍地是"达瓦利是"（俄文"同志"），充斥耳膜的全都是"斯巴西吧"（俄文"谢谢"），假设九院当时处于闹市区，路人一定会觉得这里是苏联的一个海外研究基地。

很快，连外语天赋最差的人也说得上一口流利的大鼻子话了，但这时，苏联人却和我们断交了！

塞翁失马焉知非福。但当时，所有中国人都觉得这简直就是历史和我们开的一个超级玩笑。俄文的重要性在《中苏新技术协定》签订后的初期，简直成为原子弹研制的一个必然组成部分，可见，当时我们对前苏联专家寄予了多么厚重的期望。

历史老人圈下的这个浓重的拐点，让许鹿希的寂寞生涯不期而至。

留守的寂寞让许鹿希记住了许多特别的日子，这些时光印记则几乎全部同邓稼先息息相关。让人扬眉吐气的 1964 年 10 月 16 日，当然是一个极其重要的时刻；燥热难耐的 1958 年 8 月 18 日，则是许鹿希与邓稼先天涯相隔的开始。而最最重要的时光驿站，不用多说，必然是月下老人神秘一笑的那个晴朗无比的艳阳天。

1946 年的北大课堂上，邓稼先忽然看到讲台下那一张似曾相识的脸，他的心稍微地走了几秒钟的神，然后他恍然大悟：这不是许鹿希吗？

刚从昆明培文中学数学教师岗位调转到北大物理系助教岗位的邓稼先，抑制住自己激动的心情，顺利地把第一节课讲完了，他深厚的理论基础使这节课讲得非常成功，并从此成为一名深受学生欢迎的合格教师。

邓稼先日后杰出的培训及领导才能，应该说从最初在昆明的两所中学——文正中学和培文中学讲数学课时，就已打下了深深的基础。

但最成功的，绝对不是这位新助教在学生中树立了良好的印象，历史将证明，这是邓稼先人生中最重要的节点之一。

这节课，同时点燃了两个人的爱情之火。作为北大医学院大一新生的许鹿希，万万没有想到居然是"这个小孩"在给自己当老师！

一个新老师，一个新学生，一对新人的两颗心同步萌动起来。

这是邓稼先和许鹿希两人最美的年龄、最美的韶光，从此两个相爱的人开始了一直持续了 7 年的此生最美好的回忆。18 岁的许鹿希坐在课堂上，看到讲台上的邓稼先风度翩翩，满腹才华，她情不自禁想起了两人小时候的故事。许鹿希的父母几乎每个月都要去邓以蛰的家走一走，因为他们都是北大著名教授。许德珩的大名自不必说，邓以蛰、邓稼先父子，杨武之、杨振宁父子及梁启超、梁思成父子，则被誉为"清华三父子"，同样是声名显赫；他们两家都在北大教职工住宅区里住，离得不远，更主要的原因是，两人互相钦佩。邓以蛰对九三学社的这位创始人佩服得五体投地，每次提到许公年轻时的事迹与风采就竖起大拇指，称他为"能够借此再浮一大白"的风流人物，而许德珩对邓以蛰的人品是真心称赞，且不说邓以蛰在北平沦陷后，宁肯在院子里种菜养鸡以糊口，也不出去为日伪政府做事，从他常提的一件事中就可看出其对这位未来亲家的由衷钦佩："沦陷后，邓以蛰的同学张奚若逃出北平，把书和收藏都存在了邓家，回来后，一样都没少！"

对此事，老人家倒是有感而发，也因此更加体会到，一个人在乱世中固守本性的不易和闪光：同样是出逃北平，许德珩也是将书籍和收藏托付给一个学生。这是一个在北大求学时因家境贫寒常常受到自己资助的学生，毕业后留在北平工作并娶了一位高官的女儿为妻，但当抗战胜利许德珩从重庆回到北平后，却在东安市场的书店里发现有自己用法文签名的书在售！一问方知，那位同样姓许的学生，将他的殷殷托付全部换成了钱！师生从此断交，许德珩再不肯提那人的名字，怕污了自己的口。

许德珩正是从敬佩邓以蛰的才华和人品开始，逐渐走动成莫逆知交。

偶尔，父母也会带着年幼的许鹿希一同前往。在许鹿希的印象中，邓稼先并不像父亲总说的"很调皮，很捣蛋"的样子，有限的几次见面，她从来都觉得他非常有礼貌，甚至很拘谨。那时候，许鹿希觉得邓稼先很像个乖娃娃，一点野性都没有，一点也不像街上看到的其他男孩子，成天打打杀杀的。

当两人的恋爱关系确定之后，她曾坐在课桌后面偷偷地想，是不是那时候起他就对她有好感，因此才装出来的不苟言笑？你看，他现在多么能讲啊！

　　许鹿希的笔记本上记得满满的，她舍不得落下一个邓稼先在上面说的字。如果哪里她没听懂，她会先画上个符号，等讲课停下了，然后马上举手，邓稼先会微笑着说道："你好，许同学。请提问！"

　　离别，从谈恋爱时就成为二人之间的主旋律。在许鹿希的眼中，邓稼先一表人才，老实忠厚，才华横溢，更是政治活动的积极分子，此外，那时的邓稼先是北京大学教职工联合会主席，是北大学生运动的主要操盘手。正是风华正茂的好年龄，他的演说遍布北大各个角落，她总能在某某重大集会上看到邓稼先忙碌而欢快的身影。

　　当然，这时的进步女青年许鹿希对邓稼先的了解还只是停留在表面上看到的这些。她不知道，邓稼先早已不是当年那个少言寡语的"邓老憨"了，现在的邓稼先何止是讲课厉害、演讲厉害，他曾经的经历说出来将更让她惊艳：西南联大读书时，面对台下敌人的枪口，他的演说鼓舞了多少热血男儿的爱国之心！

　　对这一点，许鹿希深信不疑，因为她在1947年的"反饥饿反内战反迫害"运动中，也亲自去参加了北大广场集会，她亲眼目睹了邓稼先面对军警勇敢地跳上讲台的演说，那种大无畏的气概让许鹿希十分敬佩。

　　但随之，许鹿希对邓稼先就由爱慕升格到崇拜：她再一次惊奇地发现，邓稼先连演戏也是一流的！

　　内战期间的国民党统治区，政府贪污腐败，横征暴敛，民不聊生。蒋介石搞一人独裁，一党专制，排除异己，迫害进步力量，制造白色恐怖，搞得人人提心吊胆。经济情况更是每况愈下，物价飞涨，一夜之间，"法币"变成废纸，一麻袋"金圆券"买不来一袋面粉，人民生活苦不堪言，许多学生因交不起学费而面临失学。

由邓稼先积极倡导而成立的北大"讲助会"，为资助困难学生多方开展募捐活动，其中包括组织青年教师开展义演活动。他们排演了曹禺的话剧《雷雨》《日出》，排演了莎士比亚的《哈姆雷特》，易卜生的《玩偶之家》等。每次义演中，邓稼先所担当的角色，以其英俊潇洒的演技和诚挚谦和的仪容博得观众的喜爱，最主要的是博得了台下一个风雨无阻的铁杆粉丝——许鹿希的芳心暗许。

她不可自持地爱上了邓稼先。

爱慕之心一旦点燃，天河之水也难以浇灭。她羞涩地、喜悦地、然而也是忐忑不安地将邓稼先带回了家，没想到父亲对他是相当满意！

其实，这一点不奇怪，只要我们略微了解一下九三学社创始人许德珩老先生的过去就能了然：

许老是著名的政治活动家，早年曾积极参加爱国运动，而邓稼先也具有一颗拳拳报国之心，因而意气相投。许德珩在北大读书时，已开始担任学生会主席。引领一代青年时风的《五四宣言》，就是北京学生联合会委托许德珩起草的。而对"准女婿"邓稼先来说，政治虽不是他所热衷的，但他始终是爱国运动的积极参与者和组织者，这仅是缘于邓稼先的一颗单纯的报国之心和救国之志，别的动机却没有。

在西南联大时，邓稼先就参加了共产党的外围组织民青——民主青年同盟，而在他出国留学之后，同样在组织旅美学生的活动中表现得相当活跃，并担任了普渡大学"中国旅美同学会"总干事。我们不要小看这种同学会组织，事实上，在建国初期新中国能够将大批留学生感召回国，这些同学会起到了不可替代的作用，比如唐敖庆的"哥伦比亚中国同学会",梁思礼的"中国科学协会美国分会",张文裕的"全美中国科学家协会",以及规模最大的"留美中国科学工作者协会"等,没有这些学生组织的存在和运作,想要组织1950年那批科学家大规模回归是不可能的。而在这其中,邓稼先的联络、说服作用功不可没!

这一点,我们从邓稼先在归国船上给当时还没启程的吴大昌写的信中能够一见端倪。

信中,邓稼先先是感谢吴大昌赠送的晕船药,说对自己和陶愉生(后来的著名化学激光专家)很有效果,其后便是催问吴大昌的行程:

"这联谊会(船上中国留学生的临时组织)最主要的目的是大家组织起来共同设法运行李。我会告诉我们是否能在香港九龙停几天,行李是怎么样运到广州的。你们走的手续办得如何?收到我的信后赶快寄信到香港,告诉你们办得如何,以免我悬念。你们行李多成什么样?钱够不够?"

字里行间,显然能看出邓稼先对留学生的密切联络和组织。而在这封简短的来信中三次提到的"行李",无疑是他们搜集的科研资料。

实际上,被邓稼先充满理性分析和理想鼓动说服而慷慨回国的,包括曾经参与过"两弹一星"研制的中国科学院院士、著名低温物理学家洪朝生和"两弹一星"功勋奖章获得者王大珩。而在邓稼先的心里,这个数据只是个开始——1950年是中国海外留学生最大批归国的年份,在随后的几条返国邮轮上,还至少有30人其归国之举同邓稼先有直接的关系!

对学生运动的共同兴趣和相似之路，很快将岳父的心牢牢抓住了。许鹿希充满了幸福感。当然，她当时不知道的一个重大秘密是，在这之前邓稼先已先爱上了她！

事实上，当时邓稼先的大姐邓仲先已经跟随丈夫郑华炽回到了北大，住在府学胡同的一处北大宿舍中，在这几排宿舍中，还住着 20 多家赫赫有名的教授：胡世华、马杏仁、张龙祥、许德珩、游国恩、缪朗山、钱学西、卞之琳、罗士伟、管玉山、周钟谋、毛子水、王铁崖、袁朝清、汪宣、韩寿先等，大家相处和谐，大院各家没有围墙，天天可以见面，孩子们在院子玩耍，十分和气。而郑华炽家和许德珩先生的住房紧邻，许德珩先生的夫人劳君展和邓仲先时常见面，劳君展也在大学教书，为人和蔼可亲。那时稼先下班后除了回朗润园自己家，也经常去大姐家吃晚饭，所以劳君展能够经常见到他。见稼先一表人才，又听闻他教书很认真，就很看重邓稼先，其时心里已经有了为自己女儿择佳婿的念头，就托邓仲先试探下邓稼先的口风。邓仲先也觉得两人很合适，就问大弟："是否你班上有一女生叫许鹿希？"

邓稼先老老实实地回答道："我班上有两个女生，一个叫周北凡，一个叫许鹿希，这两个女生在班上功课都很好。"

感觉出自己的弟弟对许鹿希有好感，邓仲先立刻将劳君展和自己的想法说给了弟弟听，这也正是邓稼先从此在课堂上对许鹿希格外关注的开始。

但当两人的关系刚刚明确，1947 年，意识到国内教育已满足不了他一颗欲涉足世界顶级物理学的雄心壮志的邓稼先，报考了美国印第安纳州的普渡大学，一考即中，轻松过关，其真才实学再次让众多考生深深折服。

对正处于柔情蜜意中的恋人来说，三年是一个足够杀死全部情感细胞的可怕时间，异地恋成为很多情侣的梦魇。但是，思念虽令人难受，年轻的许鹿希却完全承受得住，她还在读书，她把精力都用在读书上，这使得她读书的劲头儿完全跟此时在美国的邓稼先有一拼。多年以后，许鹿希回忆起这段时光，很是为自己的坚毅自豪，这为她后来成为北医大教授奠定了雄厚基础。

何况，在许鹿希的心中，期待如长了翅膀的鸟，她总在梦中飞到从没见过的美国，和邓稼先一起漫步在无边无际的花的海洋中，花香让她喘不过气来。她总是笑着醒来，然后在心里时时刻刻运行着的计算器上再减去一天。再减去一天，再减去一天……三年，很快的呀！

何当共剪西窗烛，却话巴山夜雨时。鸿雁频频中，邓稼先终于回来了。1953 年，回国已三年的邓稼先与许鹿希结婚。主婚人是中国科学院副院长吴有训教授。新家则坐落在中国科学院宿舍楼里，位于后来成为科学城的北京中关村。

婚后的 5 年共同生活期间，当时固然觉得非常美好，但自从1958 年分离的那个日子出现后，许鹿希是多么悔恨，当初没有更好地珍惜那大块大块的光阴，这样的日子竟从此再没有了。她多少次独自在黑夜中哭醒，看着熟睡的孩子，她还不能尽情地发泄。她多想像那 5 年一样，继续每天为邓稼先忙来忙去，为他做饭，为他缝补，家务做完了，两人带着孩子一起逛逛公园，看看那些野花和古树，这都是我们懂得欣赏的自然之美、生活之趣，可造物弄人，我们终究没机会一起共享了。

邓稼先：温文尔雅的坚守

许鹿希和邓稼先，谈不上是谁先追的谁，在课堂上四目传情是不可能有的，两个人都是那么的一本正经，但交流如此频繁，星星点点的爱的碰撞，应该是共同的。最可贵的，是两人都从小受到极好的家庭氛围的熏陶，那种几乎相似的人生观、世界观让两人交流极其顺畅。不得不说，双方家长的优秀品格和家庭作风对此有颇多传益。

许鹿希的父亲许德珩，任职全国人大副委员长，属于副国级领导，但浑身一点官架子都没有，一个十足的和蔼长辈形象，但在民主革命斗争中却是一员著名的猛将，"火烧赵家楼"后，作为五四运动领袖，当年曾第一个被囚，并慷慨吟出"为雪心头恨，今日做楚囚"的豪迈诗篇。许德珩是历次民主革命运动的积极组织者和成熟领袖，历经白色恐怖而不惧不悔，并在毛泽东的鼓励下，于1946年5月4日在重庆亲手创办了中国共产党的亲密伙伴九三学社。可谓是一名浑身是胆、终生磊落的革命家。

出身官宦世家的母亲劳君展，同样知书达理，秀外慧中。同许德珩当年的慷慨激昂相比，劳君展在五四运动期间毫不逊色。一个大家闺秀，能够担任"反潮流、闹革命"的长沙学联宣传部长，已属石破天惊之举，她还创办了当年街谈巷议、妇孺皆知的革命刊物《女界钟》杂志，并加入了毛泽东创建的新民学会，成为中国最早一批开展民主斗争的党外人士。赴法留学时，劳君展师从著名的居里夫人学习放射性物理学，回国后担任过武汉大学、中山大学、北京大学等著名学府的教授，在努力做好本职工作的同时，劳君展继续热心参与组织各项民主政治运动，积极为中国人民的解放事业鼓舞与欢呼。高涨的革命热情甚至让她丢掉了官位：1947年，她积极组织"反内战、反饥饿、反迫害运动"，在重庆开展革命工作，最终，担任重庆女子师范学院院长的她被解职。

共同的爱好，共同的追求，共同的胆识，让一齐经历过革命洪流冶炼的许德珩、劳君展夫妇，几十年来相敬如宾、和谐欢乐，那些勇猛惊心的投入和白色恐怖的袭扰，成为两人共同的回忆。无论是政治上，还是学识上，夫妇两人显然都给子女树立起极为良好的榜样，女儿许鹿希、儿子许中明生长在这样的家庭，眼界、胸襟和胆识，自然要比一般人高得多。

而仪表威严、一生正派、大义为先的邓以蛰，从来都是将德育作为智育的大前提，在传授儿子"子曰诗云"的同时，更注重将中国几千年传统文化中最优秀的核心价值观对儿子悉心浇灌，直至耳提面命。邓稼先的母亲王淑蠲虽然只是一名家庭主妇，但她夫唱妇随，深明大义，对丈夫的种种超然举动从来都是鼎力支持。在丈夫因病无法去西南联大教书时，她为丈夫拒绝为伪政府做事而自豪，并勤俭持家，用养鸡和种菜维持一个大家庭的艰苦岁月，颇为不易。

邓以蛰和王淑蠲夫妇的言传身教，让邓家的两男两女四个孩子受益终生。

许鹿希很清楚父亲的世界观和人生观，更清楚父亲的为人，父亲年轻时因为抗日被捕过，幸得宋庆龄、杨杏佛等人营救才得以生还，他怎么会不喜欢十几岁时就敢动手驱除外侮的邓稼先？

事实上，许德珩是非常支持自己女婿的工作的。当然，他也不清楚邓稼先在搞什么。他没往原子弹上面去想，但猜测到一定是国防工业、尖端武器等。等到终于猜出些端倪来，他的反应则是一贯的自然：宁可让自己女儿望门涕泣，也要让中国原子弹尽早升空。

孰重孰轻，这名老一辈革命家自有比较。

对此，他倒并没有说过什么慷慨激昂的话语，更多的是经常催促妻子，去看看他们的女儿。他把小外孙邓志平接过来抚养，也是为减轻女儿的负担。他能做的安慰和帮助也只有这些了。而在另一方面，他非常细心地，把好烟好酒都尽可能地不抽不喝，积攒起来留给邓稼先。

以高官之女、大家闺秀的身份去做一个普普通通的贤妻良母，是新中国新一代妇女许鹿希的最朴素的追求，她如此钦佩邓稼先，惊讶于他当年的顽皮怎么就一晃全部变成才气，她深深地爱上了他，并从心底里决定好好照顾他一辈子。谁能料到，这一简单"向下"的追求，在邓稼先的身上，却数十年如一日地有力使不上！

何止，这么多年来，连邓稼先——自己老公的生活和工作，她都不敢、也无权过问！

他们的婚姻，除了有两个爱情的结晶——典典和平平外，其余全部为漫长的思念所笼罩。这不是普通的站台上的等待，这是无尽头的渴望，越无尽头，越望眼欲穿。

这简直就是现代版的《王宝钏与薛平贵》，但男女主人公却来了个一百八十度的大翻转！唐德宗时期宰相王允的"不孝"女儿王宝钏，为下嫁贫寒的薛平贵被父母赶出家门，热泪送夫去入伍，寒窑苦守18年，盼回来华衣怒马的薛平贵，幸福团聚18天后，却不幸身死！

许鹿希用痴情与信念支撑起来的28年苦守，日思夜想，换回来一个已随时准备好要与自己永远告别的邓稼先！

男女主人公的角色有所转换，但撕心裂肺的情感不差厚薄，在夜深人静的时候，许鹿希面对病房里雪白的四壁，甚至开始无端地羡慕起王宝钏来：

"就让我替代邓稼先去死吧，他还有好多心愿没有完成。"

许鹿希的婚姻生活，并非几千年岁月长河中独有的断代史，但作为新中国几十万核武器参战人员家属的最典型代表，其个人的喜怒哀乐早已被融入国家兴亡的洪流中而淡化。这种淡化不仅仅是被大环境淡化，同时也被自身强迫性地淡化。正如我们无法判定《王宝钏与薛平贵》到底是喜剧还是悲剧，个人的痛楚与欣慰只能是在当事人的心中百折千回！

也许，让许鹿希稍感欣慰的，是邓稼先要比薛平贵浪漫得多，他的深情让她对这桩"非常婚姻"永远无悔。病房里只剩下他们俩的时候，邓稼先总是要拉住妻子的手，对她述说无穷无尽的心里话，思念累积出来的热烈让他的话题似乎永不枯竭。他向她描述原子弹爆炸时的奇异景象：巨亮无比的闪光，比雷声大得多的响声瞬间就翻滚过来，一股挡不住的烟柱魔鬼般地直插云霄，胆小鬼有可能会被吓尿裤子！但如果你稍稍有些英雄气概，能在这种场合里沉得住气，你也会真切体验"大漠孤烟直，长河落日圆"的诗意，那非凡的现场是这千古名句的最佳写照啊！希希，你是那个胆小鬼，还是那个"英雄"呢？

"哎呦！"这是邓稼先每次调侃后的代价，许鹿希总是不失时机地轻轻掐他一下，他的惨叫声却"撕心裂肺"！但随即邓稼先似乎就忘记了刚刚的"痛苦"，在舒伯特迷人的音乐旋律中，为妻子默默吟诵肖贝尔的歌词："你安慰了我生命中的痛苦，使我心中充满了温暖和爱情……"

这样深情的吟诵，邓稼先在心里早已进行了几百次。当蘑菇云的烟尘还在遥远的戈壁半空中集聚的时候，当大炮仗炸响之后北京城内各处的小炮仗声声不断的时候，当全国人民都在为此欢欣鼓舞的时候，他在心中的吟诵就越发柔情万种，欲罢不能。他后来也知道，此刻唯独在北京核物理研究所的家属区内，悄无声息，沉静得离奇古怪，不可思议。实际上，这样的寂寞正是科学家和其家属多年付出的巨大牺牲。这不是一天两日的别离，这是一生的牛郎织女，这是一生的牵肠挂肚，这是一生的守望相助！

画外音：

戈壁滩上传来的声声巨响，是新中国向全世界的最炫宣言，而就在此时此刻，你可听见，我独自对你发出的细语呢喃？

12

风萧萧兮易水寒

造完原子弹，继续造氢弹，然后是中子弹，一干到底的他，献了青春献终身，不破楼兰终不还，天涯远隔成了他的宿命。从北京转战到青海，从青海转战到绵阳，直至孤身飘零在罗布泊那荒凉的戈壁滩上，他用孤独的背影，点亮了比一千个太阳还亮的人生！

邓稼先：温文尔雅的坚守

1986年5月25日，许鹿希开始经常把邓稼先抱在怀里，像哄着婴儿一样，用摇动来缓解邓稼先的苦痛，她多么想把他抱得更紧，甚至恨不得把他融化进自己身体的血液里，补偿夫妻二人多年的分离。如果真能这样，上帝的天平多少还算公正些。但她做不到，她的胳膊酸麻，不久就变得格外疼痛，但她一声不吭，兀自舍不得撒手，她知道这点痛跟邓稼先这些年遭的罪比起来，简直不是一个能量级的！

偶尔，她也会想到这一点，如果在造出原子弹之后，哪怕在造出氢弹之后，邓稼先能够回家，能够脱离这一干就足足干了10年的要命的活计，他也不至于死得那么早！

没有高级实验室，没有优裕的生活条件，研制原子弹就只能靠拼命！拼命地思考，拼命地计算，拼命地吃苦，拼命地跟命运搏斗！将最喜爱的《田园交响曲》不动声色地换成《命运交响曲》，邓稼先从一开始就已摆出搏杀的姿态。在今天的工作状态下，都有那么多人经常猝死于优雅的办公桌前，连续十年的拼命，在戈壁滩和深山老林里拼命的邓稼先他们，靠的是一股什么劲头儿，屹立了那么多年而不倒下呢？

画外音：

稼先，你就知道拼命啊！在普渡，那些老外就惊叹说你们中国人个个都像你这么拼命吗？好不容易你回来了，在中科院近代物理研究所工作，你又是上班来得最早、下班走得最迟的人，出入图书馆查资料最勤的人，还是你！你天天趴在办公桌上算啊算啊，那天你很晚还没回家，我不得不去找你，却在你办公室里发现，你那么一个大块头，却被堆积如山的演算纸淹没了！刚接受原子弹任务的时候，你在北京白天讲课，晚上编讲义，你的睡眠时间简直不叫压缩，分明就是压榨！在221基地，你不光是九院最能埋首搞理论设计的人，你还是最为频繁出入实验室和生产加工车间的人！稼先，你除了拼命，还是拼命，莫非你早就知道了自己的生命短暂，在只争朝夕吗？

许鹿希的眼泪簌簌流下，一行行苦涩而无奈的泪水道不尽她的悲伤。她无法认同自己的说法，她知道，最残酷的现实分明是：稼先，是你的硬拼把生命拼没了！

画外音：

他该回来休息休息了。我不是想让他退休，退休会更要了他的命，我只是想让他回到北京来，或者去别的城市也行，继续搞他的学术研究。他可以不用那么拼命，他专心致志、但相对来说可以轻松一些地写他没写完的那些书，这同样是对祖国核物理事业的贡献啊！

谁能让他回来呢？谁能让我的稼先休息休息呢？我知道得不多，但我听说美国搞原子弹的那批人和搞氢弹、搞中子弹的都不是同一批人，所以，我听杨振宁说，那些人现在都过得好好的。我的稼先怎么就成了一颗钉子，牢牢地钉在了那遥远的草原和戈壁？

1958年的8月，从走出钱三强办公室那一刻开始，邓稼先一颗砰砰跳动的心就已经告诉自己，除了自豪和光荣，你还有一点要注意：你从此走入了一个没有尽头的"单身汉"生涯。

单身并不是最难以忍受的，比单身更难以忍受的是有老婆、有子女的单身！那种时刻煎熬着心头的思念和牵挂，在8月份的最初几天，疼痛像纳米虫一样疯狂噬咬着活力四射的邓稼先。是一种什么样的力量，让他终于放下了这一切？

画外音：

我不知道你们做得到做不到，反正我做得非常艰难。我从来没有这么难过，我向他们挥手的时候，典典似乎突然就懂事了许多，她用忧伤的眼神看着我，没有说话，她才几岁啊，就过早体会到了忧伤的滋味，还有坐在床上边玩玩具边看着我嘻嘻笑的平平，他一定以为爸爸一会儿就能回来！

我的手就那么扬了扬，一点力气也没有了，我在他们面前从来就丧失了一切的豪情。我必须出发，否则我就会跪倒在许鹿希面前，一辈子都不想起来！在那最难熬的一个星期，尤其是星期六的晚上、星期日，戒毒初期的瘾君子也没我痛苦。

我无法预测，典典和平平再见到我的时候，还能不能开口叫一声"爸爸"。

说到我的童年，充满了快乐，父亲和母亲总是陪伴着我一起玩耍，等我自己能够玩了，不需要他们陪的时候，他们也总是在我的左右，就是左右，总之没多远，父亲左手茶杯，右手书卷，母亲从厨房端出一盘盘香喷喷的菜肴。若不是我撕毁了小日本的旗子，我们也许还会在一起，一家团聚的日子多么幸福！踏踏实实的幸福。

我从来没有像今天这样强烈地感觉到这一点。对不起，典典！对不起，平平！对不起啊，我挚爱着的朴实的、坚忍的许鹿希！

都说时间是治疗一切忧伤的良药，但也未必，如果某件事情让你时刻揪着心，你原本可以放弃手头的事情走回从前，但你始终无法做到这一点——这时的时间不仅不是良药，反而是加重病情的恶魔推手。最终，大概只有死亡——这永恒的时间才能根治一切忧伤。

1963 年，更长久的别离倏忽而至。

画外音：

其实，早在我还没到九所报到的头一个月，1958 年 6 月份起，核研制基地已经开始了秘密的选址，北京，毕竟离适合做核武器试验的地方太远，首都不可能因为每日里加工和组装核武器而成为最危险的轰炸目标。北京，只是个过渡。这一点，我们从报到的第一天起就知道，早晚得挪窝。

研制基地选在哪儿，我们是不清楚的，在北京的这 5 年，我们就是埋头搞计算，真的是两耳不闻窗外事。3 月份，当大搬家的命令传来时，我们几乎个个都镇定得像个傻子——在北京的这 5 年，跟在 221 基地又有什么区别呢？一样地回不去家，一样地吃不饱饭，一样地日以继夜地除了钻研就是钻研！

但还是有人退出了队伍。每一个历史转折点，都将出现大批的掉队者，剩下的真的像刘禹锡在《浪淘沙》诗中所说，"千淘万漉虽辛苦，吹尽狂沙始到金。"

对邓稼先来说，最难受的不是远走他乡，而是他需要再一次向妻子和父母告别！

不能说去干什么，不能说去哪里，"父母在，不远游"，邓稼先当然没有这种已过时的古老传统的观念，但跟至爱之人都不能说实话，这是最让他感到纠结的地方。

果然，在北大朗润园，在父母所居住的房子里，母亲王淑蠲的心再一次被撕裂了："儿子啊，你不能换个新课题研究吗？为你那个氕呀、氘呀的，家都回不了，人我看都折腾呆了！"

面对父母祈求般的诉说，如果你是邓稼先，你做得到含笑而别吗？

但我们可以想象，邓稼先是多么不想含糊其辞几句就走啊！

然而，他必须走，转身就走。

无论这次出行，走得多远！

无论是否，从此天涯相隔！

从 1958 年的那一天起，邓稼先就浑身充满了自信，但也同时永远地将这颗心悬了起来，这是一种非常奇异的感觉，这种神奇的感觉是促成一个人如痴如魔的高效催化剂，大多数人因为不曾有过这种体验而无法理解，而对邓稼先来说，这种感觉贯穿终生。即使后来，"三大菩萨"的强力加盟也没有让他自动将肩上的担子有所减负，相反他从那一刻起就彻底地明白，原子弹事业必须成功，决不允许失败！作为原子弹理论设计的负责人，邓稼先已走上一条开弓没有回头箭的单程之旅！

画外音：

妈妈，请原谅儿子的不孝，您千万保重好您的身体，到时候，儿子完成了任务一定寸步不离您老！

1963 年 2 月，赴青海的专列从北京缓缓启动，站台上人潮汹涌，但我们看不到一滴眼泪。所有的人都抿着嘴唇，眼睛里放射着明亮的东西，那是理想的渴盼，是自信的象征，是对美好生活的执着诉求。

事实上，最有可能掉眼泪的人，这一天都没有来，人生中总有这样特殊的日子，成为一类人和另一类人的分水岭或计算尺。

出发的人，都是豪情壮志更甚于儿女情长的人。这里面就有邓稼先。实际上，他的眼泪在告别妻子和父母时，已暗暗地流在了心里，就像毛主席说的那样："有泪也不能流出来，一定要流到肚子里去！"

越走越远，越走越好像离人间越遥远，我们这是要走到天边去吗？在冒着黑烟的老式列车上，邓稼先情不自禁地想起了看过的美国电影。若干年后，他也听说了这样的故事：就在不久之前的1962年，在金银滩221基地，当警卫的当地战士退伍了，才发觉自己站了几年岗的部队就在家附近！当初运送他们的汽车，一直跑了三天三夜才到，他们以为自己到了天涯海角！

画外音：

我是城市人，还是草原人、沙漠人？或者，叫山里人也行啊，我在绵阳的山沟沟里还过了那么久！在我命运的地图上，莫非早就清晰地给我画出了一条跳跃但清晰的线路图？我从城市一路流浪到草原，再流浪到沙漠，如果说我的户籍在北京，我却消失在草原和戈壁这么多年。何止？连我所在的地方都在地图上和我一起消失。我们成了隐形人！221基地的人都自称是"草原人"，不这么称呼自己，还能怎么称呼呢？

这是物资极度匮乏的年代，但历史的奇特性在于，它在这个时候，给予了人民最强有力的精神，这个时代因此也成为热情最高涨的时代。多年后，我们这些后来人看到那时遍地张贴的"中国人民不是好惹的”“祖国花朵向阳开”等宣传画时，往往觉得好玩、好笑甚至有些不可思议，有的人就把它跟当今的朝鲜相比较，但我们可以试想一下，如果在那个年代我们缺乏了这样的斗志，中国还能挺过那段魔鬼般的岁月吗？而当我们读到“下定决心，不怕牺牲，排除万难，去争取胜利”这样的铿锵口号时，我们会明白，这是中国人在生命处于最低谷的时候，也不丧失信心的源泉所在。

这正是邓稼先骨子里的性格禀赋。“君子不忧不惧”，这是邓稼先从小就背熟，践行的圣人之言，但我们完全可以扩大这句话的所指范围，大多数中国人在那个年代都是不忧不惧的！他们的心里只有祖国，只有伟大的梦想，或者说对党的忠心耿耿！因其难能，所以可贵，历史的无法复制性正体现在这里。

国家之所以选定青海藏北自治州的金银滩草原作为核研制基地，得益于其独特的地理位置。水草丰美的金银滩，从此在地图上骤然消失。中国艺术圈中第一个无缘无故躺着中枪的人稀里糊涂地诞生了——著名大导演凌子风显然是个倒霉蛋，他于 1953 年拍摄的电影《金银滩》立即遭遇了“无情”的封杀。政治上，这部片子毫无问题，艺术上，更没有大的瑕疵，事实上，影片被封杀跟电影艺术本身毫无关系，它被封杀的原因只有一个：它的故事背景发生在金银滩。位于青海藏北自治州东北部的金银滩草原，风光秀丽，水草肥美，在凌子风之前，1938 年著名作曲家王洛宾就曾陪同导演郑君里来此拍摄故事片《民族万岁》，在开满了金露花和银露花的草原上，多情的王洛宾还和美丽的藏族姑娘卓玛邂逅，并诞生了那首极其有名的经典情歌《在那遥远的地方》。

估计凌子风当时最大的困惑一定是，国家为什么要选定金银滩呢？

但他一定不会有牢骚。他的确为此付出了巨大的牺牲，但做出巨大牺牲的，他不是第一个，也不是最后一个，实际上他的单件作品的被淹没，同邓稼先们人生整体的被淹没比起来，几乎不值一提。

为什么要选定金银滩？

邓稼先一到金银滩，立即在心里解开了凌子风的困惑。他激动得浑身颤抖。他似乎已经看到了不久之后原子弹爆炸腾空的奇特景象了：这简直就是上天赐给中国人做核研制的宝地——广袤的大地上，满目尽是绿油油的草原，东北和西南部全部被高山所遮蔽，形成一个天然的、独特的封闭环境，可谓得天独厚的一个大实验室，这在保密性和放射性物质的防扩散性方面，都具备其他地区所没有的优势。

邓稼先不禁为祖国的辽阔和富饶而自豪。

但他不知道，他此刻更应为祖国善良淳朴的人们而自豪。就在一个月前，金银滩草原上的 1700 家牧民住户全部搬走，没有一家成为今天屡屡见诸报端的所谓"钉子户"。没有人愿意背井离乡，同亲爱和熟悉的草原、毡房做永久的告别，何况牧民们都清楚得很，迁居的目的地是同属青海的祁连和刚察等地，这些地区远不能和环湖地带的天堂——金银滩草原相提并论。也因此，小规模的议论还是有的，而因为保密的要求，牧民根本不清楚这里将要开展什么建设，纠结以及不满情绪也是有的。这时，藏北自治州第一任州长夏茸尕布出现在牧民中间，这是一位在草原上有着极强影响力的活佛，作为活佛，他所管辖的寺院和部落分布于青海各地，以及西藏、内蒙古和甘肃等地，信徒同样广大和稠密。夏茸尕布活佛兼州长笑吟吟地从这顶毡房走进那顶毡房，气喘吁吁地从这面山坳爬到那面山坳，他入情入理的解释和劝说极大地推动了搬迁工作的进行，奇迹就这样发生了：仅仅三天之内，世世代代生于斯、长于斯的原住地牧民们，一步三回头地含泪慷慨而去，无偿地让出了世居之地！

这同样是一群为中国核工业做出了巨大贡献的人民！历史不会忘记，1959 年的金秋时节，美丽的金银滩草原上，牛背上、辘辘车上演绎的这一幕史诗般的大迁移！

时代的差距就在这每一个细节中，鲜明地呈现着。

但激动只是非常短暂的一瞬间，马上，首次登上青藏高原的邓稼先就感觉到浑身无力，这里比北京平地拔高了 3000 米，邓稼先当然知道，这等于气压足足比平地低了 150 毫米汞柱！氧气，突如其来的就不够用了！他感觉呼吸频率瞬间就加快了，头痛恶心、胸闷和疲倦随之接踵而至，不仅仅是他，那些体质弱的人也已经有不少开始呕吐、喘粗气甚至晕厥了。"早冰、午晒、夜间寒"的地球第三极，给这些雄心勃勃的壮士们来了个下马威！

身体是革命的本钱。这句话所有的人都知道，都会说，但只有到了金银滩，这句话的深刻内涵才迅速显露出来。为了保证身体内部的营养在体内正常运转，初来高原的人们最好大量饮水，但恰恰刚来时的水源——孔雀河的水极其难喝，苦涩无比，没到三天，大家就一个个被弄得面黄肌瘦，无精打采，跑肚拉稀的事情几乎天天都有！

如果再像在北京那样，黑天白夜连轴转，估计不出一个月，来一火车人，得趴下 18 节车厢。这不行！

此时邓稼先做的事中，他日后最觉得正确的，就是带领大家锻炼身体！先是唱京剧、唱戏曲练习肺活量，氧气稀薄，就先把肺的扩张能力练强了！等到大家在这方面都有了不同程度的一些提高，每个人都逐渐有了适应性，他开始带领大家在好天练体操，在坏天跳木马。

跳木马？跳木马不也是体操项目之一吗？

这其实是另一种跳木马。但是没错，这正是邓稼先和同事们最热衷的一项体操运动：我是那匹木马，你从我背上飞跃！被邓稼先冠名的"互相跨越"，以其实用性、趣味性和深刻的思想内涵，迅速在221基地流传开来，并成为九院一项传统体育活动，从青海一直带到了绵阳深山。

想象一下，一群正当年的小青年们，挺着总是酱油泡饭的肚子，是用一种什么精神，拖着浮肿的身躯奋力地飞跃过一道道障碍？那时的221基地，很多工人都是在当地招的，因为各种原因受不了苦，很多人跑了！而拼死留下的这些人，大都也都待到了最后！当邓稼先终于从刚来时足足持续了一个月的浮肿状态中恢复正常时，北京已经成了一个遥远的、梦一般的场所，是一个只堪提供幸福回味的符号般的地方。他已和青海高原融为一体了！

画外音：

不是我不需要吃饭，不是我不需要睡觉，不是我不怕死。那些体格比我壮的人都跑掉了，因为饿，因为苦，因为单调，更因为危险。比如插雷管，一旦身上碰巧搞出点静电来，当场身亡的事不是没发生过！

我为什么不跑？

有人问我这种我从来没想过的问题。我的答案很简单：我跑不起！

在中国百年历史中，能够跟艰苦卓绝的红军长征有一拼的，大概只有邓稼先和他的核武器研究院了。他们是科技工作者，但他们的任务已经远远超越了实验室范畴，"国防"两个字使他们一个个都具备了军人的刚强素质，并且不是一般的军人，而是铁军。保密，每个人都从他自己的家庭中消失，在那个特殊的年代，肩负特殊使命的这群人造就了多少个隔空的爱恋和思念？月缺了又圆，人却今年不见，明年依然杳然！

他们也爬雪山、过草地，虽没啃过树皮，但吃过沙枣叶子，虽没煮过皮带，但吃过老鼠，虽没有经历过前有堵截、后有追兵的窘境，但透过美国昭然若揭的觊觎之心——中国防空部队曾用导弹击落过 6 架从美国和台湾飞来的 U2 无人驾驶高空侦察机，青海 221 基地和新疆罗布泊上空，随时都存在着呼啸而至的轰炸危机，危机如达摩克利斯之剑一样，高悬在所有创业者的脑袋上面，而一旦发生就将是不折不扣的灭顶之灾。在吃不饱肚子的岁月煎熬中，邓稼先偶尔会想起学化学的刘允斌，想起当年他的夫人玛拉说过的一句话，每次想起来都想笑，但却是心酸的笑：在苏联留学并参加了工作的刘允斌——即刘少奇的长子，打算回国，玛拉坚决不同意，说中国太落后，因为听说中国人居然吃草！

跟长征将士们略有不同的是，他们没有摸过枪，没有打过仗！

他们的目的则是：让世界不再发生战争！让所有的人都不再摸枪！

罗布泊核试验基地熟谙诗文韵律的司令员张蕴钰在其诗集《奚囊集》的后记中说，"如果中国独立于战争之外，就不会有世界大战了。"此话出自成功引爆了中国第一颗原子弹的著名上将之口，令人回味无穷！

极度艰难中，个别工人跑掉了，个别警卫跑掉了，甚至个别的科研技术人员也跑掉了，但邓稼先留了下来，更多的勇士们留了下来，他们牢牢记住了自己当初来时的誓言，不仅坚决保密，不仅坚守寂寞，而且随时准备牺牲。

画外音：

总有人提议要向我老邓学习，我摆摆手。他们还以为我谦虚。我一直没觉得我有什么可学习的，比我更困难的人有的是，只不过他们经常作为一个整体，你连他们每个人的名字都叫不上来，我沾了工作分工的光了——就因为我是一名科学家。

执行爆心回收任务的装甲兵部队，就是我的偶像。想起他们来，我浑身是力气。重达 20 公斤的胶皮防护衣，他们执行一次任务需要至少穿 5 个小时，而在气温时常高达四十几度、地表温度有时高达七十多度的戈壁滩上，穿着这种衣服两个小时，就等于炼钢厂炉前工足足一天的工作量！

防化兵通常需要练一年，才能穿着这种防护衣坚持两个小时，我们的装甲兵居然半个月后就全部达到训练指标，个别人甚至能够坚持八小时，让防化兵以为他们个个儿是铁打的超人！但你知道他们是怎么练出来的吗？不是他们的体质有多么异于常人，他们的训练方式就是狂吐酸水，不吃不喝！

我知道，只有中国的这个年代才会诞生这么多不可思议的口号，我并没有觉得一刀切的表态有多么科学，但当我看到在装甲兵帐篷外用巨大的石头垒成的"一不怕苦，二不怕死"八个大字时，我激动得晃了一下！人，还是需要一种力量的，这种力量的源头，必须是一股子卓立于天地之间的浩然正气！毛主席说过，"工业学大庆，农业学大寨，全国人民学解放军。"我很荣幸，身边就有很多最优秀的解放军官兵，我看到他们的付出乃至牺牲，就不觉得自己所付出的有什么昂贵了，我只埋头干好我自己的事，我没有资格炫耀，因为身边已经有人默默地献出了生命，却来不及跟亲人告别！

岁月的流逝不以人的意志为转移，如《阿甘正传》中阿甘的母亲常说的那句话，"谁都不知道下一块巧克力是什么滋味"。战略大转移再一次发生的时候，邓稼先他们已为中国爆炸了第一颗原子弹、第一颗氢弹，这种无法署名但足以彪炳千秋的成就无法让他们告老还乡，新的任务源源不断，而执行的人还是他们。

画外音：

我不是在核研制基地，就是在核试验基地。那是两处巨大无比的磁场，是吸力巨大的正负两极，我只是一个电荷，只能从这头到那头，可以不停地移动，但前提是只在这条线上！

中苏关系的突然恶化，虽然出乎高层的意料，但一切也尽在情理之中，国家利益凸显的时候，任何协定或结盟都是空的，庆幸的是，经历了多年血与火淬炼的中共高层，对此也早就做好了相应的准备。为防止苏联老大哥对中国核研制基地的破坏，也就是他们帮忙选址的青海藏北海晏县的金银滩进行破坏性打击，1970年，邓稼先和他的同事们不得不离开这个草原，新的征程又开始了！

连绵起伏的绵阳大山接纳了他们。中国不是日本，中国的战略纵深是一个大国的立身之本。东洋的觊觎，大概就在这里，当然，还有各种丰富的资源，包括弥足珍贵的铀矿藏。但是，中国能够强大的最根本保证，在于有邓稼先这样能够豁出性命来为国献身的英雄们。从古到今，保家卫国的方式也许在变化，马革裹尸仍在继续，岳飞的忠肝义胆仍在继续，史可法的大义不屈仍在继续，在邓稼先的身上，除了没有为国杀敌，这些最宝贵的民族精神要素全部具备。

无论一个人的肌肉有多么虚弱，只要他的骨头还硬，他就能重新站起来。中国，在满目疮痍中能够重新焕发出青春，正在于建国初这一批批奋勇回国的人，正在于建国初这一批批甘于送死的人，正在于建国初这一批批志怀高远的人！

"有限朝廷告别易，无限江山再造难"，他们为中国的万年大计，奠定了无可替代的伟大基石！

人生无论是辉煌还是暗淡，最终指向都是死亡这个唯一的终点站，正如邓稼先无论是在北京搞理论计算，还是在青海 221 基地及绵阳深山搞武器研制，最终指向都是罗布泊这个最隐秘之处。

曾经的葡萄美酒夜光杯所在地，1000 年前一片胡歌汉舞，到处丝绸飘彩，孔雀河给了楼兰古国一份别样的柔媚。邓稼先看到的罗布泊却无人、无牛羊，甚至连一只鸟都很难看到，死寂已在此地持续了一千年，偶尔看到的几株骆驼草已无法映射出当年的繁华。不知何时，孔雀河里的水进入了大量的钙镁和芒硝，又苦又涩难以下咽，喝下去，肚子立刻咕咕叫着闹翻天！

越走离天边越近，越走离成功也越近，在持续险恶的环境条件下一干到底，这正是中国核武器研制队伍光辉的写照！无论这是不是在中国特色范畴内，中国科学家、中国工程师和中国工人们的不屈不挠的精神，在连续不停地写满北京西郊、写满青海金银滩、写满绵阳大山深处的同时，也成为中国新的一颗太阳，这颗巨大无比、能量超强、闪耀着耀眼金光的人造太阳，是中国人面临任何艰险都最终无往而不胜的坚强保障！

告别，一个告别接着一个告别，邓稼先的人生似乎就是以告别为节点而设计的曲折之路。米兰·昆德拉有部著名的小说，叫做《为了告别的聚会》，无疑邓稼先的"告别"恰恰相反，是一种"为了聚会的告别"，正是希望在不久的将来，他和亲人，他的同事和亲人，全国人民都能欢乐地聚会，并永远在一起。

这是从古到今人类最质朴也因此最伟大的梦想之一。但同样是自古以来，颠沛流离的故事一再上演。中国核武器制造队伍期待着的聚会，何时能够到来？又能否保证，这种聚会能够长久地跟他们一次一次的告别相匹配？

13

我以我血荐轩辕

　　看似轻松的设计与计算，和重体力劳动相比，完全是两个不同领域的艰难，辛苦不足为外人道。苏联撕毁协议之后，中国人自力更生的壮志豪情被彻底激发。但口号喊起来容易，做起来实难，在原子弹研制领域，具体的工作完全由邓稼先担纲，每天面对的除了浩如烟海的数字运算，更有临试验前的庄严签字。问题是，这两件事没一件是轻松的，甚至这正是日复一日侵蚀邓稼先的身体、耗尽了他毕生精力的两大杀手。

邓稼先：温文尔雅的坚守

1986 年 6 月 13 日，死神已露出狰狞的面容，驱使时光如长江黄河，裹挟着巨大的泥沙向前滔滔而行，任何力量也阻止不住它的前进。邓稼先更加地衰弱了，随着放射物的持续执着衰变而日显老态，喘气时发出沉重的嘶嘶声，呼吸都疼痛无比。

许鹿希甚至都不敢再摸他的手臂了，动哪儿哪儿疼。他成了一个玻璃人！

画外音：

回忆如流水，是该好好梳理一下此生的时候了。建议书写完了，于敏才是一个帅才，我跟他的合作无比的愉快，但今生就合作到这儿吧！有你们这些鼎力助手，工作是多么幸福！活着是多么幸福！现在，我已经动不了笔了，写几个字就痛得厉害，说话也是断断续续的连不上溜，我终于是"无事一身轻"了！

伟大的祖国，我该做的，应该都做了！我还有什么遗漏的没有？

他的身心彻底放松下来，尽管眼皮还是睁不开，但他却想再操持起小提琴，来上一段优美抒情的《云雀》《沉思》或者干脆就来他最喜爱的《匈牙利狂欢节》。尤其是后一首，常常让邓稼先引以为豪，因为他得意于自己居然能够将那么复杂的连续颤音处理得炉火纯青！他激动地在脑海里演奏起来，而唯一的观众就是许鹿希。许久，当尾音终于弥散消逝，他忽然从深沉华丽的旋律中睁开眼睛，他发现，他的手臂软弱无力，刚才同杨振宁合影的时候，他连嘴角的血迹都没有力气擦去。但那笑容不是硬挤出来的，他其实很清楚，也很欣慰，杨振宁的最后一次到访是对他最贴心的临终关怀。

画外音：

　　有朋如此，此生夫复何求？

　　这已不是两大国际顶尖物理学家的科学会晤。甚至，也不是普通发小之间的亲密攀谈。他们这次的见面，话极少。更多的时候，杨振宁握着邓稼先青筋暴露的手，无语凝望。那眼神里，是无尽的留恋。

　　今天，邓稼先比往常应该更累，他出人意料地站了起来，还兴致勃勃地拉着老杨照了一张相！这是在耗尽他仅存的一丝丝气力。

　　许鹿希低下头默默地哭了，她知道老邓现在听不到她的哭泣。她不能不哭，邓稼先的照片非常的少，他不喜欢照相，因此极少主动照相，而一旦他张罗要照张相，那多半是要发生点儿什么了：现在，他应该是预感到自己的死期临近了！1958 年 8 月 19 日所拍摄的唯一一张全家福，是他张罗的，邓稼先一定要与许鹿希、四岁的女儿和两岁的儿子一起，到照相馆去拍全家福。

　　就在前夜，他说了那句著名的"就是为它死了也值得！"

　　然后他就开始了漫长的隐姓埋名的生涯。1979 年他与赵敬璞在罗布泊的合影，也是他张罗的，那时他应该在潜意识中感觉到了多年的构件接触与现场勘察，已让他沾染了太多的核剂量。

　　今天，他又张罗了这次合影。

　　四十六天之后，邓稼先撒手西去。

　　许鹿希心如刀绞。

　　许鹿希当时还没有意识到，这张照片的诡异之处并不在于邓稼先带血的嘴角构成一幅极其罕见的留影，而是它最终成为邓稼先的绝版遗存。大科学家有大智慧，邓稼先的话越来越少，但在身体虚弱到了极点的时候，他用内心看到了一切。而这张照片上的另一个人，此时也预感到了邓稼先的生命休止符就在不远的前方画圈儿了。作为西南联大最有名的毕业生，作为比邓稼先大两岁的兄长，杨振宁此刻该有什么样的想法？

他会不会想到，如果稼先当年听从了同事们的劝告留在美国，生命的走向原本不该是这样的悲壮？

正如他在多年以后面对国内莘莘学子们所说的那样：

"很幸运地，在每一个选择的关头，我都做了对自己人生最有利的选择。"而说到战乱频仍的旧中国，一心求学的杨先生对此感慨万千：

"当时的中国没有希望，就如鲁迅所言，是一群在铁笼中沉睡却又无法走出铁笼的人。"

人各有志，各归其主，大江支繁，无可厚非。但一个相当有趣的对比是，读完博士立刻回国的邓稼先，他之所以"必须回来"的论据却同样是挚友所说的那句话。同样的立足点，结果却大相径庭。

但当时，杨振宁对送他下楼的许鹿希说的话是这样的：

"鹿希，我感觉稼先的时日无多了，你要做好充分的准备！"

画外音：

我要做哪些准备？什么叫做充分的准备？我们婚后的 5 年，1953～1958 年，我们用 5 年仓促的时光换来 28 年漫长的等待。结婚时我们都青涩，我们的爱情都是在等待中成熟；可现在，当我们的爱已经浓烈，难道我们又要用一年的病床厮守，换来永恒的别离？

她感谢杨振宁的到来，也感谢九院同志们的到访，这些人的到来给了邓稼先无限的生之乐趣。还能怎么样？对如此热爱生活的稼先来说，死亡之前的这段时光已无法再浸染生活中的别样滋味，他吃不动艾窝窝和萨其马了，他唱不了京剧也无法再去剧场看任何演出，除了工作上的事能让他再恢复些活力，大概，他只剩下铁马冰河的回忆了。

画外音：

还有 8 天他才满 62 岁！

1962 年底，在邓稼先刚刚起草完中国第一颗原子弹的理论设计整体技术方案后，为了使自己的理论工作更好地与实践相结合，他决定参加由王淦昌任主任的冷实验委员会。

邓稼先的生命就是从这个决定开始，一步步进入冷酷的倒计时的。他从此开始了与那些无时无刻不散发着致命放射线的东西的最亲密接触。但他原本可以选择不去，他只安心地做他的理论设计就行了。没有人逼他这么做。

画外音：

我必须向前走，勇猛地、不考虑后果地向前走，可以分工的人太少，我只是为了能够快点儿，再快点儿。如果我考虑了后果，哪怕只是一个月的延迟，祖国都有可能收获无法描述的苦果。何况，时代推着我走，我已汇入了这股洪流，我回头，就会被这股洪流呛死，我前行，我和我的祖国就都有机会更好地活着！

实际上，对邓稼先来说，他太爱这份已融入骨子里的事业了，"学成文武艺，货与帝王家"，这句古话用在这里虽然不很恰当，但多年的追求有了能够充分展示的舞台，邓稼先将自己对国家的感恩瞬间就转换成了沉甸甸的使命感。同时，建国初期那种浓浓的民主氛围也让他工作起来无法自拔。在他眼里，那时候才真正达到了主席所说的"百家争鸣、百花齐放"，双百方针在这期间的核武器研制工作中执行得最彻底。说到底也不是执行得好，处处绿灯，毫无压制，科学家的创新天性借此可以尽情绽放。而在同期的法国，原子弹和氢弹研制过程中都是主持项目的大科学家说了算，当时一个初出茅庐的年轻人提出了一个技改方案，但没有人理，最终却发现这个方案简直比黄金都宝贵。

画外音：

　　上下同欲者必胜。我还有什么理由不加班加点地干呢？赵九章死的时候，什么都不让他过目沾手了，对一名科学家来说，这比杀了他都难受，所以他后来自杀了。我只能说，我比他要幸运。

　　没有可靠的外援，但值得庆幸的是，内援爆发出相当大的能量。实际上，即使在苏联专家来华援助的那一段时间，也就是 1958 年 3 月~1960 年 6 月，邓稼先和他的团队并没有完全按照苏联专家的建议，只是读书和学俄文。这两项固然重要，但中国更需要的是速度，是加速度，是一天当两天用、甚至当十天用的快马加鞭，这跟"大跃进"没有丝毫关系。前苏联专家授课时，不许做记录，在黑板上画个图写个公式，随即就会擦掉，就是不想让中国人学到真正的东西，更像是通过一种神秘的方式在显摆自己的博大精深，或者说穿了，就是在敷衍。如果说一开始，邓稼先对这些专家还是信赖和期盼的，但他凭借自己的判断，早在中苏关系彻底破裂之前，已经提前意识到了这种依靠的不可持续。他们边听课，边抢时间记下该记的公式和图表，但很不幸的是，这种几乎是煞费苦心争分夺秒记下来的东西，课后即被授课专家收了上去。

邓稼先愤怒了。士可杀不可辱，这种教学明摆着依然是对中国人的侮辱，他能想象得到苏联专家对他们发号施令的苏联政府的心声：就凭你们也想造出原子弹？等着吧，等我们研制出更强大的核武器后，再把这些我们淘汰下来的东西给你们。

事实上，1959 年的 7 月，周恩来总理已经明确向二机部宋任穷部长传达了中央决策："自己动手，从头摸起，准备用 8 年时间搞出原子弹！"

必须拼了！邓稼先带来这些大学生，开始了从无到有的理论设计。读书，依然是基础，但不能单纯听取苏联专家的指令，读那些能装满一卡车的书单了。那样去读去思考问题，结果真得像苏联人在 1960 年撤走时说的轻蔑的话一样：你们 20 年也造不出原子弹来。钱三强带回来的《超音速流和冲击波》成了抢手货，大家争来夺去地看。没办法，这是邓稼先认为最适合大家入门和提高的书籍，但只有一本，全国只有一本，还是由英文版翻译成的俄文版。一开始是俄文比较好的人先读，但很快还没等他读完，"28 星宿"的俄文都顶呱呱了。邓稼先的眼睛潮湿了。

翻印！自己刻板，一个字一个字地刻出来，有画图的，有制表的，有刻印公式的，大家一起动手，很快大家人手一册，最快时间解决了这个问题。

入门问题解决了，开始了繁冗的理论计算。在推导铀的状态方程式时，一开始大家都觉得云里雾里，因为当时国外对铀是完全保密的，国内则压根儿没有跟铀相关的实验条件，事实上，当时，他们连一小块铀都没见过！不仅如此，国内关于研制原子弹的相关资料一点儿都没有，高校压根儿也没设置原子物理课，资料、人才和实验室三项都是零！

等，等不来神仙相助；靠，靠不来老天开恩，一切唯有靠自己动脑筋琢磨。邓稼先开始带领大家高频度地跑北京图书馆，一次次抱回一大堆资料，主要是别国核电站出事故的资料，从相反的角度，琢磨研究解决原子弹爆炸的问题，这就是著名的倒推法！中午，图书馆的工作人员下班要关门，邓稼先就央告人家把自己这批人锁在里面。一天，当邓稼先在图书馆看了一天书后抱着大堆的资料回所里，由于天黑和大脑昏沉，一个跟头栽进旁边坟地的深坑里，居然就此睡着了！深夜忽然睁开眼，还以为自己仍然在图书馆里，喃喃道："怎么这么黑呀，停电了？"几乎半年的时间里，邓稼先过的就是这种形神分离的日子，脑袋里想的全都是原子弹爆炸的问题，走路撞电线杆子几乎成了家常便饭。

邓稼先带领大家从没办法里面想办法，每日冥思苦想，大量计算，用过的演算纸和计算机穿孔带子一捆捆地放进麻袋里，从地板一直摞到了天花板！摸着石头过河的思维事实上在那个年代被走投无路的邓稼先团队运用得淋漓尽致。上苍厚待每一个执意进取的人，最终，一个参数照亮了大家在黑暗中几乎要盲了的眼睛：他们终于发现，有一个参数的出现非常有规律性！

方向没错！邓稼先率先欢呼起来，大家立刻顺着这条业已被证明是正确的方向加倍努力，进行深耕，很快线的位置被定了出来，铀状态工程首战告捷！不久，大家看到一篇刚刚发表的苏联文章，其中所用的方法同邓稼先团队所用的方法一模一样！这件事情给了邓稼先极大的鼓舞：不能小瞧这些大学生啊，真的是个顶个的厉害，才毕业这么短的时间，一切从零开始，居然很快就做到了苏联专家才能达到的高度！

邓稼先深深为自己团队的这些小伙子们而感动，那一段时间他们真是没白天没黑夜，饿了，菠菜蘸酱油，有时连菠菜也没有，就是酱油里兑点白开水充当营养品喝下去！困了，大衣一盖就躺在冰凉的地上。同志们，你们是在做原子弹啊！多少次，看着困极而倒头便睡的小伙子们，邓稼先的眼眶里都湿湿的，他为新中国诞生的第一批脊梁而自豪，而激动！

当天晚上，邓稼先又将自己所剩不多的工资掏出来，领着大家去吃了一顿砂锅居。看着这些已经半个多月没有吃过肉的年轻人狼吞虎咽的样子，他咽了咽口水，也尝了一下那白乎乎的肉片，香气差点儿把他弄个跟头。

这是一次意义非凡的开门红。尽管它在中国原子弹研制发展史上没有被浓墨重彩地大书特书，但其里程碑意义牢牢树立在每名参与者的心中，受鼓舞的不仅仅是邓稼先，还包括整个理论部的人。

画外音：

"独立自主，自力更生"，这不是我提出来的，是党中央在1956年就早已规划好的。有苏联专家的帮助自然让我们非常开心，但以毛主席为代表的党中央其实对未来有个更清晰的预见，只不过这种预见提前来了，苏联专家"闪"得如此迅速。

但任何一个国家，小到一个人，如果一开始就把自己的成长依靠到别人身上，他自己能否长大成人？

本来，在大跃进的混乱状态中，这些大学生虽然都是各校的最优秀的毕业生，但在学校后期并没有学到真正的知识，如果不对他们加以最辛苦的训练，如果大家都对苏联专家抱以依赖思想，即使中苏关系再好上五年，原子弹也未必能够做出来，要知道，苏联做原子弹同样是举全国之力，如果中国人没有这种发奋自强的劲头，光有模型、光有资料，哪怕有了具体指导，我们的技术能跟得上吗？我们的素质能跟得上吗？

最要命的是，当普通原子弹终将成为核大国的初级产品时，我们的第一颗氢弹能否在 1967 年这个要紧的时刻顺利地诞生？

很显然，苏联会继续跟我们耗，光是谈判，估计两年零八个月都下不来，何谈制作？

这种从一开始就被迫扔掉了拐棍的艰巨任务，正因为无依无靠，所以对自身的要求从第一天开始就迅速强化到无以复加的程度。

正是因为如此，邓稼先和他的理论设计团队将别人用来娱乐的时间也用来学习，甚至将别人用来休息的时间也用来工作，深厚的理论基础就是在 1958 ~ 1959 年间魔鬼式地累积出来的。这是一座座巍峨大厦的牢固根基，任你需要什么装点，任你需要什么增补，根基的牢固让邓稼先终生受益匪浅，这真应了毛主席在得知赫鲁晓夫下台时说的那句话："我们应该给赫鲁晓夫同志颁发一枚一吨重的大奖章！"

几十年后，当彭桓武回首往事时说："老实说，我觉得我们比前苏联专家干得好。如果前苏联专家不走，原子弹不会这么快爆炸，氢弹肯定不会有。"

这其实代表了相当多亲身参与第一颗原子弹和第一颗氢弹研制

的科学家们的心里话！在前苏联专家帮扶期间，那些专家们指导给我们的也并非核心领域，而且大多数人说白了都是在敷衍塞责，能拖就拖。著名的哑巴和尚别列涅金是其中最为典型的代表。邓稼先和他的团队一度被别列涅金指挥得团团转，一会儿修公路，一会儿铺沙带，一会儿拉铁丝网，就是不讲课。当邓稼先实在忍不住了，请求这位专家给大家进行辅导时，他把眼皮翻到了天上："你们有多少高级人才啊？"

邓稼先忙说："这些都是中国各名牌大学毕业的高才生！"

别列涅金立刻耸耸肩，撇撇嘴，不屑一顾地说道："这些人够干啥！"

他慢条斯理地给邓稼先开出一个涵盖有一百多种学科的人才表单，邓稼先认真地看着，但却越看越糊涂了：怎么还需要纺织方面的？怎么居然还有农艺师？还要有花匠！

邓稼先不解地向专家咨询，别列涅金却懒得理睬他。他慢条斯理地独自闷在自己的办公室里，几天之后出来了，给他开出一个多达25本的"基础"阅读书目，而其他各种类型繁多的书目甚至多达几千本，他告诉邓稼先，带领大伙儿先把这些书通通读懂了，再来找他谈原子弹模型的问题。

画外音：

就这些书，得装满满一卡车！我当时就对我们这些大学生们说，读完这些书，我们的头发都该白了，还造什么原子弹！

就这样每天除了讲些不知所云的故事，剩下的基本就是瞎扯淡。一晃到了1959年6月，别列涅金借口北京太热，要回高加索度假去，他厚着脸皮提出要买布料！谁都知道，当时中国老百姓手中的布票极度紧缺，但中国政府方面还是硬着头皮满足了他的要求，给他凑了一卡车高级布料。这位老先生回国后，却从此音讯全无！

试想，假如苏联当时不撕毁协定，在这种半阴不晴的状态下，中国得用多长时间才能造出第一颗原子弹？

在中国一共进行的 45 次试验中，原子弹的设计皆出自九院，中国一共只失败了 3 次，极高的成功率后面正是靠着当年打下的牢固根基和后来每一次试验之前付出的心血。

画外音：

没错，正如我不管解密的事，我只负责制密一样，我也不负责欢庆，我只负责制造欢庆。在每个核弹制成之后，我们还要一遍遍地检查各项参数、各个部件，还要插好雷管，当这一切都做好之后，在用飞机或火车将产品送到新疆核试验基地之前，还有一道并不危险、并不烦琐，然而总是让我压力巨大的程序：

签字。

邓稼先生前，大多数核试验之前的产品交接书上，签的都是他的名字。这表明，这颗弹头已经一切都搞定，可以点火试验了，而邓稼先对这颗弹头的质量和安装负全责。

画外音：

这是对祖国、对六亿人民签下的字，我不可能心如止水。我是一个凡人，我尽我们团队最大的力量，但我怎么能确保万无一失？但是，总需要有一个人出头签字，"九院的龙头在理论部"，我不签字谁来签字？但是，这不是手一甩就能完成的程序，我必须要在签字之前，彻底地把一切问题都解决好。

但是，签字之后，我还会继续翻来覆去地想，原理方面一点儿漏洞都没有了吗？几十万个数据的计算是否都正确无误？那么多的零部件是否都合乎指标要求？材料性能能否符合设计要求？

每一次签字后，我都如堕入万丈深渊一样坐卧不宁，我必须继续拼命地思考，继续全面检查这一道道烦琐的设计流程，而一旦在哪个环节出现了遗漏和失误，我就将成为历史罪人！说句开玩笑的话吧，签字以后，我的脑袋就不在脖子上了，而是立即别在了裤腰带上。但是，我必须挺住，说白了，问题到此为止，责任由我来负，我就是干这个的，我没有理由再推三阻四。为了这些"大宝贝"，全国人民付出的太多，失去的也太多了，我清楚祖国在这些年经历过的巨痛。当我被压力弄得抬不起头来时，有一种声音总在我心底浮起并炸响在我耳边，比原子弹爆炸的声音还要猛烈：

邓稼先，这就是你要干的事！你责无旁贷！

没错，对于曾经历过亡国奴生活的折磨、曾见识过国民党残暴的那一代人来说，建国后的分担多来自当年苦日子中的人生态度，在这方面邓稼先多年的民主政治运动参与经历，是他迥异于其他很多科学工作者的根本原因，历史对此暂时并无剖解，但实际上，这是邓稼先长大成人后的人生走向和生命最终结局的起源。在很多事上，邓稼先有着自己独特的判断，他从不轻易盲从于大多数人的声音，但是他的性格使他不轻易发表自己的这些观点。他知道，自己的那些观点是站得住脚的，但一旦传出去，走调的可能性极大，更别提以讹传讹是乱世中最易被"发扬光大"的人性之劣根。有一件事情，能看出邓稼先这种"绝世而独立"的本质。

邓稼先：温文尔雅的坚守

1954 年国庆期间，毛泽东邀请赫鲁晓夫来北京参加庆祝典礼。10 月 3 日，毛泽东、朱德、刘少奇、周恩来、陈云、彭德怀、邓小平等中国领导人，与赫鲁晓夫、布尔加宁、米高扬等前苏联领导人，在中南海颐年堂举行了两国最高级会谈。在会谈接近尾声时，赫鲁晓夫说：

"我看到了，你们取得了非常了不起的成就，苏联人民非常钦佩。苏中两国应该继续团结，互相支持。不知道你们对苏联还有什么要求？"

毛泽东说："中国现在的国防还很落后，这是事实。现在我们对原子能、核武器有兴趣。今天我们两家在一起商量商量，希望你们在这方面能给我们一点帮助，使我们有所建树。总而言之，我们也打算搞这项工业。"

担任翻译的费德林把毛泽东的这番话译了过去，赫鲁晓夫一听，愣了，他琢磨了一下后，回答道：

"搞原子武器，中国现在的条件恐怕还有困难吧。那个东西太费钱了！社会主义大家庭，有一把核保护伞就行了，不需要大家都搞。原子弹费钱费力，不能吃，不能用，生产出来还要储存好，要不了多久又会过时，还得重造，太浪费。我们认为，目前你们还是应该集中力量把经济建设搞上去，人民的生活水平提高了，比造什么原子弹都要好得多。如果现在要搞核武器，就是把全中国的电力集中起来都难保证。其他的生产还搞不搞？国计民生怎么办？不过，如果中国迫切想搞这个东西，并且是为了科研和培训人员，为将来打基础，那么苏联愿意帮助建设一个小型原子能反应堆，这个一般比较好搞，也不用花太多的钱。"

中苏从邦交蜜月到反目成仇，这次会谈无疑是整条线的发端。历来，对赫鲁晓夫这番话，中国人全部是持批判态度的，也是"老大哥"阴险狡诈的直接证明。但邓稼先不这么看。

画外音：

苏联撤走专家后，我们当时非常愤怒，但比愤怒更强烈的情绪是彷徨，稍作调整后，我们整个理论部比彷徨更强烈的情绪已经变成了自我激励。说穿了，仰仗于人始终是不行的，毛主席不是早在南泥湾时期就提出了"自己动手，丰衣足食"吗，这是千古不变的真理。所以说，最终中国能达到什么程度，其实跟苏联人原本就是无关的。但我理解主席在1954年的那次商请，以当时中国的国力，的确极难承担起独自研制和制作核武器的重任。也正因为此，其实赫鲁晓夫的话并非都是错误的，我认为一半错，另有一半是正确的。错误的是"社会主义大家庭，有一把核保护伞就行了"这句话。中国不是小国，而是世界列强觊觎多年的超级大国，连你苏联都在觊觎，我们谁也信不过，原子弹是必须要有的。

但赫鲁晓夫后面说的都对，尤其是其抛出的质疑"其他的生产还搞不搞？国计民生怎么办？"毛主席在苏联毁约后，我能想象出他极端难过的心情：他必须要面对赫鲁晓夫抛出的这个质疑了！

我很清楚，我必须拼命地干，快点干出成绩来，好对得起那些为了支援核武器发展而死去的人！很多人其实都不知道自己是因何而死，更不知道他们的死居然很大一部分是因为将生命献给了中国第一颗原子弹，而他们对原子弹其实一无所知！

但我没必要将这些历史微妙的因果关系摆出来，我唯一需要做的就是宁可自己死在研制现场，也要尽快造出让列强胆颤、让中国

邓稼先：温文尔雅的坚守

人挺直腰板的核武器！

那些默默死去的人，才是真正的英雄，没人会在原子弹发展史上为他们记上一功，我够幸运，即使我现在就死去，我知道我已经在功劳簿上了。面对所谓的困难、挑战、压力、危险，我还有什么资格讨价还价？我唯一的恐惧，其实只是怕不成功！

这样的煎熬，虽然对邓稼先来说司空见惯，但绝非早已驾轻就熟，或者说游刃有余了。事实上，他也经历过几次极其惊险的瞬间，这是他每一次见到许鹿希时，许鹿希都惊诧于他的白发比上一次明显增多的主要原因。有一次弹头已发出去了，他在罗布泊的帐篷里接连几天都在琢磨产品的安全性，白天想，夜里也不闲着，连做梦都在检查数据和工序，突然，他从迷迷糊糊的状态中惊醒，一个有可能导致失败的数据像钉子一样扎进他的心脏，他一跃而起，紧急喊醒帐篷里的其他人，将自己的想法说了出来，众人都惊呼幸亏发现得早，大家连夜攻关，商量对策，终于在原定核试验零时前，将一切需要改动的地方进行了完美调整，避免了一场大事故的发生。

没有责任心，就不会在交接书上签字，而没有强烈的责任心，就不会在实验数据交出去之后依然沉浸于这个核弹头上。邓稼先将全部心思都用在了产品的完美上。必须 100% 的完美，必须 1000% 的完美！

忠心耿耿，只为核弹。邓稼先作为总设计师要付出比别人多得多的思考和担心。排查问题是负责任的一种表现，而力排众议，在关键时刻坚持自己的立场，确保核试验如期完成，更是负责任的高度体现。

在邓稼先为数不多的、比较纯粹的欢乐记忆中，1981 年夏天在罗布泊的那一次"抓鸡"是不能被忽略的。在那年的一次核试验之前，已经连续七天对产品质量进行了一遍遍排查确认无误后，邓稼先决定给自己放个小小的假，简单放松一下，他的放松方式很简单也很特别——去戈壁滩上抓一种野鸡"呱呱鸡"。

这是一种灰色的、尾巴很长的野鸡，长相猥琐，叫声难听，但对天性爱玩而现在却每天都提心吊胆和数字打交道的邓稼先来说，能去追赶这连飞带跑的呱呱鸡，已经是上天赐予的极大欢乐了。

他和军医李大夫走出帐篷，一直向远处走，走出很远，在一块空旷无人的野地里终于发现了一只呱呱鸡，梦境般的快乐开始迅速升级，两个大男人玩得不亦乐乎，不为抓鸡吃肉，不为锻炼身体，只是为调剂一下极端紧张和枯燥的生活。

突然，鸡虽跑得正欢，一辆汽车却比它跑得更欢地全速开过来，一个惊人的消息让邓稼先瞬间对抓鸡失去了兴趣：

后方急报，计算机结果中有个地方出现了问题，应该停止这次核试验！

此时，他心爱的宝贝——那枚核弹头，已被下放进准备做地下核试验的竖井中。巨大的考验摆在了面前：听从后方领导的命令停止核试验，问题显然不小，属于研制事故。但如果不听，继续试验，如果在爆炸时出了问题，那后果将更为严重，甚至不堪设想。

此时，在邓稼先的心目中，责任却忽然并不是最重要的了，科学排在了责任的前头。没错，在邓稼先看来，这时如果科学发挥不了用处，科学家不如回家种几亩老玉米更有价值。

邓稼先开始用各种方法去推算原来数据的合理性，从多种角度去核查数据和结果的匹配性，他如此的拼命就是想找到一种证据，证明能够继续进行核试验——这是亿万人民关注的头等大事啊！更要命的是，如果想停止这次试验，必须将已装好了雷管的核弹进行起吊，这是极危险的事，如果要改动装置，则必须卸掉早已拧死的螺丝，其难度倒不是非常大，但危险性却极高。

但是可靠的证据一时又找不到，邓稼先心急如焚，接连两天两夜，他在井上井下忙来忙去，来来回回，由于紧张过度，几乎每半小时就必须去小便一次。在山重水复疑无路的时刻，邓稼先躺倒在帐篷底下，将全部杂乱的思绪放空，果然想起了在搞原子弹理论最初设计的时候用的粗估法，他兴奋地甩掉一只鞋，跑出去找来纸和笔，借着微弱的灯光，在纸上唰唰唰写出了一连串令人眼花缭乱的公式和数据，最终判定：

计算虽然有错误，但是误差幅度不足以影响本次核试验的成功！

得出这个结论后，他当即拍板儿：本次核试验照常进行！

三天后，一颗氢弹在罗布泊顺利炸响，邓稼先头上的白发也有史以来首次全面超过了黑发。他将一颗已提到嗓子眼儿的心安然放回了肚子里，看着镜子中的自己白发皤然的样子，苦笑了一下，道：不是西风压倒东风，就是东风压倒西风。自然规律，我管他呢！

1961 年的最后一天，经过了三年"神计算"的邓稼先团队终于看到了曙光，原子弹理论计算基本完成，而其核心主题则是日后让世界列强大跌眼镜的铀弹和内爆法。后发优势此时得到中国人最好的诠释，相比起美苏的钚 239 材料和枪法式起爆，中国的原子弹研制一开始起点就如此高，显然中国不仅仅满足于追赶，其目标绝对是超越。

换种说法我们将更加了然：所谓内爆法，是将大量高效能炸药起爆的能量压向内心，产生高温高压，将内心里的核燃料压缩后产生核裂变，释放出大量核能。但是，困难的问题在于炸药起爆后，能量并不是完全向内心压缩，而是向四周扩散，这就无法实现核裂变。

美、苏第一颗原子弹采用的都是枪法，而内爆法的最大优势是内爆型原子弹如果研制成功，就表明下一步可能研制出氢弹，内爆型原子弹的发展前途远非枪法式原子弹所能比拟。

此时，邓稼先团队已经在理论上完成了合理化计算，同步聚焦——使炸药同步起爆，能量聚焦压向内心的方法已经在理论上证明了可行。

1962 年 9 月，我国第一颗原子弹的理论设计方案诞生了！基于这个方案，二机部党组向党中央呈交了《关于自力更生建造原子能工业情况的报告》。11 月 3 日，毛主席审阅了这份报告，亲笔批示："同意，很好。要大力协同，做好这件工作。"政治局做出决定，成立了以周总理为组长的十五人中央专委，在邓小平总书记主持下，确定了我国第一颗原子弹爆炸的日期，邓稼先在中国第一颗原子弹总体设计方案上签了字，对其可靠性做出了庄重的承诺。

雄狮的脚步一旦踏出，任何阻挡的力量都将是螳臂当车，处于加速度发展中的核武器事业，从这一刻起进入了伟大的实践操作阶段，那惊人的一响已经点燃了导火索，咝咝地冒出了耀眼的火花。

14

雄鸡一唱天下白

他在极艰难境地中摸索出来的三大方向，一直指引着原子弹研制团队走在正确的轨道上，"天大的炮仗"终于在那一天凌空炸响，惊彻世界。世人纷传，张爱萍是福将，而张爱萍却说邓稼先才是福将，尤其是他的名字更充满了玄机。真相果真如此吗？雄鸡之所以能够啼亮黎明，不是因为天赐的一副好嗓子，而是那雄浑的底蕴！

许鹿希帮邓稼先翻了个身。几分钟，邓稼先就得翻一次身，不翻的话，下面的那一侧就会被压得痛不欲生，最要命的是被压住的地方会导致身体其他部分再一次不可控制、不可预知地出血。

但翻身本身又是一个极其痛苦的过程，所以许鹿希不用护士，就自己给他翻，她庆幸自己有一双迥异于医学家的胳膊，粗壮有力。这都是拜多年来里里外外的家务全靠她一人打理所赐。

邓稼先自嘲道："我现在变成一张饼咯，你是那把烙饼的铲子！"

这是 1986 年的 6 月 24 日。邓稼先喘着粗气刚刚将身子摆正过来，一阵急促但轻盈的小碎步飞奔过来，面容姣好的小护士像蝴蝶一样飞了进来，脸上瞬间流转着惊奇、喜悦和崇敬：

"呀，阿姨您也买了报纸呀！您还买了《解放日报》啊！邓叔叔，您太伟大了！您连我们都不告诉啊！"

句句都是惊叹，把邓稼先和许鹿希都逗乐了。小护士用力地摇着手中刚刚出版的《人民日报》，抿着嘴冲邓稼先笑着。精致的蝴蝶结在护士帽里掩盖不住地晃来晃去！

"年轻真好！"

邓稼先的心里蹦出这四个字！年轻代表的不仅仅是活力，更是可以研究一切的黄金年龄，人这一生最宝贵的不是金钱和地位，而是年轻。我 20 岁的时候……

"年轻真好！"

许鹿希的心里也蹦出这四个字。这真是心有灵犀一点通，夫妻就是夫妻。

假如能重新回到过去，许鹿希会毫不犹豫地告诉他，我不反对你搞原子弹，我还是一如既往地支持你，我也不要求你一年必须回来一次，我只是想告诉你，你在基地的时候，不论去做什么试验，都要穿好防护服；你回到家里的时候，能听我的话去医院检查身体。

如果真是那样该多好，他们夫妻俩就可以期待剩下的20年，一起去地坛庙会看耍狮子，一起旅游，一起陪孩子们的孩子！那将是一幅多温馨的晚景图，两个相爱的人互相牵着手，再也不松开！

在给邓稼先读报的时候，她看到邓稼先长舒了一口气，她知道，她亲爱的邓稼先终于又回来了，他不再是那个生冷的科学家，他依然是那个喜欢故作神秘地给她讲奇闻趣事的顽皮男孩，他依然是那个喜欢笑嘻嘻等着看她惊讶口型的有趣老公。

很明显，他此刻是无比愉快的，尽管肉体的折磨让他无法充分绽放自己的愉快；他此刻是无比欣慰的，尽管沉稳的性格让他无法尽情发泄冲动的激情。许鹿希激动得手一直在颤抖，在帮他翻身的时候，"麻木不仁"的邓稼先都感觉到了这一点。

其实，邓稼先也是非常想"颤抖"的，但他的身体组织已基本上不听他使唤，不该颤抖的时候浑身乱颤，激情翻涌的时候，反而像现在这样平静得"没有天理"。

他没有理由不兴奋。但他并非是因为终于被公开承认、公开认可，跟所有外人的想法迥异的是，他的兴奋其实也是整个研制团队共同的兴奋点所在：

我们的国家，终于可以扬眉吐气地向外界宣传曾经的绝密档案了！

这说明什么？

这是中国的核武器威力已敢于同曾经的核大国抗衡的自信体现！这是祖国的综合国力上升的具体体现！而如果说毛泽东主席当年在

政协会议上说的那句"中国人民从此站起来了",让亿万中国人热血沸腾,那么,现在这种充分的自信则是毛主席那句话的最有力的补充,是曾经软弱可欺的祖国面向世界发出的新时期的铮铮宣言:中国人民从此将永远不会倒下,永远屹立在世界的东方!

没错,解密的开始代表着中国国防军事实力的真正强大。具体来说,就是核武器已经在战略上和战术上都能够真正发挥作用。在此,我们不得不再一次向高瞻远瞩的老一辈革命家——同时也是战略家的那一代领导人致敬!在原子弹研制紧锣密鼓开展之时,"两弹一星"中的导弹和人造卫星的研制也同期开始了。

这三者的关系并非尽人皆知。原子弹属于最终攻击武器,但它自己是不会飞到目标那儿去的,光有塔爆和空爆都只是试验室的东西,要想出国门进行打击,必须要有中程和远程导弹,1000公里的中程导弹可以将苏联涵盖,10000公里的射程则能将美国笼罩在我们的控制之内。光有这两样还是不够,没有人造卫星的精确导航,导弹就成了瞎了眼的疯子。

可以说,从1950年开始,"两弹一星"三线同时研制,体现了以毛泽东为领袖的党中央的超凡魄力,从此中国涌现出以邓稼先、钱学森为突出代表的卓越的科学家队伍。

邓稼先是九三学社成员,更是一名共产党员,如果说1951年他能够加入九三学社,是国内科学界对他的学术成就和地位的一种充分肯定,那么,1956年以后,他将他的全部信仰都已交付给了共产主义。这毫不夸张。

画外音:

也许,我生下来就应该是做这个的!

我最忘不了的是当时二机部副部长刘西尧说的一句话，它对我是一个深深的鞭策：中国核武器研制的龙头在二机部，二机部的龙头在九所，九所的龙头在理论部！

这句递进逻辑非常清晰的话，随即被我们提炼成"龙头的三次方"。

作为当时各大部部长里面少有的几名读过大学的人之一，刘西尧很清楚理论的极端重要性。他的话戛然而止，点到为止，内里的东西显然没有接着说，但邓稼先的心仿佛被重锤狠狠擂了一下。那句没有说出的话是：理论部的龙头就是你——邓稼先！

画外音：

禅宗有句话叫"至道无难，惟嫌拣择"，说起我当年的选择，看似很多，但因为初衷都是一个，所以做起来并没有那么痛苦，而这个初衷的确立，也没经过什么复杂的运算和推理，没经过慷慨的自问和顿足，它的简单之处在于，我只做我应该做的。

如果我有一膀子力气，我会去打铁，造出锄头铁锨，在田间深耕细作；如果我有一双巧手，我去画出好看的图画，悬挂在大家看得到的地方，让人们心情愉悦。但我只有这一颗还算是够用的脑袋，那我只好干我所热爱的这份工作。这没什么好说的。

我年轻时颇看过几本闲书，至今我还记得张爱玲女士说过一句很有趣的话，"有美的身体，以身体悦人；有美的思想，以思想悦人"。

虽不太贴切，但我基本上就是这么个想法。我对自己的定位始终都是一名科技工作者，虽然，我只发表过四篇论文。

"两弹一星"功勋奖章获得者中，邓稼先的论文发表得最少。除了身赴九所之前所著的四篇论文，终生再无一个字发表和出版过。

他将更多的精力和时间投入到核武器研制事业中，将自己的一切知识和智慧都消弭于这个庞大的工程中，而同时他将自己藏得深深的，不折不扣的"深藏功与名"。以邓稼先的学识，写几部书不仅容易，而且也非常有必要，他自己其实也完全意识到了这一点，但他就是没有多余的时间！

他曾在病中对外甥小捷说过：

"杨振宁在规范场方面的造诣非常深。我对规范场也很感兴趣，结合我们的事业需要，我想把《规范场论》的书写出来，我已经写过一点我自己思考的东西，给别的同志看过，他们还挺赞赏呢！说实话，我还想搞计算机。我还很喜欢自由电子激光，能搞成连续可调控的激光器，非常有意思。"

但最终，邓稼先即使付出了一个晚期癌症患者所最能令人称叹的心血，《规范场论》他也只写了一半，是于敏最终完成了后一半；至于原子核理论工具的群论，他是特别有兴趣的，这也是他最想写的一部书，住院之前烦琐的工作压得他喘不过气来，他硬是挤时间加班写出了几万字，待到住进医院来，那份最重要的建议书用去了他全部的精力和时间，原打算写上80万字的《群论》，连雏形都尚未形成，他却已驾鹤西游。

今天我们回望历史，假设邓稼先晚生十年，中国的核武器将是一种什么样的面貌？让我们做个最大胆的假设，也许六亿人共同欢呼的原子弹能够研制出来，氢弹也能够研制出来，但中子弹以及计算机模拟爆炸都将成为梦想，成为后人无法理解的"天外飞仙"——因为，在中国终于试验完第一代的核裂变和核聚变，美苏已联手推出了《大气层核禁试条约》。没有邓稼先，很多理论上的、实践上的东西都将缓步十年，甚至更多！我们的初级产品实力尚不足以跟核大国对抗，受制于人的局面将不会从根本上得以扭转。

假设赵九章在 1964 年秋没有不失时机地向国务院提交开展卫星研制工作的正式建议，假如这一建议就没有引起中央的高度重视，那么今天有没有"嫦娥飞卫星天"还得两说。

反向的例子则更多。八十年代中国的发动机技术跟欧洲只差一代，现在呢，如果不买技术的话，要相差两代以上，这就是下马的结果、停滞的结果。

很简单，你原地踏步，人家继续前进！

正是因为这个原因，邓稼先关于在实施计算机模拟爆炸前尽快完成核极限试验的建议书，同 1953 年钱三强向国家提出的"研制原子弹"一样，成为中国原子能事业建设与发展进程中的最重要的两条建议。

一条是鸣锣开场，一条是审慎收官，两大科学家的建议如此完美呼应。

这一切，都是邓稼先预支了自己的生命换来的！

28 年了，中央军委终于对邓稼先解密了，虽然还只是局部，但至少许鹿希可以说丈夫是干什么的了！典典和平平终于可以扬眉吐气地说爸爸是干什么的了！他们俩一定会大声，大声，再大些声地告诉所有认识的人，我的爸爸叫邓稼先，他是制造原子弹的！他不光制造了原子弹，他还制造了氢弹！他还制造了中子弹！

泪花模糊了许鹿希的双眼。

一晃，典典已经 32 岁，而 30 岁的平平身材比爸爸要高出一大截！许鹿希再也不用尴尬地面对单位同事充满好奇心的疑问了，再也不用无奈地躲闪邻居们不明就里的嘀嘀咕咕了。

许鹿希吐出一口长气，不争气的眼泪瞬间被带了出来。她不好意思地抹了抹眼泪，道：

"没什么，我想起我爸爸的一件事。你们搞的第一颗原子弹爆炸的那天晚上，严济慈老先生正好来爸爸家，爸爸那年75岁了，手里颤巍巍捏着的也是《人民日报》，那个开心啊，你没见着你都不知道！爸爸看严公公来了，就问严公公说谁有那么大的能耐能造出原子弹啊？严公公那时是中国科学院院长啊，他哈哈大笑说，你还问我？你快去问你的女婿吧。爸爸当时就明白了，大概心里也想保密，也想不说，但他太激动了，结果一下子就脱口而出：是稼先？然后两个老头子哈哈大笑。爸爸那天是真开心！他现在一定也高兴得不得了呢！"

高兴的何止是这几个家庭？就在第一颗原子弹爆炸成功后的第二天，新中国在全世界人们的眼中焕然一新，所有在海外的华人对此都有切身的体会，不仅仅是变化，用"颠覆"来形容更为准确！

1964年10月15日，曾经的纺织女工、后来荣任全国政协副主席的郝建秀率领一个代表团赴欧洲参加完一个活动，10月16日下午，他们从阿尔巴尼亚回国经意大利转机时，被告知没有机票，需两天之后给航空公司打电话咨询。没办法，他们只好到宾馆里等候。第二天，中国第一颗原子弹爆炸成功，当晚这个消息传遍了全世界。让郝建秀没有想到的是，第二天上午，航空公司主动找到她，并在宾馆将机票亲手交给了中国参观团！

没错，作为邓稼先的岳父，此时已97岁高龄的许德珩正老泪纵横。他为女婿终于重见天日而高兴，也为女儿的家庭重新团圆而高兴，这种高兴甚至可比拟1964年10月16日下午3时。许德珩很早就知道了中国原子弹爆炸成功的消息，比普通人要早7个小时。但当满大街上都出现了套红《人民日报》号外的时候，当天安门前狂喜的人们尽情散发着喜讯的时候，他的心情还是没有从激动中有所平缓。就在那一天，许德珩内心的入党意愿也越来越强烈：

中国共产党实在是太伟大了，中国共产党领导下的中国科学家以及中国人民实在是太伟大了，原子弹——果真造出来了，真的是一个"天大的炮仗"啊！

许德珩久久地掐着报纸不放，任由思绪信马由缰地回到了1935年的某一天。那天，他和妻子劳君展一起去邓以蛰家。还没到门口，就远远地看见门框上悬着一个人，在那一下一下地悠动着，两只胳膊是这个秋千的绳索，有时，忽然又变成了一只胳膊——单臂循环！这是少年邓稼先自己创造的人体秋千，当读书读累了的时候，他就会跑到门框上来玩这个游戏，既锻炼体力，也妙趣横生，还能顺便瞧瞧街上的热闹，这使得他能够提前观测到家里又有客人来——那时，邓以蛰家时常高朋满座，胜友如云，他几乎和任何科目的教授都谈得来，人缘极好。这一点，被长大成人的邓稼先完整继承了下来，并在不同寻常的"文革"岁月中发挥了积极的作用。

许德珩看到那个少年（他当然也早就认出了这就是邓稼先）快速跳下来并跑回屋子里，笑着转过头来对劳君展说，"你看，邓家的孩子是多么淘气啊！"

很快，邓以蛰出来了，邓夫人王淑蠲也笑盈盈地紧随丈夫，前后脚地出现在大门口等候。邓稼先却不知跑到哪里去了，无影无踪。

许德珩笑着对邓以蛰说，"你的大公子不错嘛，很能观敌瞭阵啊！很开放，又有远见，将来一定比你名气大！"

邓以蛰哈哈笑道："没错，我是独坐一隅兼闭目自省，正好是你说的反面。孩子比我们强，这是我们的福分啊！哈哈，快请进！"

1964 年 1 月 14 日，最大的前提困难被成功解决——第一批合格的浓缩铀 235 被生产出来！在随后由赵尔陆上将主持的会议上，核工业部、航空工业部、电子工业部、兵器工业部、造船工业部、导弹工业部等国防工业六大部的部长全部参加。国防工业办公室常务副主任赵尔陆上将兴奋地说：

"我们已经有了粮食。有了粮食，我们就可以做饭了。"

早已支好了大锅、燃起了柴火、放好了水的邓稼先团队，此刻已是迫不及待准备为全中国，不，为全世界，端出一盆惊世大餐！

画外音：

我与张爱萍上将的私人关系后来越来越好。他是一个正直的人，是我所见到的最正直的人之一。人们都说张爱萍是个"福将"，只要他在现场，任何一次试验都能成功，甚至非常完美。这是有事实依据的——在张爱萍上将亲自到现场指挥的核弹与导弹包括卫星发射试验，全部成功完成预期目标。但张爱萍上将私下里跟我们聊天时说，他这个"福将"之所以有福是因为只要他能够说了算，身边总能聚集起最优秀的科学家，比如邓稼先。

"邓稼先更是个'福将'，我这个'福将'之所以有福，归根结底是邓稼先是个'福将'！首先，邓稼先，你这个名字起得就好啊！"

邓稼先后来跟别人玩笑般地说过：

"他们又转过来说我是'福将'。哈哈，我就说，那没错，我是甲子年出生的，甲是天干之首，子是地支之首，所以我是'福将'。哈哈！"

张爱萍说话的风格斩钉截铁，毫不拖泥带水，并且喜欢开玩笑，在他多次和邓稼先团队的交流中，曾有一次专门对邓稼先的名字给予了高度的评价。张爱萍的意思很干脆：邓稼先的名字让我们事事占先！

不光是铀235原子弹的爆炸远远超乎美苏的预料，也不光是氢弹爆炸跑到了法国的前头，并且用330万吨的当量压过了美国的首次65万吨、苏联的首次40万吨，还有一次很多普通人不太清楚的占先，就是我们的"两弹结合"试验。两弹不结合，就等于光有弹药没有枪，但把核弹头和导弹融合在一起，可不就像把子弹推进枪膛里那么简单，两弹结合是一个全新的技术领域，张爱萍喜欢把两弹结合比喻为"娇小姐"嫁给了"啰唆汉"，并多次表示特别愿意当它们俩的介绍人。在枯燥荒凉的戈壁，这是流传最广泛的故事之一。

到底，中国在两弹结合方面又弄出个世界第一：无论是美国在1958年第一次发射（距离第一颗原子弹爆炸已13年）的M-31战术核导弹，还是苏联急于追赶地在同年发射的"火星"战术核导弹，他们都是将核弹头发射到海洋中。而发射到本国国土的导弹，一旦中途掉了下来，或哪怕偏离靶心远一些，都等于遭受了一次原子弹袭击。试验必须万无一失！

"邓稼先，你的'先'字处处发挥作用啊！"

1966年10月27日，仅仅是在第一颗原子弹爆炸两年之后，中国自行研制的东风2型导弹携带原子弹弹头，从甘肃酒泉发射基地起飞后，经过 894 公里的长途飞行，翻山越岭，穿州过府，准确命中预定目标，在新疆罗布泊上空骄傲地炸响。

迄今为止，只有美国、前苏联和中国这三个国家做过令人胆寒的两弹结合试验！

振奋人心的消息传来后，邓稼先再一次听到张爱萍上将兴奋的褒奖。

画外音：

张老爱才惜才，我很感动。实际上我很清楚，张爱萍上将之所以能够成为大家传说中的"福将"，绝对不是运气的问题，而是凭借两个秘诀——"下去"和"过细"苦熬出来的！而对我来说，名字中有个"先"字算什么咧！重要的是在工作中要勤奋占先，不能让懒惰占先，这才是最关键的。

事实上，成功的真正关键是在另一方面。邓稼先相比奥本海默（美国"原子弹之父"）的性格迥然不同。一个谦恭有礼，一个则盛气凌人。奥本海默可以背着手，扬着头，滔滔不绝地说出各种公式，给各位科学家下达一道道指令，60 万人的研制大军让这位"美国原子弹之父"不必事事亲力亲为。

但邓稼先做不到这一点。不是邓稼先的智慧不及奥本海默，这里没有可比性，而是邓稼先当时身处的是人才极度匮乏的中国。当时中国的大学有多少？大学毕业生有多少？学物理乃至核物理的就更少了。海归军团则是最主要的支撑力量。

更重要的是，邓稼先的性格决定了他不可能一遇到危险就退缩，只待在实验室或会议室，而真正的困难或危险因为大多充满实践意义和纠错价值，邓稼先的使命感要求他必须一马当先。他是一个真正负责的人，他不是那种定下了制度就撒手不管的人，在这种极端重要的事业中，他必须事必躬亲心里才踏实，而他也想通过自己的行为带动全体参战人员做到兢兢业业。总之，他从一开始就豁出去了。这种日常工作兢兢业业、关键时刻率先垂范的领导作风，必然会带出一支高效率的铁军！

杨振宁在邓稼先去世后的 1993 年曾经写过一篇纪念文章，其中写道：

"邓稼先则是一个最不要引人注目的人物。和他谈话几分钟就看出他是忠厚平实的人。他真诚坦白，从不骄人。他没有小心眼儿，一生喜欢'纯'字所代表的品格。在我所认识的知识分子当中，包括中国人和外国人，他是最有中国农民的朴实气质的人。"

这里的"纯"，意思是纯洁和纯粹。不要小看杨振宁对邓稼先的这个一字之评，这足以说明两个人的交情是从少年时起就开始了的。"纯"的英文单词是 pure，从读初中开始，邓稼先赞叹一个人或一种行为时，都爱拍手叫出一声 pure，久而久之，同学们都开始叫他 pure 或 pure boy，意思是他给人的印象永远 pure，心底无私，纯真厚朴。

这篇文章题目就是《邓稼先》，曾多次被选入九年制义务教育语文课本。邓稼先骨子里的这种性格来自何处？说中国三千年优秀文化的传承显然有些空，但父亲邓以蛰对他的谆谆教诲终生萦绕在他耳边，早已入骨入心，亡国奴般的四海飘零生涯和中美之间巨大反差对比的强烈刺激，舍我其谁的英雄气概，才是他终其一生绝世而独立、谦恭而执着的本源。

画外音：

军人以服从命令为天职，国防事业中的科学家跟军人没什么区别，如果说有，那就是更得服从命令。有人后来喜欢说怪话，什么谁谁谁"金口玉牙，说啥是啥"，他说原子弹5年做出来，我们就得4年，他说氢弹10年做出来，我们就得8年，我们都是驾辕的马、耕犁的牛！

说实话，我很讨厌这些牢骚话。很多工作中的问题都出在说怪话的人大行其道。问题是，我们做没做出来？

做出来了！

做出来的前提，是我们每次都有最精确的理论计算和规划，然后一级一级上报领导，每级领导都签了字，每一次的试验都是一个大工程，但更像一个大链条，很多人都拴在上面咧！我还是认为主席既有远见卓识，更有具体办法，这种链条式运作和下压式驱动，是我们最高效完成任务百试不爽的法宝。

是的，没错，这个方法永远有效，即使当我们遭遇到最恶劣的环境！

15

灵台无计逃神矢

在顺境的时候不向国家伸手，在逆境的时候从未想过逃离，亡国的苦他受了，离别的苦他受了，环境的苦他受了，当政治风暴将科学家视为蝼蚁时，他依然受了。他不是不会反抗，但他知道他的使命在哪里。他在内心里呼唤着光明，事实上他非常清楚，短暂的烟云是遮不住太阳的，他出色的情商让他安然渡过浩劫的年代，在众多狂狷之士含恨而去或销声匿迹的同时，他和他的团队从未停歇过核武器研制的脚步，这绝对是中国科学史上的一个奇迹，甚至，要比中国第一颗原子弹的爆炸还要不可思议！

1986 年 7 月 11 日，邓稼先的生命马达已明显开始减速，缓慢得几乎可以听见齿轮和齿轮相碰撞的声音。他什么也干不了了，邓稼先反而不似之前那么郁闷了，一切在这时都放下了。他拉着许鹿希的手，挤出一丝微笑，道："我是 62 吧？也很好了。我还记得，赵尔陆上将也是 62 岁没的吧？"

他说的每个字都扎在许鹿希的心上。

这是什么话题？这样的对话怎么进行？

她想安慰他，说他还能活很久，还会跟她一起去逛公园、去爬山、去赏花，但她知道，她面前的是邓稼先，他从来不是一个在彷徨中度日的人，他一直头脑清晰，知道自己该要的是什么，该舍的是什么，几十年来一直如此，即使现在他的眼神依然是清澈的，一丁点浑浊的东西都没有。

她不想再说废话了，她只想找到一些能让稼先开心的话题，她想跟他谈谈典典和平平，但两个孩子都不在身边，她怕一提反而让稼先伤心。

她想跟他谈谈核物理的最新进展，她却又不是很明白！

她终于想到应该说些什么了。

"稼先……"

邓稼先依然微笑着看着她，喃喃道："我真的可以走了。很温暖的，有你在身边呀。"

1967 年的初春，因为家被抄而只能住在办公室里的赵尔陆上将，在无人帮助、无人救治甚至无人知道的情况下，因哮喘发作孤独死去。为中国氢弹成功爆炸做出卓越功绩的著名上将，没有看到 4 个月后中国第一颗氢弹顺利试验爆炸，就这样不甘地离开了人世！

邓稼先：温文尔雅的坚守

在邓稼先的性格中，知足而乐是非常显著的一点。他极少发牢骚，即使当年在北京西郊的"神计算"时代缺吃少喝，甚至仅有的几口菜也被小鸡叼食了也不曾抱怨。他就是这样一个人，感激世界上对他有过帮助的每一个人，更懂得如何让自己的心态时刻趋于平稳。

新中国的初始阶段，社会风气相当正，那是知识分子最受尊重的年代。邓稼先清楚地记得，当研究所从北京辗转搬迁到青海金银滩第二个月的时候，221基地第一栋楼房建好了，李觉院长用他一贯的雷厉风行、说一不二的军人作风下达命令：把新建的房子让给科技人员，干部一律住帐篷！

在冰天雪地的青藏高原，把帐篷留给自己住，这才是真正的共产党员的本色和精神！而在这之前，在水深火热的三年困难时期，当首任核工业部部长、时任东北局书记的宋任穷想方设法从东北搞来一些大豆，支援北京的科研机构时，以李觉为核心的院党政班子一致决定：这些大豆代表东北人民的心，每个科研人员每天早上一勺清炖黄豆，行政干部一粒不许吃！

那个时期的干部和官员，堪称中国几千年清官史上最堪浓墨重彩书写的一篇。邓稼先为此深感庆幸，甚至满足。他对科技人员说："我们没理由不好好干！"

画外音：

我们搞科学的，能身处这样优良的政治环境，不抓紧机会多出成绩就没有道理了。踏踏实实，扎扎实实，埋头苦干，要做到这几点，科学家的性格就是要做好调整，不能好冲动，不能没耐心。因为，好冲动与没耐心是搞科学的大忌啊！

当年，面对日本人的铁蹄蹂躏，少年邓稼先没有低头，而是毫不犹豫地撕毁了那令人恶心的膏药旗；当年，面对国民党反动派的血腥镇压，青年邓稼先没有低头，而是置生死于不顾地登上讲台，痛斥黑暗政府的暴行！但当另一起风暴袭来的时候，中年邓稼先显然没有再那么冲动，他清楚，这场风暴中的大多数人都是不明真相的盲从者，按主席曾经的话说，这种矛盾属于人民内部矛盾，要用温和的办法解决，而不能同样采取极端的办法，那只能是火上浇油。

今天的人们对邓稼先拥有这样的想法不觉为奇，但在 1965 年后，阶级斗争开始把人分为敌人和自己人，全中国不存在一个中间派！

与时俱进，在全国人民几乎都分成了两派的时候，九院内部群众也毫不例外，这是 1966 年，氢弹研制正处于一发千钧的时候，九院两派之间的斗争也呈现出愈演愈烈之势，此时邓稼先还不是院长，连副院长都不是，但在关键时刻他走了出来，对正在走廊里满怀革命豪情的一派说：

"你们到我办公室里来一趟，我有个重要消息要告诉你们！"

正热火朝天闹革命的风雷青年们以为是最高指示下来了，立刻兴冲冲地挤将进来，邓稼先还没来得及说话，得到风声的另一派也气势汹汹地闯了进来，小小的办公室里人满为患。是的，是闯了进来，在那个造反有理革命无罪的年代，连他们的院长都经常老老实实接受批斗，邓稼先这个中层干部自然不在话下。

邓稼先内心一喜，但面上不动声色，高声道：

"你们来得正好！我原打算找你们大家一起来看一个重要材料，只是因为你们坐不到一块儿，就想先一个一个地分开看。现在好了，就请哪位法语好的同志给大家念念吧！"

谁肯自甘落后呢？两派中自然都有人立刻嚷着要念。邓稼先笑着指派了一个大家公认的法语最好的同志。当那位同志把这份法国准备在 1967 年底爆炸氢弹的材料念完后，整个办公室静悄悄的，剑拔弩张的气氛大为减轻。邓稼先知道是时候了，他清了清嗓子，道：

"革命同志们，你们都知道，如果这次法国成功了，他们就是世界上第四个拥有氢弹的国家，如果我们没赶上他们，我们可就是老五了！主席说过，超英赶美，一个小小的法国难道我们也打不过？可是现在，我也是干着急没办法啊，只好把你们这些同志请过来，用你们的革命热情想一想，我们到底该怎么办？如果你们都想当老五，那今天我就算没找你们说话！"

满屋子立刻响起"超过法国！超过法国！"的巨大声音，两派群众此刻混杂在一起，声音第一次如此的一致！邓稼先高兴极了，但他趁热打铁，急忙说道："既然咱们都想到一起了，那就团结一致，还像以前那样，抓紧完成我们的科研课题，革命同志们，你们说怎么样？"

"好！"

两派群众这一次的回应比刚才更加响亮和整齐！"赶在法国人之前"这句新的口号，成为九院新的凝聚力，之前见面怒目相向的两派人，终于友好地重新坐在了一起，科研秩序的恢复让邓稼先充满了成就感，甚至在那一段时间，这种极端的激励方式让九院的战斗力完全可媲美当年研制第一颗原子弹的时候，"如人使臂，如臂使指"的高灵敏、高效率的协调机制再次大显神威，二机部部长—九院院长—理论部主任—研究室主任—研究组组长—研究组组员，整条科研线路完全贯通，运作流畅。

一般情况下，理论部的几个主任如邓稼先、于敏、黄祖洽担负着最基层、最关键的方程式推导、设计工作；各室主任负责编写大型的计算程序，用数值方法解方程；各研究组的大学生们则昼夜轮流地进行演算求解。而在特殊情况下，当有紧急任务时，最上层的一个指令总是能够在最短时间内由最底端的相关人员保质保量地高效完成，这在当时国内其他领域简直就是天方夜谭！

邓稼先出色的心理攻关能力、组织能力和协调能力，让彭桓武、朱光亚等院领导刮目相看，从心底里感到佩服！

用同样的方法，邓稼先还在彭桓武受批斗时替他解了围！

要想引爆原子弹，就要先引爆团队精神这颗精神原子弹！如果你让邓稼先自己谈谈管理心得的话，他一定会说，我只是抓住了这条主线而已，别的就好办多了。这是大科学家在管理上与其他人的不同之处，纲举目张，水到渠成。

邓稼先清楚得很，勇猛也许能够换来胜利，但狂热绝对不代表成功，在其舍生忘死的壮烈人生中，事实上也经常对自己的计划进行极为理智的内省，这种内省一方面来自夜深人静时让他难以入眠的思考，重度的思考，另一方面，邓稼先将原子弹研制初期那种大民主的氛围完全带入到九院，并自始至终贯彻到工作中，他深知民主的优势，并在自己已成为领导之后，将民主作风贯彻得更为彻底，在开展民主建设、汲取集体智慧方面，他做得极其出色，并让下属经常忘了他是一名领导。

实际上，在学术面前，邓稼先常常忘记了自己的领导身份。在对待新问题时，通常的情况是，邓稼先把所有有关的人都召集起来，大家围坐在一起，类似今天的白宫圆桌会议，你看不到主次排序，当然更看不到出席者尊贵的名字牌。这只是表面的，在实际的会议中，邓稼先的超人之处在于，他的确让每个人都感觉到与他们在一起讨论的绝非一个高级领导，而只是一名跟大家一模一样的知识分子，一个经验稍微多一点的老头子！在一次有关氢弹实战化的重要会议上，邓稼先认为，从小型氢弹到实战型氢弹可以省掉两次热试验。他的意图很明显，这是加快中国热核武器研制，从而进一步缩小和核大国差距的跳跃之举，他的这个建议得到上级领导的首肯，但这时，在九院一个非常正常的现象发生了：有人提出了不同的意见。

自然，这是他的一名下属。

这在当年的其他国家核武器研制史上是不可能看到的，原因很简单，撇去"邓稼先是领导"这一如今很多人认为"不可推翻"的潜规则，从学术来说，敢于向中国几乎最有权威的核武器理论设计大师说"不"的，只有在邓稼先的团队中能够发现，并且，还成为了见惯不怪的优良传统。

这些讨论通通属于当时中国最重要的顶层设计之一，下属们不是不清楚这些话的重要性和影响程度，但他们个个儿都敢于发表意见，并坚持自己的立场，毫不动摇。事实上，自打在北京西郊组建原子弹研制队伍以来，邓稼先已经将这种勇气输入了他们的血液中，这正是中国核武器研制队伍能够屡屡攻克重大难关的保障——集体智慧的力量！

邓稼先极其认真地倾听了下属的意见：这次的跳跃式减省，虽然说有可能成功，但是根据不够充分，失败的可能性非常大。为了让我们的每一步都有扎实稳妥的理论根基，这两次热试验一次都不能省去！

科学来不得半点谦虚和推让，邓稼先非常欣赏下属敢于提出不同的意见，但他会马上指出自己理论的支撑在哪里，而下属也显然是有备而来，他针对邓稼先的每一条理论支撑给予了深刻的回解分析。双方用理论为刀剑，你来我往，互有攻防，使这次争论再一次毫无悬念地成为一堂生动精彩的课程，其精彩纷呈让所有的人陪着争论了整整一夜！

多少个夜晚，大家都是这么唇枪舌战地过来的，但讨论的完全是学术，一点不涉及人身攻击、家属背景以及私人爱好等。这样的争论，所有的人都受益匪浅，这是团队迅速提升整体科研实力，并持续凝结成一个强大的团体的奥秘所在。在这个过程中邓稼先同样一次次撞开思维的超级洞天，进入智慧的白热空间，今天大行其道的头脑风暴，在邓稼先的团队中表现得淋漓尽致。

邓稼先终于接受了下属的观点，他全盘放弃了自己曾铿锵演说的理论，不仅义不容辞地主动承担了向上级领导解释和建议改变做法的工作，而且在东方已现鱼肚白的时刻，请大家去吃了一顿相对来说较为丰盛的早餐。一次重大的理论提升，这个团队对自己的奖赏无非就是吃一顿稍微可口的饭，这已成了邓稼先的习惯，并且，确凿无疑的是他是出钱最多的人，他记不清自己为此究竟掏了多少钱。

从不贪恋于钱财的邓稼先，常常从自己的工资中掏出钱来请客，但邓稼先是心甘情愿的，绝非三分钟热血的冲动或视为终南捷径的"作秀"，终其一生，他都是这么做的，并且从未要求过任何回报：

从未向同事暗示要求他们回请，从未向国家暗示自己曾付出了太多！

画外音：

"一不为名，二不为利，但工作目标要奔世界先进水平。"这是我常常跟他们说的，那么，我自己都做不到，这不是最让人耻笑的事吗？我感到欣慰的是，我做到了这一点，至少，在我同他们讲这些话的时候，我从来没有看到一个人皱眉或撇嘴。有人说，这么多年来，那么多的理论文章、那么多的实验报告你都全程参与了，并且几乎全部都是你亲自把关、最终拍板的，你为什么从来不署上自己的名字呢？那么多的方案，很多都是你亲自执笔的，你为什么从来都不署上自己的名字呢？

这没什么。如果想让这个团队变得更有动力，当领导的不能总把自己的名字署上，你想，如果我署名，必然要放在第一位，那么，这么多的年轻人什么时候能出头？年轻人如果没有了动力，也就没了上进心，那我们的研究成果也就谈不上有多么先进。光靠我是绝对不行的。这是团队的力量，我这么做就是为了团队能够出成绩，至于我个人，我知道这里面有我的成果就心满意足了。要那么多干吗？

邓稼先完全舍弃了名和利，一心只扑在国家事业上，将自己的命运完全奉献给国家，数十年如一日地坚守。

当年，乾隆问纪晓岚：

"你说长江每天江面上来来往往如此繁华，一天到底有多少条船在穿梭？"

纪晓岚答道：

"只有两条船嘛!"

乾隆奇了,道:

"明明这么多的船,你怎么说只有两条船?"

纪晓岚手摸胡须感叹道:

"一条为名,一条为利,整个长江无非就这两条船!"

天下熙熙皆为利来,天下攘攘皆为利往。这几乎成了亘古不变的真理。如果说,隐士也能忽略名和利,但他们大多是在风景优美的地方修身养性,而邓稼先却连命都豁出去了!

画外音:

虽然全国总的政治气候不算正常,但这时的九院真的不错,这种氛围让我感觉很舒服。其实不光是九院内部,氢弹爆炸成功之前的这一段时间,几乎是我科研生涯中最好的时期,围绕核工业的方方面面大开绿灯,全国一盘棋的火热气氛让我总感觉有使不完的劲儿,干起活来不是分秒必争,而是微秒必争。

记得那次在氢弹导引项目中,有一个同步控制环节不能用电子方式而必须用机械方式进行传导,这就需要六个一模一样完全一致的弹簧,极其微小的弹簧,以当时国内的车铣设备和技术来说,要做出来难度非常大,当时别的环节都已经准备得相当充分了,可谓万事俱备,只欠东风,不能砸在这块儿!我不得不将这个问题提交给聂荣臻副总理,他主管核工业嘛,他跟我们说过,我们搞不定的就由他来搞定。

让我激动万分的是,聂帅给当时工业力量最雄厚的上海领导人打了个电话,那个领导人连夜召集上海全市几十个机械制造单位的老工人技师开会,会上他刚刚描述完这件任务的内容,就有一个校办工厂的老工人站出来说他能够做出来，回去之后立刻到工厂开工，小弹簧很快就做了出来！从我找聂帅开始，到 6 个宝贝般的小弹簧做出来，整个过程都没超过 24 个小时！

没有一个人讲条件、讲价钱，没有一个人找借口、找由头，没有耗费一分钟的谈判时间和交易成本，这就是朴实而神奇的中国人！当时我除了激动，只剩下一个信念，就是我们的氢弹一定会成功，我越来越坚信，只要中国人团结起来，守望相助，会战胜一切困难！

但邓稼先忘了，他也有过冲动的时候，何止是冲动，简直就是歇斯底里的大发作！这在邓稼先的一生中是绝无仅有的一次。王尔德说过，"只发生过一次的东西等于压根儿没发生过。"这句话没错，冲动不是邓稼先的性格，那一次的极度反常是政治高压在一个正直的人、一个勇敢的人、一个理智的人身上的反弹！

1967 年，核工业系统和航天火箭系统双双卷入"文革"升级的惊涛骇浪之中，军管会开始占据各大部委、科研机构、工厂的革命统治地位，尽管周恩来总理亲自过问，反复告诫有关人员，全力保护成长中的国防尖端科技事业，并列出了一长串受保护的科学家名单，命令二机部、七机部和科研院所的军管会负责人要对这些人做到妥善保护，并严肃提出："如果这些人发生意外，我要找你们。"

但是，县官不如现管，何况周总理那时的能力也只能勉强达到左支右绌，除了钱学森等当时名闻天下的大科学家被转移到安全地带，得到了切实的保护外，大部分科学家过的仍是小心翼翼、委曲求全的日子，甚至不得不靠说些违心的取媚之言勉强偷生。但中国历来就不缺硬骨头的狂狷之士，不缺一根筋的执拗之人，邪火很快就烧到了这些真正君子的身上。

1970 年，青海 221 基地来了军管会，他们的名头大得很，唤作"国防科工委工作组"。九院第二生产部主任、著名炸药专家钱晋，莫名其妙地被他们污蔑为"国民党西北派遣军中将司令"，并强迫他承认这一荒唐至极的头衔。同邓稼先一样，钱晋认为自己的骨头支撑起来的不仅仅是一个肉身，更是一个纯粹的灵魂，这样的灵魂是不可能一遇到危险就丢掉知识分子的尊严的！他没有屈服于工作组副组长赵登程等人的淫威而顺口胡说，于是他被一遍遍地重手毒打，站着打，趴着打，跪着打，吊着打，最后被活活打死。

中国自己辛辛苦苦培养起来的炸药专家，学术功绩无可限量的科技带头人，为中国的原子弹和氢弹研制做出巨大贡献的科学家钱晋，没有被资本主义的香风臭气所腐蚀掉，没有在千万次的危险试验中牺牲掉，竟被这种莫须有的假案、被一小撮不学无术却气焰滔天的家伙们弄得斯文扫地、体无完肤，其结局更是令人发指！

任何人都不喜欢再提起那一段往事，但历史不可能在这里突然拐个弯儿或者跳开，我们无法绕开真实的历史，就像必须承认我们大多数人的灵魂都并不那么纯粹。邓稼先同样最不喜欢面对这样的场面，但他已经面对了这样的场面，无论如何他是不肯装聋作哑的。这就是敢在少年时期就断然撕毁日本旗的邓稼先！

邓稼先从来不发火的性格在那一夜突然裂变，变成一头怒吼的狮子！他弄不清为什么知识分子的地位一落千丈，但他清楚现在 221 厂因为成堆的知识分子而成为批斗重灾区。周总理的指示和命令变成无人理睬的自言自语！

画外音：

钱晋老兄，一想起你来我就心痛得要命，当年我们的合作是多么愉快！我真不想做这样的对比——跟谁比死得晚，但是老钱，你死得冤，你总是让我抑制不住地想起那些真正的爱国精英们，他们都是好人，但他们谁都不会想到自己会弄来这么一个结局。我相信，他们死的时候不会对国家有一点点的怨愤，他们只会对那些恶人发出最强烈的控诉。你也一定是这样，老钱！

但我还是忍不住地比较了，不光是和你比——

和1956年放弃一切绕道回国的计算数学家董铁宝相比，我也是幸运的，他在1968年的隔离审查期间上吊自杀！

和1955年冲破层层阻挠回国的计算机专家周寿宪相比，我也是幸运的，他在因长期被摧残而患上精神病后，依然常常遭受拳打脚踢，而于1976年跳楼自杀！

和拒绝赴台、艰难从海外归国的航空发动机专家虞光裕相比，我也是幸运的，他在车间劳改时，居然被跌落的通风管道砸死！

和早已定居美国，建国后千方百计搜集了大量资料回国的石油化学专家萧光琰相比，我也是幸运的，他在1968年被造反派残酷殴打后含恨自杀！

老钱，我说不下去了，每一个人的死去都是一枚尖锐的钉子，扎向我愤怒的心脏。老钱，也许是我们朝夕与共的原因吧，我最为你心痛，按说造反派打压折磨这些人，都因为他们有海外背景，或者有海外留学经历，可你没有啊，你是土生土长的科学家啊！

怪只怪，你的英文说得太好了！

在邓稼先的脑海深处，还有一个人的名字，他始终不敢想起，这个人叫叶企孙。作为中国物理学界的一代宗师，叶企孙不仅同陈寅恪、梅贻琦、潘光旦并称为清华"四大哲人"，教育方面的成就也很卓著：在 1999 年光荣领受"两弹一星"功勋奖章的 23 人当中，有 11 人跟他有师承关系，出自叶企孙门下的中国两院院士更多达 50 余人！就是这样一位极其睿智、极其宽厚、极其豁达、极其敬业的大家，"文革"中却身陷囹圄，被迫害致死！

何止这些啊，还有长长的名单，邓稼先已经不敢再想下去了。曾昭抡，这位曾国藩的后人一心想为国家造出第一枚原子弹的著名大家；饶毓泰，中国近代物理学的奠基人之一；中国科学院第一批当选为学部委员的著名地质学家谢家荣；还有，还有……

画外音：

对我个人来讲，我是知道感恩的，1971 年杨振宁的到访冥冥之中救出了我，也因此救出了一大批科学家，我感谢杨振宁的同时，也感谢下达明确指示要保护原子能科学家的周总理。

但是，跟那个时代的荒谬和残忍相比，我无法说出感恩的话来了！

"匹夫无罪，怀璧其罪"，知识分子的"罪过"就在于你们拥有智慧？

是从此如退潮般回归芸芸众生的大海休养生息，还是逆潮流而动，坚持自己的理想和目标？

那一夜，钱晋的死讯激怒了邓稼先，但他的疯狂被理性的同事们强制性地摁住了。第二天，邓稼先还是去找了军管会的负责人，他拍桌子怒吼，他让军管会给个说法，他让军管会对九院全体科学家道歉，但我们不用问都已经知道了结果，邓稼先的话不仅无人理睬，更因此让他登上军管会批斗的黑名单，从此开始领教那些冤死者生前所受的痛苦磨难。对邓稼先的指控，亦即所谓的"揪斗词"，同样是无厘头的叫嚣式表演：

"邓稼先是'美帝特务'！我有证据。他于 1950 年 8 月获得美国印第安那州普渡大学的物理学博士学位，9 月就回到北京了。他嘴上说是为了建设新中国。实际上，他是潜回新中国的'美帝特务'……"

"邓稼先是'苏修特务'！我也有证据。他虽然于 1958 年 8 月就参加了我国研究核武器的工作，虽然反对过'苏修'跨国工作组的'霸王言论'，但他又说人家那个工作组里面也有实干的工程师。所以，他是背叛新中国的'苏修特务'……"

"邓稼先是'学术权威'！证据是明摆着的。1964 年 10 月 16 日，我国成功爆炸了第一颗原子弹，让整个世界都惊叹了。同志们呐，这是我们全国革命人民共同努力的成果啊。他邓稼先，凭什么做了理论设计方案的主持人，占据了全国人民的功劳？还有，1967 年 6 月 17 日，我国成功爆炸了第一颗氢弹，再一次让整个世界都惊叹了。同志们呐，这也是我们全国革命人民共同努力的成果啊。他邓稼先，凭什么又做了理论设计方案的主持人，占据了全国人民的功劳？对于这样藐视全国人民的'学术权威'，我们必须将其打倒在地，再踏上专政之脚，令其永世不得翻身……"

中国第一颗原子弹的理论设计方案出台后，还未等试验成功，邓稼先就马不停蹄地接过研制氢弹的新任务。在他的领导下，一个专门小组开始了热核材料性能和热核反应机理的探索性研究。他组织理论部全体人员，群策群力，多路探索氢弹原理。新的持久战又开始了！

那时，中国只有两台运算速度为每秒 5 万次的大型计算机，一台在中科院计算所，另一台则在上海华东计算所。为争取时间，更有效地利用仅有的宝贵资源，九院成立了两个氢弹原理攻关小组，两地各设一个，邓稼先在北京，副主任于敏则去了上海。

邓稼先开始了在北京和上海之间的两头奔波。1965 年，以于敏为核心的上海小组，找出了一条突破氢弹原理的可能途径，邓稼先立即飞往上海，用整整一个月的时间，在计算第一线同大家一起通宵达旦地分析计算结果，讨论技术问题。回到北京以后，他又组织大家反复分析技术难点，寻求解决途径。

在这段令人激动却又难熬的过程中，进计算机房成为他的常态，困了就睡在机房的地板上，甚至常常整夜不睡进行计算和分析！

整整 6 个月的氢弹原理途径攻关，在理论部主任邓稼先和副主任于敏的领导下，几经周折，费尽心血，终于形成了一套经过充分论证的可行性工作方案，为上级领导正确决策提供了坚实的基础。

血汗学位反而成了招魂幡，实事求是反而成了绊脚石，辉煌业绩反而成了铡刀片，仗义执言反而成了自缚茧，被"造反派"绑成"喷气式"的邓稼先，此时不仅汗如雨下，而且泪如雨下。

他不是恐惧，他是想起了三年前含冤辞世的二姐邓茂先，她至今还戴着"畏罪自杀"的"反革命"帽子！二姐在天之灵眼看弟弟被"红色恐怖"整得非残即死，一定也会泪洒滂沱啊。

如果没有几天后杨振宁的突然归国求访，邓稼先的命运曲线也许就成了一条简明的直线——这是那个时代最常规的结局。但是，历史在这里拐了一个奇妙的弯儿，挽救了邓稼先，更挽救了中国核工业，死里逃生的邓稼先更加坚定了为科学而献身的思想，无论多少次和军管会交涉而未果，无论多少次目睹这血淋淋的现实而流涕，邓稼先之前不曾退却过，之后更加一如既往，在很多知识分子因为这种乱象成为缩头乌龟时，他越发觉得不能放下手中的工作。并非要"收拾旧山河，朝天阙"，他只是不想让中国核物理研究在他手里诞生但又惨遭夭折，他更不想让中国刚刚建立起来的大国地位，因为再度被美苏甩下而半途而废。

画外音：

这一生，我做好一件事足矣，希希，你一定要支持我！支持我走下去，走下去！

无论如何，我总算是幸运的，我没有被无辜打死，甚至也没有被我心爱的事业隔离。事实上，自我开始学习核物理以来，我这一生没有和核物理有过一秒钟的分离，这是我个人的无比幸运，这是一名科学家最高级的待遇。别的待遇，比如头衔和福利都是虚的，能够长久持续地做自己的研究，才是科学家最感幸运的事。幸福的是，我从没离开过这个岗位，主动的离开和被动的离开，都没有。

这时的邓稼先，真的已经再顾不上更多的儿女情长，尽管这时更多的知识分子已经学乖了，但邓稼先反而愈加地不乖起来。

泱泱大国值得为此而庆幸，邓稼先的坚持让中国在核武器研制方面持续走向强大，始终没有落美苏更远，在周总理保护下获得解放的 221 基地，邓稼先分秒必争地抓紧工作，秩序井然的工作氛围成为那个时代世外桃源般的幻境。

邓稼先不是不知道，杨振宁并不是他的救世主，他不会天天守着自己，周总理也并非他的救世主，实际上，杨振宁就在这时曾经再一次劝他赴美生活和工作，此事他极少跟人提起。可邓稼先哪儿也不去，他的根在中国，这句后来被用滥了的一句话，在邓稼先的身上是如此的贴合。在人生奇诡地又人为出现了恐怖的路口后，邓稼先再一次面临抉择。死亡，是很多人的选择，离开这个混乱的世界，在很多人看来是清心的唯一途径。邓稼先没有选择这条路，也许是因为他还没受到过同样的折磨，但许鹿希后来和邓稼先聊天说到此事，邓稼先的态度温和而坚定，犹如他当年面对钱三强的询问时一样：只要我有一口气，只要还让我做研究，我不会死！更不会放弃！

　　既然来到了梦寐以求的战场，最应对得起的就是自己的初衷和抉择。邓稼先永远不许自己做一名逃兵，你可以打死我，但不会断送我的追求；核物质可以侵蚀我，但不会封杀我的梦想。

　　坚决不当一个逃兵，扎扎实实实现自己的追求，即使实现不了，只要我还在这条路上，我的心就是安稳的。

　　这就是邓稼先多年来如一日地忘我拼搏的根本原因所在。

　　正因为这样，当他在绵阳时，忽然发现自己开始了便血，他立刻决定自己洗内裤，而不是装作不知道似地继续让勤务兵来洗，邓稼先就是不想让人知道他的病情。

　　他就是想在这条路上继续走，至于生命，他已顾不上了。

　　我们应该尽力模仿一个伟人的心态，站在邓稼先的角度想问题——对邓稼先来说，生命的意义体现在科学中，离开了科学，生命已然不存在！

16
世界格局重勾画

在充满不确定性的东亚，中国军力之所以能从容地睥睨各国，是因为先人给我们留下了令人生畏的核武器。"有备则制人，无备则制于人"，只要中国核武器长城常备常新，我们就能"却匈奴七百余里"。中国爆炸波骄傲地环绕地球飞行，才换来新中国的名字第一次在全世界被隆重叫响，才换来今天我们在核武器保护伞下的平安与踏实。而为更多人所不知的是，在他的未来设想中，核工业绝对不仅仅是几枚炸弹！

　　1986 年 7 月 16 日，时任国务院副总理李鹏来到 301 医院，但邓稼先已经不像杨振宁那天来访时能够站起来了。包括昨天，副总理万里来到医院看望他时，他也和今天一样，不得不素面朝天地接待国家领导人。他躺在床上，靠着服用了超过平常量数倍的止痛药，微笑着接受了国家颁给他的"全国五一劳动奖章"。

　　这是国家在"七五"期间颁发的第一枚"五一劳动奖章"！邓稼先的心情无比激动，他的声音已极其虚弱，但在场的人们都清晰地听到了他吃力然而却坚定的心声：为核工业的发展做贡献，终生无悔，死而后已！

　　病房里，很多跟国家领导人同来的工作人员都被感动得流下了热泪。这是一位什么样的中华赤子啊，身赴黄泉已在即，报国之心仍拳拳！

　　许鹿希的泪水无疑流得最多，金灿灿的奖章如此华美壮丽，但边缘上的道道金光在她眼里却常常幻化成放射线，她甚至不敢再直视那象征着巨大荣誉的国家奖章！

　　她清楚，放射性钚元素对人体的伤害在患病初期是可以预防的，因为它在人体内的含量极低的时候，对人体基本无危害，但邓稼先发现得太晚了，确诊的时候体内也已积聚了远超正常指标的钚元素。更何况，他的治疗太晚了，大面积的溶血性出血代表这种病已入膏肓。

　　许鹿希是讲授神经传导学的，但作为医学教授，她对放射性物质侵入导致的身体逐渐恶化衰老这一点非常清楚。尤其在中国成功爆炸第一颗原子弹后，她已经强烈地感觉到邓稼先就是在做这个，她对放射性的预防和治疗，很用了心地进行了认真研究。

然而，所谓"人算不如天算"，许鹿希的愿望是美好的，但她多年的提醒和劝阻都无济于事，在青海海拔 3200 米的高原上，在绵阳起伏不断的深山里，邓稼先已成为一辆刹不住车的高速运行体。在每个人每天都或多或少吃剂量的大环境中，邓稼先不可能严格按照许鹿希的交待执行，事实上，许鹿希的交待也是很不全面的，她无法做到全面，因为她根本无法从邓稼先那儿听到关于其工作内容的一丝透露，她不清楚他每天都在做什么。当她终于比较清楚他身体的危险程度时，已是 1984 年，离邓稼先去世只有两年了，此时再做什么其实都已回天乏力。

高强度止痛药让邓稼先暂时恢复了些精力，他让妻子拿来纸笔，全面地记录了全天的情况和感受：

"昨天，万里副总理到医院看望我，今天，李鹏副总理亲临医院授予全国劳模称号，感到万分激动。核武器事业是要成千上万人的努力才能成功，我只不过做了一小部分应该做的工作，只能作一个代表而已。但党和国家就给我这样的荣誉，这足以证明党和国家对尖端事业的重视。

"回想解放前，我国连较简单的物理仪器都造不出来，哪里敢想造尖端武器。只有在共产党领导下解放了全国，才能使科学蓬勃地发展起来。敬爱的周总理亲自领导并主持中央专门委员会，才能集中全国的精锐力量来搞尖端事业。陈毅副总理说，搞原子弹，外交上说话就有力量。邓小平同志说，你们大胆去搞，搞对了是你们的，搞错了是我中央书记处的。聂荣臻元帅、张爱萍等领导同志也亲临现场主持试验，这足以说明核武器事业完全是在党的领导下取得的。

"我今天虽然患病症，但我要顽强地和病痛作斗争，争取早日恢复健康，早日做些力所能及的科研工作，不辜负党对于我的希望。

谢谢大家。"

7月16日写的这份手稿，是邓稼先此生最后手迹。

邓稼先一次一次痛得昏厥过去，长久的昏厥让许鹿希觉得他已经不经告别就离开了自己，就像每次他匆匆回来，又突然不辞而别。那时，许鹿希每次都在憧憬中忍受这种忽然别离之苦，她总是想，嘿，说不定什么时候，也许就是明天呢，老邓就又回来了。这是老邓在北京的时候，待到邓稼先远赴青海，这种幻想变成了一年一次，每次都长达一年，甚至两年。现在，她还是这么幻想着，嘿，没事，说不定什么时候，也许就是明天呢，老邓就好了。

等到她清醒后，她会突然哭起来，她知道不能自己骗自己，因为她懂得这种病的可怕和不可逆。放射性疾病的最大危害体现在，一旦进入全面扩散期，任何药物都不好使，化疗也不好使，因为白血球里面的物质都已成为废物，再生机能完全消失。

护士也泪眼婆娑地看着许鹿希，看着她惊惶无措的样子，不知如何安慰她。没错，许鹿希现在是有力使不上，即使她身为著名的北医大教授，博士生导师，她也束手无策。我们可以不带任何牢骚的设想一下，换做了别人家，也许有个亲属是小医院的医生，都能确保这三亲六故四季平安，至少做做体检是没问题的。可自己学了一辈子医，最后却只能眼睁睁看着他活熬，然后痛苦死去。

国家领导走后，许鹿希喃喃自语道："他配得上这枚奖章！"

1964年10月16日的下午，在戴高乐总统拍着桌子大骂手下的科学家们是草包的时候，时任法国总理的蓬皮杜在日记中这样写道，"这个日子终于来了。现在，是人们讨论中国重返联合国的时刻了。"

爆炸引起的余震还未消退，美国总统约翰逊就被人从被窝中叫醒，他随即发表演讲，意思是"红色中国爆炸的原子弹很差劲，距离核武器还有好几年的路要走"。但当美国人获得大气中的样本进行分析后，却发现这次"中国爆炸"的当量远远超过美国当年投在广岛和长崎的那两颗原子弹！约翰逊随即改变了态度，在一个月后的中美第 123 次大使级会谈中，美方代表第一次使用了"中华人民共和国政府"这个称谓！

原子弹爆炸的那一瞬间，邓稼先重重地躺倒在罗布泊粗糙的沙粒上面，但一个民族，一个历经百年屈辱而不死的伟大民族终于站了起来，那一瞬间，邓稼先的心里涌出的第一个念头，被他流淌出的泪水冲刷得分外清晰。

画外音：

我可怜、可爱、可敬的祖国！从今天起，你再不必向任何强权跪拜了！所有该是你的疆域，我们都要义无反顾地拿回来！所有该是你的声音，我们要让全世界站直了听着！我们中国人要自由穿行在我们自己的国土上，想去哪儿就去哪儿！我们要恢复我们曾经的美丽家园，我们要让几千年的华夏之美尽情绽放和展示！

从 1964 年法国顶着各种压力积极和新中国建交开始，西方各国从根本上认同了新中国的"强大"存在，新中国的建交步伐明显加快。我国氢弹成功爆炸后，更是掀起了中外建交的高潮。

望着一望无际的湛蓝的天空，邓稼先神思飘缈，他想到了自己的家乡。

如果您有幸来到安徽省安庆市，在其下辖的怀宁县城北五横乡白麟村，在重重被西化了的小洋楼和红砖黑瓦的夹缝中，您会看到一座古朴深沉却也因此显得格外突兀的老屋，正静卧在大龙山下，它叫铁砚山房。在这所远近驰名的"邓家大屋"内，一副146字的隶书长联将会让您叹为观止：

> 沧海日、赤城霞、峨眉雪、巫峡云、洞庭月、彭蠡烟、潇湘雨、武夷峰、庐山瀑布，合宇宙奇观，绘吾斋壁；
> 少陵诗、摩诘画、左传文、马迁史、薛涛笺、右军帖、南华经、相如赋、屈子离骚，收古今绝艺，置我山窗。

这副署为"题碧山书屋"的龙门长联，气势恢弘，构思奇特，浑如南朝文论家刘勰所说的"视通万里""思接千载"之神奇。从字数上看，自然比不过180字的昆明大观楼长联，但从气势和胸襟看，绝对堪称古今第一大手笔！能书写如此联句的人，必非常人。

他，就是有清一代举世公推第一的大书法家、篆刻家邓石如。

自古有言：文无第一。的确，无论是文学还是书法，这种民间或官方的排名总是不尽如人意，但如果您看到如下评价，大概就会觉得这"第一"的名头绝非虚言！

以"我自成我书"自负的"浓墨宰相"刘墉，当时见到邓石如的字，拍案惊呼道："千数百年无此作矣！"

眼界很高，学富五车的康有为，贬颜（颜真卿）贬柳（柳公权），贬晋帖，贬唐碑，而对邓石如之书不仅高度评价，还把他作为划时代的一个标志！

与他同时代的包世臣，在《艺舟双楫》中把他的书法列为"神品"，誉为"四体书皆国朝第一"。

书法震铄古今的邓石如，同时也是大清朝一个活脱脱的浪游人，喜好游历名山胜水，常一筇一笠、肩背行李游走百里。20岁左右即开始了天涯游历，浪迹江湖，到处寻师访友。他的一生，伴随着刻苦自励，全部生活内容几乎就是"交游"二字。不求闻达，不慕荣华，不为外物所动，不入仕途，始终保持布衣本色，完全是一位纯粹艺术家的我行我素、自由自在的逍遥人生。邓石如不仅生性廉洁，更因其性格耿介、无款曲、无媚骨、无俗气的超凡风度，成为历史上少数的几个顶天立地的名士之一！

没错，让安徽名声大震的，首推是徽商，从东晋时期就开始成长起来的徽商，是中国十大商帮之一，亦儒亦商，辛勤力耕，赢得"徽骆驼"的美称，鼎盛时期，徽商资产占有全国总资产的5成以上，堪称独步天下！同为安徽休宁籍人士的汪福光在江淮从事贩盐，拥有大小船只千艘，所销之盐占淮盐的一半以上！而在徽商日渐式微的今天，传奇巨鳄史玉柱似乎在力撑着徽商大旗不倒，成为二十多年来国人一直关注的核心人物之一！

但代表安徽的，绝不会仅仅是商人。皖山徽水，钟灵毓秀，江淮英才，盛名中华。拥有黄山、天柱山的安徽大地，自古就是地灵人杰之所。政界人才鼎盛自不须说，魏晋时期的曹氏家族、新中国几任国家领导人煌煌乎在上，部长级高官更是不胜其数！在文化上，老子、庄子自不须说，朱熹、戴震、吴敬梓、朱光潜这些皖籍名人个个儿名垂青史，大名鼎鼎的才子胡适更是天下皆知！

仅以邓家为例，我们将看到这一支家族在邓石如的光环照耀下，通过书法家邓传密、教育家邓艺孙、美学家邓以蛰这血脉紧连、环环相扣的代代传承，1924年，一位超乎其类、拔乎其萃的科学家横空出世，这就是邓稼先。

科学家，无疑是近代以降中国最缺乏的人才，龙的传人遍布全球，中国科学家却如暗夜的星光，寥寥无几，在满目凋零的二十世纪三四十年代，在百废待兴的五六十年代，科学家对恢复国力、发扬国威的作用，显然不言自明。在素以"文化传家"驰名的邓氏老屋，居然走出一位杰出的科学泰斗，不能不让我们在预料之中也诞生出"斜刺里杀将出来"的意外之感。

在此，我们不得不浓墨重彩描述一下的，是邓稼先的父亲邓以蛰。以蛰先生的学识与修为，深深地影响了其子邓稼先的一生。

现代著名美学家、美术史家邓以蛰，字叔存，幼承家学并受家居铁研山房环境的熏陶，这为其日后成为美学家打下了坚实基础。1905年，邓以蛰入安徽公学，随父亲邓艺孙及陈独秀等人学习文化和革命思想。1907年，按照父亲的意愿，邓以蛰随陈独秀以及二哥邓仲纯去日本留学，在东京宏文学院、早稻田中学学习日文等课程。1911年夏天回国，先在安庆的安徽陆军小学堂教日文。1913年初，被任命为安庆图书馆馆长。

二次革命爆发后，安徽军阀倪嗣冲主掌安徽，邓以蛰辞去馆长一职赋闲在家。1917年，邓以蛰考入哥伦比亚大学攻读哲学与美学。在那里，他如饥似渴地学习西方美学、哲学知识，从本科一直读到研究院。1918年，得悉陈独秀创办了《新青年》刊物后，邓以蛰兴奋不已，对新文化运动表示了热烈欢迎和大力支持，其强烈的爱国主义和称颂俄国革命的情感，与陈独秀等人不谋而合，完全一致。

陈独秀同邓家的关系还不止于此。

陈独秀也是安徽休宁人，邓家与陈家是世交，邓以蛰的父亲邓艺孙同陈独秀的交情极深。后来邓仲纯、邓以蛰兄弟俩与陈独秀一起出行日本，在东京他们多年同住一个宿屋。1932 年，陈独秀被国民党政府逮捕关进南京监狱，直到抗战爆发后出狱四处流离，最终就是在重庆江津安顿下来，因为这里有邓仲纯。陈独秀长期住在邓仲纯开设的延年医院楼上，与邓家同吃一锅饭。直到陈独秀去世，在重庆江津那几年邓仲纯一直是陈独秀的义务保健医和义务通信员。

邓仲纯虽学医，由于家学渊源，对古文古史亦颇有造诣。陈独秀书赠他的篆联是："我书意造本无法，此老胸中常有诗。"对邓仲纯的文化造诣颇为欣赏。

邓家满门书香，于此可见一斑。

1917 年至 1923 年的六年间，邓以蛰在美国系统地学习研究了西方美学、哲学。五四前后，中国人到欧美系统学习美学，邓以蛰是较早的一个。1923 年夏，邓以蛰回国奔母丧，后去北京，任北京大学哲学系教授，其写下的系列现代美学文论与宗白华在上海《时事新报》发表的系列美学文章形成北南呼应，有"北邓南宗"之美誉，代表五四前后中国学者在美学方面取得的主要成就。

1927 年 8 月，北洋政府教育总长刘哲要将北大、清华、北师大等 9 所高校并为"国立京师大学校"。邓以蛰愤离北大，到厦门大学任教。1928 年，国民政府接收北平高校，派罗家伦、杨振声等人到北京为清华大学改组委领导人，罗、杨邀请邓以蛰到清华大学任教。1929 年至 1937 年，邓以蛰任清华大学哲学系教授。抗日战争爆发后，身虚体弱的邓以蛰没有办法随学校迁往昆明，之后一直赋闲在家。1973年5月2日，邓以蛰逝世，享年82岁。

邓稼先充满深情地回忆道：

"父亲为人正直真诚，谦和朴实，性格温和宁静，专心学问，多年深入书画领域的研究工作，为中国书画理论的建设贡献了毕生的心血。在鉴赏中国古字画方面被社会公认为是专家。他耐心细致地指导学生分辨鉴赏古字画真迹，指出其特点，不怕麻烦地将家中藏画悬挂起来，一一指给学生看，并作详尽地讲解……父亲一生追求美的精神境界……

"父亲是爱国知识分子。他亲身经历了清朝的腐败，军阀的混战，列强欺凌瓜分中国的岁月，特别是八年抗日战争期间，生活在日寇的铁蹄蹂躏下，那种刻骨铭心的痛苦让他永难忘记。父亲一生的志愿就是中华民族的振兴，祖国强盛。他自己长期身患重病，寄希望儿子为国家做贡献……纵观父亲的一生，是追求真善美的一生。"

父亲邓以蛰的言传身教让邓稼先从幼年起便知晓了什么是民族大义，什么叫有所为有所不为！但邓稼先在安徽老家待的时间并不长，实际上短暂得让他毫无印象：他刚满8个月的时候，就被母亲抱着从老家来到了北平。但他从小就从父母的讲解和描述中得知，他心目中的休宁白麟村是世界上最美丽的乡村，邓家老屋则毫无疑问是世界上最美丽的房子。哪个中国人没有浓浓的故乡情结？其实邓稼先的故乡情结犹重，遗憾的是，终其一生他都没来得及好好看一眼自己的家乡到底是什么样子！

邓稼先：温文尔雅的坚守

画外音：

　　家乡我并不熟悉，这是我今生的遗憾了，但它一定很美，这我不需要亲身体验就知道。但有些事情不是这样，实话实说，关于第一颗原子弹爆炸的宣传，有的地方为了将某些人物英雄化，宣传得有些过头了，在内行人看来，其实是把英雄当成了傻子。当时，我绝对不是听到爆炸声后倒地的，也不是见到那一抹强光后倒地的，更不是被冲击波冲出了好远才摔倒的。零时爆炸，三分钟之后我们大家还都在纳闷呢，怎么一点声音没有，一点热浪没有，一点冲击波没有呢？是不是没炸响？那绝对不应该啊！现场一片死寂，估计每个人都这么瞎琢磨着。

　　正在这么恐惧地想着时，一个叫孙瑞蕃的喊了起来："大火球！"

　　这才是当时最真实的实际情况。我们按要求，必须得背对爆心，戴好防护眼镜趴下！观察所里立刻就沸腾了，所有的人都激动得发了狂，张爱萍上将已经开始向周总理激动地汇报起来，说话甚至有些颠三倒四。当时爆炸观察区设在距离支撑铁塔 60 公里外的白云岗，包括张爱萍上将在内的所有人都不许看，并且筑了一道厚厚的墙，所有的人都在墙后面并且背对着墙坐着，这是纪律。后来很多的文章别出心裁，说我们这些人怀揣着报国之心，双眼紧盯着爆心，听到爆炸声后，紧接着就看到蘑菇云冉冉升起。这都是错的。包括当时现场拍片的摄像记者，也说先听到爆炸声再看到蘑菇云，这都不符合物理学里光速大于音速的铁律，即使附近确实是很多丘陵地带，很起伏，但并没有高过那 102 米高的极其壮观的大铁塔。而上级要求我们背对着，我们就得背对着，我们绝不能没必要地受伤，更不能为了一饱眼福就违背命令。我们的任务还远没有结束！假如这次下来我就能告老还家，我一定要像孙瑞蕃一样偷偷给一只眼睛留条缝，豁出去瞎一只也值得！或者，干脆就像中央专委的刘柏罗那样，干脆就把眼镜摘了，不白来一趟！

我只能深深叹口气。我不是观众，接下来的任务容不得我有丝毫的闪失啊。真的，我不怕死，但现在就莽撞地豁出去了，还真不是时候！

说真的，还是那句话，原子弹的爆炸在我心目中也并非非看不可的大场面，我们大家真正关注的，就是它能不能响！爆炸前的9月27日，刚刚担任首次核试验委员会书记的张爱萍上将，在自己驻地的门上写了一个大大的"响"字，就是想取这个好兆头的意思。在那以后很长时间里，很多人写诗谱曲，说蘑菇云特别好看，是世界上最瑰丽的花朵。我觉得这些好词用在它身上不太合适，我甚至觉得蘑菇云一点都不好看，那不是烟花，更不是彩虹，它就是个大炸弹爆炸后腾起的一大团烟尘而已。就像没有人赞美子弹的速度是"划时代的"一样。

不过，天性好玩的邓稼先并没有对大家的这种浪漫主义描述提出过异议，从来没有，因为这都不是关键，他从不在这些无谓的地方浪费精力，这是邓稼先情商比较高的体现。事实上，他非常欣赏当天晚上在罗布泊举办的庆功会上，张爱萍上将即兴做的一首诗：

十月十六狂欢节，核赫两弹齐炸裂，
妄图称霸下黄泉，为民造福上天阙。

这是酷爱格律的张上将所作诗歌里最不对仗的一首了，但现场朗诵出来的时候，每个人都激动不已，它太符合大家当时的心情了！

有趣的是第二句：核赫两弹齐炸裂。其中的"赫"是指在原子弹爆炸的同时凑巧下台的赫鲁晓夫，这是张爱萍向周总理汇报原子弹爆炸成功后，周总理告诉大家的一个好消息！

当然，这是中国第一次核爆炸，所有的人都不知道它的威力如何，对是否会对直接目测的人造成严重伤害也一无所知，谨慎，是高层必要的态度。在1965年5月14日中国实施第二次核试验（亦即中国第一次空爆核试验）时，这种极度小心的场景即发生了重大改观：不仅观察区从60公里外的白云岗变成就地参观，而且不必再背对靶心趴在地上了，很多人开始直接目视，虽然那一次是中国第二次核爆炸，但却是第一次有人从一开始就看到了蘑菇云。

画外音：

没错，我当时就在白云岗，属于指挥部人员之一，距离那座后来变成细面条的铁塔有60公里之遥。当时，相对全国人民来说，我们的确是距离爆炸中心最近的，但一般人所不了解的是，在这片辽阔的区域中，我们还不是最近的：

在距离爆心20公里的地方，是三支防化分队，他们的任务是在爆炸后立刻深入现场，划定其后到达的部队的活动范围。

在距离爆心17公里的地方，是这次爆炸的主控室，张震寰上将和程开甲副院长在那里坐镇，最后由韩云梯按下最后一个按钮。

在距离爆心11.5公里的地方，是取样分队，爆炸过去仅仅5分钟，硝烟正在头顶恐怖地笼罩着，他们就开始往里冲，一直冲到距离爆心只有900米的地方！

在距离爆心10公里的地方，是一个整编连的高炮部队，他们的任务是发射取样炮弹。炮兵要在蘑菇云起来之后，蘑菇云烟尘落地之前，把带有降落伞的一枚枚加农炮打到蘑菇云顶端最白的部分去。他们时间很紧张，爆炸前必须做好防护，不能让原子弹把炮和炮弹毁了。炸响了，立刻出来，撤防护、搬炮弹，十门高炮连发，打完就撤，炮就不要了。

真正的英雄，是他们，他们直接面对死亡。

李鹏副总理来授奖的时候，虽然邓稼先站不起来，但还算神志清醒，几天之后，他就陷入长久的昏迷当中，在他生命最后的十几天里，只醒过来三次。7 月 20 日，他第一次醒来后，缓慢地抓住妻子的手，突然就来了一句"煤矿工人太苦了。"

许鹿希原以为他是在说胡话，正琢磨说句什么话来劝抚他，就听邓稼先停顿了一下继续说：

"将来可以用造氢弹的原理，做成很小的可控核聚变钻探机，就可用于煤矿钻探，就不用人下去了。所需要的氘和氚，这两种元素在海水里是无穷无尽的。这是最清洁，且没有公害的能源，而且是取之不尽、用之不竭的。因为地球上的海水太多了。这个，人类 50年内一定能达到。可惜，我是赶不上了。"

人在生命的最后时刻，一定会泾渭分明地表现出两种状态：一是消极痛苦乃至恐惧，不知如何是好，在唉声叹气中甚至是在歇斯底里中不甘而亡；但一定还有一种人，他们面对死亡的态度依然是积极的，争分夺秒地把自己的生命价值发挥到极致，即使在昏迷中，其潜意识也围绕着自己一生所钟爱的事业。

邓稼先临终前的心情我们可以预料到，他同样也心有不甘，但已尽力做到了自己能做的一切，他虽有遗憾，但绝无后悔。美国的奥本海默在原子弹爆炸后陷入痛苦的自责之中，但邓稼先没有这么纠结过，他深知自己的国家曾经的破败和遭受的屈辱，如果没有原子弹，中华民族代代将承受更大的苦难，他更清楚中国未来发展的核心在哪里，正如他对妻子所说的：

"我不爱武器，我爱和平，但为了和平，我们需要武器，假如生命终结后可以再生。那么，我仍选择中国，选择核事业。"

而他和他的研制团队所做的一切努力，在引爆了中国核武器的同时，也打开了众多高技术领域的殿堂之门，如果邓老在天有灵的话，他最欣慰的应该是中国在民用领域方面，可控核聚变正在发挥着越来越大的作用，这是和平之外，他最期待的画面！

邓稼先三姐的儿子小捷来看他时，他听着外甥带来的磁带《我的肯德基》入了迷，这是邓稼先让小捷特意带来的美国乡村音乐。从优美的音乐声中醒过来后，他对小捷说：

"这次我出院后不能再做原来的工作了，但我还有好多事要干，这些工作是很有意义的。我想搞原子能的和平利用，它能直接造福于人类呀。你知道吗，原子能和平利用既有意义，又有意思。"

小捷起身给舅舅擦了擦汗。邓稼先继续说：

"你听说过吗？猪肉在常温下放两个月还和原来一样新鲜，你注意，一样新鲜。还有，医疗器械像手术刀、注射器等用原子能辐射消毒，既简单，又彻底。再譬如咱们常用的避雷针的保护半径，只有避雷针安装高度的 1 至 1.5 倍，而放射科同位素做成的避雷针的保护范围比它要大几倍到几十倍。"

小捷一听也来了兴趣：

"照您这么说，原子能好像可以到处创造奇迹。"

邓稼先笑了笑：

"现在还不能说到处，可是奇迹也真不少。就说菊花吧，李商隐的诗里说，'暗暗淡淡紫，融融洽洽黄。'现在用原子能辐照后菊花的颜色可多了，出现了双花直到五朵花并蒂，花的直径最大能达到38厘米。更有意义的是1979年用原子能辐照后的一棵菊花，第二年6月24日就提前开花了。"

邓稼先知道，同样多的物质，原子能要比化学能大几百万倍甚至1000万倍以上，原子能和平利用的广阔前景是难以估量的。

遥想当年，一直以来盘桓在中国广阔疆域上空的美国侦察飞机，自1954年开始就做贼似地绕来绕去，1959年的9月，侦察卫星终于拍摄到兰州气体扩散厂的照片，1960年底，美国中央情报局号称完成了他们意义最为重大的一项使命：终于确认了中国核计划的存在。

美国的情报分析最终结论如下：中国正在开采铀原料，并已经建立了浓缩铀工厂，大约是用铀来生产钚。中国第一个核反应堆大约能在1961年底接近完成，它会在1962年提供钚。中国的第一颗原子弹，如同其他核国家一样，其关键成分是钚而不是铀。因为把浓缩铀作为原子弹材料的过程是比较漫长和艰难的，而作为第一代的原子弹，只需要较少的钚。由于对中国生产核裂变材料的能力尚无法准确把握，美国情报人员还是很难回答中国究竟会在什么时候爆炸第一颗原子弹。但鉴于中国第一颗原子弹将以钚为燃料已被确定，那么最合理的判断是，中国将在1964年初爆炸第一颗原子弹。不过情报人员解释说，如果遇见了"通常的困难"，爆炸日期可能会推迟，例如，可推迟到1964年底或1965年。

这一段貌不惊人的分析，其实蕴藏着极大的杀机。多年以后，当更多的中国人都了解了那段历史，不由得一阵阵的后怕：假如，中国的第一颗原子弹爆炸真如美国人分析的一样，是一颗钚弹，那么，美国会随即准备好应对即将诞生的铀弹，中国将全面进入美国核打击射程。

让我们不得不肃然起敬的是，以当时中国"贫铀国"的帽子，中国原本真就打算制造一颗钚弹，但在邓稼先对铀矿勘测成果的分析，以及对铀弹制造技术可行性的鲜明表态推动下，高层果断拍板，终于改成了最终让美国大跌眼镜的铀弹。

更让我们肃然起敬的是，美国人所预料的通常的困难，邓稼先们不仅遇到了，而且遇到了更多美国人没有想到过的困难，这一道道难以逾越却必须逾越的坎儿，是历史留给了邓稼先和他的同事们努力翻过去的一道道剪影。爆炸日期从来没有被推迟过一次！

当然，在中国人的第一颗原子弹爆炸计划中，这个日期是被推迟了，但这是由于苏联专家的突然撤出导致的从头来做，等于我们重新做规划，一切从零开始。事实上，正如彭桓武所说的那样，无论是我们自己做的规划，还是实际完成规划的时间，都比中苏合作时所拟目标快得多。

自此，以肯尼迪和约翰逊两届总统领衔的两届美国政府，在相当长的时间里，就如何对中国核计划做出反应，如何用军事或外交手段来遏制中国的核计划，以及如何谋求与前苏联合作对付中国的核计划等等，进行了一系列的评估和辩论。在这其中，使用武力打击中国核计划的方案不仅被提出，甚至已经有了雏形。

那时的中国，头顶是一片暗无天日，说不定什么时候，就会下来一颗致命的原子弹，将脆弱的新中国消灭。普通老百姓由于信息还不畅通，对此都是后知后觉，有限的报刊及通讯让大多数人对此没有太大感觉，而高层的心中一直被这个重大问题困扰。

然而，1964 年 10 月 16 日中国的第一颗原子弹爆炸成功，这些处心积虑设计的打击计划转瞬间化为泡影。中国昂首挺胸跨入了核大国的行列。

2009 年国庆 60 周年之际，腾讯网搞了一次"票选 60 年中国大事记"活动，在 1964 年的十个选项中，不乏"《毛主席语录》发行""工业学大庆和农业学大寨的开始""三线建设战略的正式提出"等影响颇大的事件，但中国成功爆炸第一颗原子弹，依然以占比 64.74% 压倒性胜出。

邓稼先比谁都清楚，"篱牢犬不入"，当核武器这条绵延万里、气势恢宏的新的长城建设完毕后，核工业的真正用武之地必将是在未来深入和广泛发展的民用领域。历史已验证了他的苦心与卓识。

17
千古英雄邓稼先

　　他是祖国的保护神，他也是一个"不合格"的儿子、丈夫和父亲。完全靠事业心，支撑起血与火历练的生涯，而同时不得不抛掉亲情、爱情、友情，抛掉物质享受和精神愉悦，甚至不顾自身安危，这样的知识分子，难道不是古往今来一切英雄中，最值得大书特书的大英雄吗？

树欲静而风不止，子欲养而亲不待。怀揣着巨大的悲情，在"好爸爸"生命的最后时刻，女儿邓志典终于从美国飞回来了。

时空隔不断父女之间的血浓于水，相见却缘何在这个凄冷的奈何桥头？

这是任谁都不忍直视的场景，悲喜交加的父女俩唯有用抱头痛哭来倾诉彼此的愧疚和热爱。典典知道，怀里的爸爸是多么期待这最后一次拥抱，她多想把体温全部传导给爸爸，把热爱全部传导给爸爸，把生之力量全部灌输进爸爸的身躯，但在邓稼先的内心中，他所怀抱的，则是他永恒希望之延续——典典正当年。

典典长大了，比那年在内蒙古草原时更成熟了。大多数父母，对儿女的印象都是连续剧般的，小学毕业时什么样，初中毕业时什么样，高中、大学，以及谈恋爱时什么样，但在邓稼先的记忆中，这一切都是跳跃的画面，4岁之前的模样、插队时的模样、在北京辅导女儿中学课程时的模样，除此就是这生命中的最后一面！

血浓于水。然而为何简单的一个拥抱，却从生漫长地跨越到死？

画外音：

爸爸，后来我在内蒙古，也彷徨过，也痛苦过，那种没有父亲的感觉越来越强烈，生活的压抑和荒凉让我对人生和理想都产生了巨大的怀疑。

别人家的孩子为什么就能在爸爸面前撒娇，别人家的孩子为什么就能趾高气扬地说起自己的爸爸，别人家的孩子为什么就能开开心心享受父亲给予的美好生活？

但是那一天，我忽然豁然开朗，爸爸，真的，当大家谈起苏联陈兵百万在离我们不是很远的中苏边界的时候，当大家都因为身为内蒙古生产建设兵团的武装知青而跃跃欲试或惊慌失措时，那种前所未有的战争感忽然让我明白了爸爸！

爸爸，我终于知道你为什么不理睬我就一去不回头了，你做的这一切，不是所有人都有机会能做的，更不是所有人有能力做的。正是有了你默默无闻的付出，正是有了你和我们之间的分离，才有了许多别的家庭、千千万万个家庭的团聚！

然后，我就不再抱怨我吃的都是粗粮野菜了，不再抱怨我干的都是挖水渠那种累活了，我慢慢就爱上了我所在的乌拉特前旗！不是因为，它拥有浩淼的乌梁素海；不是因为，它拥有秦汉古城和阴山岩画；不是因为，它拥有"三山两川一面海，千里平原两道滩"的壮美风光。我爱上它的原因非常简单，就因为它的蒙古语意思是"能工巧匠"！

爸爸，因为你就是天下最厉害的能工巧匠啊！

爸爸，你是世界上最伟大的爸爸！你是天下最好最好的"好爸爸"！

"如果六十年代以来中国没有原子弹、氢弹，没有发射卫星，中国就不能叫有重要影响的大国，就没有现在这样的国际地位。大家要记住那个年代。"

几年以后，一代伟人邓小平在著名的"南巡讲话"中如是说。

应该记住那个年代，还是应该记住那个年代的寂寞英雄？

中国人和西方人的英雄崇拜是明显不同的。西方人的神话情结浓郁，铺天盖地进入中国的美国大片，让我们见识了一个个孔武有力的搏击手、驾驶战斗机翱翔的飞行员，以及更为人所沉迷的，能上天入地的蜘蛛侠、钢铁侠、蝙蝠侠和超人。

中国人则更对保家卫国的人物衷心崇拜，李广、卫青、霍去病、岳飞、文天祥、史可法，这些伟大的护国英雄一直被人们所提及和热捧，其根本原因在于中国几千年来外族入侵几乎和国内战乱交响乐式地交替发生，相比于内乱之痛，灭国之辱显然更让中国人无法接受，誓死不做亡国奴也因此成为中国自古以来"立国"兼"立人"的底线。无论是儒家文化的宣法和说教，还是道家玄宗的渲染和渗透，"没有国，哪有家""国家和个人的命运牢牢地结合在一起"等观念，一脉相承，千年流韵，被一代代中国人认可和流传。

蒋、冯、阎三大军阀中原大战的硝烟，在邓稼先6岁时弥漫开来，军阀混战、民不聊生的国内乱局，让邓稼先在父亲的影响下，对"国家"隐约有了自己的想法。刚上初中，日本人的铁蹄又哒哒而至，小小年纪就做了亡国奴，而在清华和北大两地的居住又让他受到高级知识分子的熏陶，加上父亲对他耳提面命的"学理勿学文"的忠告，岁月的磨难历练将"科学救国"理念深深植根于其尚未完全开智的心中。

分野在那个动乱的时代是极容易出现的，即使是出身、受教、环境都一模一样的人。任何年代，由于外族入侵出现的几种人，在邓稼先生活的时代依然出现：必然有义士，必然有汉奸，必然有隐士。邓稼先无疑是其中的第一类。

而义士至少可分三种：

传播革命理念的传道者。比如陈独秀，李大钊，"革命军中马前卒，愿力能生千猛士"的邹容；

浴血奋战者。比如"我自横刀向天笑"的谭嗣同，"砍头不要紧，只要主义真"的夏明翰，为新中国建立而牺牲的千千万万的红军、八路军和解放军官兵；

让国家从根系中壮大起来，从而让入侵者再不敢觊觎的造梦者。比如，邓稼先。

画外音：

我不是什么英雄，毛主席说过，"人民才是大英雄。"我完全赞同毛主席说的这句话，这句话才是一条永远颠扑不破的真理。没有千千万万的普通老百姓，对，就是普通老百姓，我们什么都干不成，多么有思想、有创意、有未来的想法，离开了人民的支持都无济于事。1958 年"大跃进"，激进思想不可能不涉及核工业建设，全民办铀矿也应运而生。虽然后来总有人说，浪费了好多铀啊，那些粗办法浪费了好多矿石啊，造成大量污染啊，等等，但你知道吗，我们得到了重油酸铵 163 吨！

这救命般的 163 吨重油酸铵，为我们加快第一颗原子弹爆炸试验提供了燃料支持，简直就是居功至伟。你知道，后来苏联政府撤走了专家和援助，以当时的条件，铀矿山和水冶厂还不能立刻就能上马，而获得这些铀是制造原子弹的第一步！

铀这个东西还真是宝贵，全国动员了 20 多个省区的农民，到处是小高炉，用镐刨方式开采，用碾粮食用的大石碾子，一遍一遍地咕噜着碾碎，用豆腐匠用的麻布包过滤，最后才能得到点细细的沫子，这就是初铀，而这是二氧化铀、四氟化铀、六氟化铀的基础啊！

那些小伙子、半大老头们，就在太阳底下光着膀子，一下一下地刨石头，一下一下地碾石头，一下一下地滤石头，豆大的汗珠子噼里啪啦砸在脚面上。

这些景象我会记住一辈子。所以后来当我听人说，这些黄饼的收购价太贵了，每吨 20 万元，简直比黄金还贵，我要说，你说对了，它压根儿就应该比黄金贵嘛！

后来，美国斯坦福大学国际安全与合作中心研究员刘易斯和薛理泰说，"中国的第一颗原子弹是一枚人民炸弹"。这句话一语双关：原子弹既是确保全体国民安居乐业的最根本保障，同时也是中国人民集体智慧和劳动的结晶。在第一颗原子弹成功爆炸后当晚举行的罗布泊庆功宴上，难捺满腔激越心情的彭桓武即兴口占出一首题为《塔爆有感》的七绝诗：

> 亭亭铁塔矗秋空，六亿人民愿望同，
> 不是工农兵协力，焉得数理化成功！

文质彬彬的外表，使邓稼先看起来一点也不像个英雄。他不会干农活，日常家务做得也是一塌糊涂，他的灵巧和机智，他的奇思与妙想，都被原子能物理深深吸引了。那是一个巨大的漩涡中心体，他无法抗拒。

但与其说他是受"诱惑"而去，还不如说他为自己的终生挚爱——核物理理论学找到了最适合的一条发展途径，然后，"虽千万人，吾往矣！"

这难道不正是英雄的行径吗？

但在邓稼先曾经就读的北京崇德中学——现在的北京市第三十一中学，许鹿希还是婉拒了学校校长为邓稼先立雕像的提议，她认为，三十一中学培育了各行各业众多的国家栋梁，稼先只是他们的一个代表，不能因为抬高邓稼先而抹杀这些同样为国家做出了巨大贡献的专家们！

没错，距离人民大会堂仅 1000 米之遥的北京市第三十一中学，堪称中国最杰出的的中学之一，比当年的江津国立九中可说是更胜一筹。国立九中培养了很多两院院士，三十一中学则除了培育了众所周知的杨振宁和邓稼先以外，著名建筑学家梁思成、中国大地测量和地球形状学创始人方俊、世界结构工程大师林同炎、有机化学家高振衡、地球物理学家秦馨菱、著名材料科学家严东生、数学家关肇直等七位中科院院士尽出于此，更有许多各行业的杰出人才：著名法学家江平、电影表演艺术家孙道临、话剧表演艺术家林连昆、体育播音员宋世雄、骨科专家冯传汉、英国大百科全书翻译庄守经、国际知名电机专家廖增武、围棋选手张文东、著名电影演员张光北和丛珊等，堪称群星璀璨。不少老一辈革命家和社会名人，如蔡廷锴、王震、安子文、李井泉、杨成武、童小鹏、廖汉生、吴烈等的子女都曾就读于三十一中学。严谨治学的校风和优良开放的环境是三十一中学最被人称道的，多年以后，邓稼先一直感念于心的也正是"崇德敬业，健康尚美"的母校校训，这让他终生受益匪浅。

虽然，这个提议让许鹿希感到很欣慰，但她知道邓稼先一定对她的这个决定颔首——他不喜欢高调地被人歌颂和仰视。他只想做一个普普通通的人，正如他也不太理会当初曾有人对他的不理解。

画外音：

这不值得我分心。回国，加入原子弹研制团队，默默吃剂量，我并没有看成是在走向深渊，相反，这是离事业巅峰越来越近的必然过程。当你有了一个强烈的念头以后，你已经具备了完成一项事业的初始心，那么，你只需坚定这个信念，一直走下去就是了。这就叫一念之功。对我来说，让祖国变得越来越强大，是唯一鞭策我的动力，除此，别的都是小事。

当然，其实我也认真地想过这个问题：我是不是真的不需要那些享受？

答案是否定的。然而我更知道，喊叫换不来和平，投降更换不来和平，和平需要很多人付出努力甚至牺牲，共产党就是干这个的！作为一名共产党员，"吃苦在前"的誓言我记得很清楚。

1979 年，89 岁高龄的许德珩老人也终于光荣地加入了中国共产党。一个饶有趣味的对比至此有了一个圆满的结局：

国军抗日名将杜聿明兵败后，据说因为开始认同下属孙立人上将的美国式思维，将女儿杜致礼嫁给了在美国工作的杨振宁；而在大洋此岸，一生都赞同共产党主张的爱国人士许德珩，将女儿许鹿希嫁给了归国学者邓稼先。美国的苦读生活似乎没有让邓稼先在人生观上学到半点儿美国式的思维，他只是拼命地苦读，然后把自己交给了一项最危险、最寂寞的事业！

邓稼先是一名最传统的中国知识分子，在他纯洁如初的人生理想中，修身，齐家，治国，平天下，俨然牢牢占据着主流。而"立德，立功，立言"这个父亲曾给予过深沉嘱托的著名的"三不朽"，他从没为之刻意付出过心血，但他全部踏踏实实地做到了。一段血与火并进的历史，一个完美的人生，邓稼先的故事告诉我们，有才华的人如恒河沙数，坚忍才是成功的阶梯，但这部雄伟阶梯的起点，是你做出了什么样的抉择！

邓稼先的伟大之处，还不仅仅在于其勤奋、奉献与牺牲精神。作为科学家的邓稼先，在理论研究上硕果累累，但同时他还是一位领导科学家的科学家。自 1972 年担任九院副院长及日后担任院长，其无与伦比的领导才华有了一个充分展示的平台，组织领导艺术、把握科研方向的能力以及对科学的预见性，是邓稼先作为一名优秀领导者的三个重要支撑。可以说，这是历史赋予中国高层最正确的一次任命。

如前所述，邓稼先并非一个人人眼中"最好"的帅才，他的管理能力同最优秀的管理专家包括一些著名的下属相比，应该说是有距离的，具体来说就是对某某人的具体了解和针对性方面不是那么精准，但我们这么说的目的绝对否定不了邓稼先的领导才能，恰恰相反，邓稼先的领导才能属于最高级别的领导才华，亦即属于领袖级别的才华，这才是他并未"达到""卓越管理者"的真正原因。

这不是漫无边际的胡吹。

十九世纪中叶，英国是世界上最强大的工业国家，连德国最著名的经济追赶理论家李斯特到死都不相信德国能够超过英国。当时的美国和德国刚刚完成国家统一，英国的工业优势看起来不可挑战。然而，不可思议的事情发生了，美、德两国最终双双超越日不落帝国——英国，几乎同时登顶成为世界第一和第二。

美、德经验表明，在成熟产业上落后国家已经失去了在技术方面的追赶机会，发达国家已占据了这类产业的技术制高点，落后国家无论怎样拼命追赶，也无法将技术与经济方面的差距缩小。十九世纪下半叶，当第二次工业革命处于酝酿之时，作为第一次工业革命的落伍者，美、德并没有按照比较优势原则，从英国处于世界领先地位的棉纺织业、炼铁和煤炭业亦步亦趋地追赶，相反，却是从战略性新兴产业入手，并以此为突破口，终于一举颠覆了英国长达一百余年的工业统治地位！

同样，日本、韩国、芬兰等原本工业落后的国家，都是通过进入战略性新兴产业而实现跳跃式发展的，那些老老实实按照比较优势参与国际分工的发展中国家，不是依然贫穷落后，就是不可避免地跌入了"中等收入的陷阱"，比如阿根廷。

邓稼先有可能不熟悉这段历史，但在他那颗伟大的头颅中，"跳跃式发展"的概念一定自始至终是主导旋律，并因此开创了中国核武器"快而优"的发展之旅。与美国的 19 年"研制时间差"，让邓稼先深感靠普通追赶无济于事，基于此，邓稼先从研制之初就率领这一支中国奇兵，坚决放弃苏联的"你们最好先从钚 239 原子弹入手"的建议，而从最先进也因此难度更大的铀 235 原子弹开始，意图就是加快缩小与美国的差距；在原子弹理论刚刚成熟之际，则立刻紧锣密鼓地开展了氢弹理论研究，并在原子弹爆炸两年后，用世界最快速度爆炸了我们的第一颗热核武器，研制进度一举超越了法国，举世皆惊。

历史可以戏说，但戏说无法复制历史。邓稼先的这些高瞻远瞩，是必须首先由自己和理论部签字负责的。他不是国家领导人，可以将这件生死攸关的任务交由下属；他甚至也不是部领导，能够召集来十路诸侯共同运作此事。他的所有的深谋远虑，最终都由他自己接了军令状！

"主动加压"这四个字，是外人所无法理解的邓稼先的科研之路！

主动加压，其实正是"大跃进"作为一场思想力和行动力大爆发的运动的核心内涵，也是推动中国原子弹事业能够快速发展的不二法门。

有人理解要干，没有人理解更要干，邓稼先之所以是邓稼先，就因为他的那一份执着和超然，有此两点，世上从此无难事。对利益的舍弃，让邓稼先生时粗布淡食，死后没有给儿女留下一分钱遗产。

他的家里没有沙发，家具也十分简单，除了书架、桌子和床以外没有什么摆设。1971 年杨振宁回国时，考虑到他有可能到邓家来访，唯一的那一对单人沙发是从单位特意借过来的！

1985 年，邓稼先被任命为国防科工委科技委副主任，是副部长级的干部了，完全可以迁居到部长公寓，但邓稼先没有去。至今，许鹿希仍然住在北太平庄的一个大院落里，一栋极其普通、陈旧的平顶式住宅楼，屋子里没有一件像样儿的家具，地面是最基本的水泥地，墙面是最原始的白灰墙，裸露的电线和管道让人看着不仅寒酸，简直就是破败。

这就是我们国家最有贡献的科学家的住所！现在，许鹿希独自住在这里。而在孩子们小的时候，同样在一个家属区里，当别人家的小汽车呼啸而过时，许鹿希领着典典和平平只有看着的份儿，他们出门依然要去挤公交车。日复一日的平淡，在身边的豪奢对比下，多少人能够心平气和地一笑而过？

而谈到对名声的舍弃，邓稼先牺牲得其实更多，不谈其毕生心血的众多成果都无法转化成可以昭世的论文，只说一部书，《中国第一颗原子弹理论设计总结》，这是在第一颗原子弹爆炸后，邓稼先和周光召缜密总结了研制团队中 100 多名科学家的研究成果，共同合作写出来的一部浩瀚巨作，它是一部核武器理论设计开创性的基础巨著，不仅对以后的核武器理论设计起到鲜明而巨大的指导性作用，更是科研人员入门的教科书。但是，不能公开出版，更不能见诸报端宣传。

原因很简单，别的无核国家看到这部书，就能按照这里面的指引一步步做出核武器来！

保密！简单的两个字，把一个伟大人物的一生牢牢关进了笼子里，最让人不可思议的是，笼子里的这个大科学家居然乐不思蜀，居然甘之如饴！

> 为名乎为利乎，休休且去
> 爱国者爱家者，缓缓而行

这副对联，堪称邓稼先一生磊落的光辉写照。

鸦片战争以来中华民族170多年的追梦史，一字一顿地告诉我们，只有具备强大的军事实力，才能保证中国人的尊严不被凌辱，才能保证中国社会主义的建设成果不再拱手让人。亲身遭遇过亡国之痛的一辈人是不可能忘掉过去的，邓稼先正是其中最强烈的爱国主义者。其人生之路虽然短暂，也没有太多的传奇跌宕，但却充满了强大的张力，再清晰不过地向我们展示了其殷殷报国志：

> 少年之身，不甘亡国。
> 廿载苦读，科学救国。
> 舍身成仁，精忠报国。

这符合邓稼先的那句肺腑之言："我这一生，只要干好这一件事就满足了。"

他的每一步，都是对理想的追求，他的每一脚，都落在通往自己理想的征程中，他的每一天，都在奋斗中实现着自己对国家的承诺、对自身价值的珍惜。

邓稼先只活了 62 岁。他有短命家族史吗？

非也。邓稼先的父亲邓以蛰，抽烟喝酒，20 岁的时候患了结核病，但依然活到了 82 岁！

邓稼先的母亲王淑蠲，为战乱中的家庭操劳一生，为流散四方的儿女牵挂一生，但依然活到了 71 岁！

核辐射对身体所造成的伤害，正是邓稼先致死的元凶，301 医院的专家给出了确凿无疑的病理诊断。但邓稼先身体内的放射性元素却并非一日之功，那是每天劳神费心的思考、连篇累牍的计算导致了身体的快速衰老，而每天不停歇地进出放射性实验室，则让那些可恶的放射性元素有了最方便窃居的寄主——体虚身弱的邓稼先。

辐射，分外照射和内照射两种，邓稼先在研究室、车间现场和核试验基地多头兼顾的结果，是外照射的与日累加，而其相比于内照射对他的伤害来说，很大程度上还要显得轻一些。当你吃下了含有放射性物质的食物，放射性物质就会留在你的体内，你的身体无时无刻不在受到辐射的影响，放射性物质越多，显然这种辐射影响就越强。在原子弹研制初期的贫弱条件下，更别提三年自然灾害了，天空中打落的一只鸟儿，草原上捕获的一只兔子，你判断不出它们到底带不带核辐射，事实上没人理睬这些，在肉类食品成为奢侈品的时代，人的生命已然卑微到了极点，即使"文革"结束以后，长期在核试验现场工作的邓稼先也不可避免地会受到一些食物的毒害，病从口入，对别人来说也许还不算什么，但对一个身体状况已经接近临界点的人来说，这无疑是致命的。"内外兼修"的结果，早已给邓稼先判了死刑。

做任何事业，都一定要有先驱，都一样不可避免地会诞生大量的牺牲者，但在中国核武研制进程中，这样的牺牲触目惊心，让人扼腕叹息。许鹿希曾与杨振宁说过：

"中国研究核武器的开支比其他西方国家少很多。"

但杨振宁连琢磨都没琢磨，立即摇摇头说道：

"如果算上科学家的生命，计算结果就不是这样了。"

任何一项事业的成功，显然都不会有捷径可走，等式两边的总重一定没多大区别，要不你投入最先进的技术做支撑，要不你投入最巨大的人力物力做保障，对于明知要牺牲而依然奋力前行，毫无踟蹰的邓稼先来说，在中国经济和技术基础都非常薄弱的时期，在工作条件十分艰苦的情况下，同时在人才也极度短缺的现实瓶颈面前，要想在最短时间内全面掌握"两弹一星"的尖端技术，生命早已提前透支给这项无比艰辛、无比光荣、无比伟大的事业了！

也正因为此，在邓稼先逝世后的岁月中，当有媒体采访许鹿希，问如果让邓稼先重新选择他一生的道路，他会做哪些改变呢？许鹿希想了想，摇了摇头，说道：

"他不会有任何的改变。他走的所有道路都是经过深思熟虑后做出的抉择，他没有冲动，没有盲目，没有挣扎。"

这并不是许鹿希的揣测之语。在这些媒体蜂拥而来之前，1986年4月的某一天，国防科工委的同志们来探望邓稼先时问过这么一句：

"我们国防科工委的同志们都很敬重你，想听听你的人生箴言。"

刚做完手术时间不长的邓稼先，忍着病痛，稍加思索便答道：

"选择了核武器，就意味着选择了牺牲和付出。可是，我对自己的选择，终生无悔。"

直接对应后来许鹿希的话是这么说的：

"假如生命终结之后能够再生，那么，我仍选择中国，选择核事业。"

病痛中的邓稼先，常吟诵诗词转移注意力，他最喜爱的诗词之一即是苏轼的那首千古名诗《和董传留别》，几乎句句精华。邓稼先的朴素而有质感的一生，恰如诗中首联所说"粗缯大布裹生涯，腹有诗书气自华"，但他旨趣高远、静水深流的境界，却远远超越了尾联"得意犹堪夸世俗，诏黄新湿字如鸦"的浮喧。他从不夸耀，也压根儿没想过这些问题。对他来说，做好他该做的，别的就没必要关注了。但是如果一个人每日里关注的大都是工作之外的东西，他想做好他该做的，大概也难。世事无不如此。

他没有什么传奇的经历，他只是在一生的辗转流离中固守着自己的本色；他没有留下多少故事，他只是带给饱经苦难的中华民族一个无与伦比的安全感；他没有什么慷慨激昂的口号，他只是毕生追求纯粹，并且历经无数政治风波、军事风波和科技风波，用自己的生命给"纯粹"做了一个最完美的诠释。这样的功绩极其难得，这样的人，举世罕有！

1986 年 7 月 29 日，生命的源泉已然干涸，滴水再也无法拯救干裂的大地。中国最伟大的物理学家邓稼先，与世长辞。

他最后的一句话是：

"不要让人家把我们落得太远……"

极其简短。他为中国人民所做的其实也并不复杂，只有五件事：

原子弹，氢弹，第二代核武器，核武器小型化，核禁试。

刚满一只手而已。

但，这无疑是一只巨掌，它宣告了中国人民的尊严从此不可再被践踏！它宣告了中国的大国地位永远地不可撼移！

十年后的忌日，邓稼先遗愿成真，中国工程物理研究院的后继者们完成了其建议书中的全部试验，中国向世界郑重发布声明：

从 1996 年 7 月 30 日起，中国暂停核试验。

后　记

生前寂寞身后名

著名核物理学家邓稼先，是"生前寂寞身后名"最生动的注脚。

活着的时候，由于工作性质属于绝密，他默默无闻地奋斗了28年，连自己的妻子和母亲都不知道他究竟在做什么。28年间，国人每一次为核弹的成功爆炸而欢呼雀跃、热血沸腾，但没人知道它的制造者是邓稼先，他衣衫简朴，言语谦恭。

临终之前，中央军委终于将他的名字公开，为中国人民创下不世之功的邓稼先，他的名字第一次出现在媒体上！

人必先有非常之志，然后有非常之功，而后成非常之人。邓稼先迥异于常人的工作和生活方式，总是令我不胜感慨。而其临终时所说的最后一句话，更是英雄无悔的真实表现：

"终生无悔！"

为国鞠躬尽瘁、死而后已，为人肝胆相照、生死相托，这样的人中龙凤，"感恩至上"的中国人民当然会将他永远地铭记。

绵阳的大山没有忘记他。红砖白瓦的邓稼先故居，还在默默地诉说着一代寂寞英雄的付出。1996 年 7 月 22 日，曾经的九院同事——于敏、胡仁宇、胡思得等著名科学家联名在《光明日报》著文，给予邓稼先临终前所著的《建议书》以极高的评价！

党和政府没有忘记他。1999 年，在"两弹一星"功勋授奖大会上，已去世 13 年之久的邓稼先的大名赫赫于前。奖章代领者——他的妻子许鹿希流下了激动的眼泪！

全国人民没有忘记他。他的事迹出现在学校语文课本中，诸多文学作品和影视剧都在激情演绎那段非凡的岁月。邓稼先的名字被一代一代中国人口耳相传地永恒歌颂着。在笔者所工作的吉林油田，在笔者所居住的松原小城，这些地方即使和核工业毫无干系，但几乎无人不知邓稼先的大名。

一代科学泰斗，这样的人物，这样的传奇，虽然令人无限景仰，十分崇拜，但提笔为其立传，依然惶恐许久。

笔者深知，纵然使尽浑身解数，也难以描摹其黄钟大吕般的惊世风采。

然而，尽管所有的人都知道他是一个英雄，但说实话，他是如何成为一个英雄的，人们并不了如指掌。

所有的人都知道核弹对世界的超级破坏力，但说实话，核武器的真正作用，人们并不通通知悉。

我们有必要，知道邓稼先的更多故事。我们更有必要，知道邓稼先的真正价值所在。

和平时期的很多人，尤其是年轻人，对战争是一个模糊的概念。须知，"止戈为武"，真正的武器，不战而摄人之魂，正如《孙子兵法》所云，"不战而屈人之兵，善之善者也"。

如果说当年美国还有鹰派人物叫嚷："我们可以用核武器攻击中国人，我们不必担心中国的核武器，因为它们只能到达夏威夷或许再加上加州。"那么现在，这种夜郎自大式的人物应该没有了。中国的核威慑力量，已经强大到让任何国家包括其他核大国胆寒。

在互联网已覆盖了整个地球的今天，美国所热衷宣扬的"全球一体化"也许正在逐步实现，但与其随之而推出的"利益共同体"却绝非相等的一个概念！

假如，中国没有今天军事上的强大实力，谈何政治稳定？没有政治稳定，则谈何经济上的繁荣昌盛？而这一切的基石，都来自1964年之后不断于高空中爆炸的巨大火球！这一个个巨大而炫目的火球，还将永远保佑着中国持续实现不断升级的中国梦，并将中国建设成为世界上最好的国家！

基于此，邓稼先的历史地位远远超过了李广、霍去病、岳飞等中国历史上最著名的那些民族英雄，他成为了新时期的国家保护神！

丰功伟绩是他的一撇，高风亮节是他的一捺，无论是一撇还是一捺，都如此雄浑伟岸，一撇一捺于天地间挺立起一个纯粹的、大写的人！

作为"两弹一星"的元勋，邓稼先有太多的故事可以挖掘，也值得挖掘，现在关于他的故事的文学和影视作品与其历史地位相比，实在是少得可怜。尽管，这与其工作内容仍然大部分要保密有关，但我们还是希望，有更多、更好的写他的作品面世，让我们能够永远在这位"纯粹"的科学家的光芒照耀下，做一个更"纯粹"的人。

　　鉴于此，笔者仍不揣浅陋，愿意为邓稼先先生的人生大书抛砖引玉，更希望邓稼先先生的故事能激励更多的中国人！斯人已逝，邓稼先先生的光辉永照中华大地！